基于新课程标准的课例研究丛书

丛书主编　谢永红　黄月初

U0619231

湖南省"十四五"教育科学普通高中教育研究基地阶段性研究成果
湖南省"十四五"教育科学规划省级重点资助课题（基地专项课题）"核心素养视域下
普通高中人本课程体系构建与实施研究"（XJK22ZDJD36）阶段性研究成果
基于地理核心素养的高中地理情境式教学策略研究（CJK2022017）阶段性研究成果

# 基于新课程标准的课例研究

## （高中地理·必修）

主编　彭建锋

湖南师范大学出版社

图书在版编目（CIP）数据

基于新课程标准的课例研究. 高中地理 必修 / 彭建锋主编. --长沙：湖南师范大学出版社，2024.6

（基于新课程标准的课例研究丛书/谢永红，黄月初主编）

ISBN 978-7-5648-5416-4

Ⅰ.①基… Ⅱ.①彭… Ⅲ.①中学地理课-教学研究-高中 Ⅳ.①G633

中国国家版本馆 CIP 数据核字（2024）第 089738 号

**基于新课程标准的课例研究·高中地理 必修**

Jiyu Xinkecheng Biaozhun de Keli Yanjiu · Gaozhong Dili Bixiu

彭建锋　主编

◇出　版　人：吴真文

◇责任编辑：陆羿好

◇责任校对：张晓芳

◇出版发行：湖南师范大学出版社

　　　　　　地址/长沙市岳麓区　邮编/410081

　　　　　　电话/0731-88873071　88873070

　　　　　　网址/https://press.hunnu.edu.cn

◇经销：新华书店

◇印刷：长沙市宏发印刷有限公司

◇开本：787 mm×1092 mm　1/16

◇印张：20

◇字数：369 千字

◇版次：2024 年 6 月第 1 版

◇印次：2024 年 6 月第 1 次印刷

◇书号：ISBN 978-7-5648-5416-4

◇定价：69.00 元

# 本 册 编 委 会 名 单

主　编：彭建锋

副主编：向　超　肖雨琳　杨　婷

编　委：（按姓氏笔画排序）

王家琪　朱丰年　杨　夏　宋泽艳　张　琳

陈　媛　陈克剑　陈柳逸　罗梓维　赵璐琳

祝　航　徐冬阳

总
序

# 湖南师大附中：一道仰望的教育风景

## 刘铁芳

　　湖南师范大学附属中学离教科院很近，同在岳麓山下的桃子湖边上。青山秀水，让附中置身美丽的风景之中。附中在桃子湖路中间的高坡上，每每从附中门口路过，总是要抬头一望，附中就在我仰望之中的高处。一道道阶梯，拾级而上，附中就是一道高处的风景。岳麓给附中敞开一份秀丽，附中给岳麓增添一道光彩。

　　附中何以成为一道仰望之中的精神之风景？这当然是源于附中充满荣光的历史。湖南师范大学附属中学创建于1905年，她的前身是民主革命先驱禹之谟先生创办的惟一学堂，是一所文化底蕴深厚、办学成绩卓著的百年名校。一百一十多年来，学校培养了大批革命志士和科技、经济、文化人才，无产阶级革命家、中国工人运动杰出领导人李立三，国务院前总理朱镕基，艺术巨匠欧阳予倩和黎鳌、黎介寿、黎磊石、张履谦、朱之悌、何继善、朱作言等中国科学院、中国工程院院士是其中的杰出代表。

　　这种历史不仅仅是过往的，同时也是正在发生的，是过去的历史融汇于当下，成为当下的学校精神，是当下附中人的执着、热情与智慧创生着学校的历史。这些年来，在应试之风弥漫我国高中教育的时候，在长沙中学教育版图之中被民间冠之以"天堂"之称的附中展现出一种别具一格的精神气质。这种精神气质主要地表现在三个层面：

一是以个性与活力为中心的全面发展理念作为学校教育的基本目标。这些年来，附中始终坚持人本理念、魅力德育、特色课程、灵动课堂、综合实践与多元评价，为学生全面而有个性的发展搭建了广阔平台，释放了学生的自主发展力和创新力。除学业水平考试和高考成绩稳居湖南省前列、素质教育成效显著外，近五年来，附中共有百余名学生荣获省级以上荣誉，共摘得国际奥林匹克学科竞赛金牌9枚、银牌4枚、亚洲金牌3枚，大批学生在科技创新大赛、丘成桐数学竞赛、机器人比赛、小创造小发明等活动中摘金夺银获专利，其高素质创新人才培养硕果累累，学生们展现出了巨大后续发展力。更为难得的是，附中学生每年还安排一周时间参加农村生活体验、企业生活体验和军营生活体验，这足以看出附中对培育德智体美劳全面发展中学生之教育理想的坚守。

二是以多样课程与研究性教学为中心的课程与教学方式作为学校教育路径。在课程建设方面，附中一直以悠久的历史、持续的探究和显著的成效而著称。进入新世纪以来，以课程建设为主要内容的研究成果，如：《拓展性课程研究》《普通高中新课程校本化实施研究》《湖南师大附中现代教育实验学校建设的实践与探索》《普通高中研究型教师校本培养创新实践探索》《"减负提质增效"的教学改革——激发师生自主性的"自分教学"理论与实践》等曾获得湖南省基础教育教研教改成果奖一等奖，湖南省基础教育教学成果奖一等奖，湖南省基础教育教学成果奖特等奖和国家基础教育教学成果奖二等奖。课堂教学作为课程实施的主阵地，既是全校师生关注的焦点，也是全体教师研究工作的重中之重，仅从2014年到2019年，附中就有100余节课例在全省、全国获奖，其中获得全国一等奖以上的课例就有10节，涵盖了语文、数学、英语等各个学科。

与此同时，附中立足于科研兴校，鼓励老师们在课堂内外进行诸种探索，以课例研究引领学校教育教学改革与发展。他们认为，一个好的课例研究应该是：问题有特别价值，行为有实际根据，内容须清晰具体，研究具可操作性。他们通过自我反思、同伴互助、专业引领等方法，从"课""人""班""级""目的""媒介"等多个维度设计和研究课例，并在实践中不断反思调整，形成了具有一定附中特色的课例研究路径。笔者多次亲临观摩该校的共产党员示范课、同课异构竞赛课、同课异构研讨课等课例研究课，其中语文老师肖莉所上的《将进酒》给笔者留下深刻印象。肖老师把教学重点落在"审美鉴赏和创造"这一核心素养的培养上，通过朗读品鉴去理解诗人丰富的情感世界，通过小组合作来探究酒对诗人情感抒发所起的作用。她深厚的文学底蕴、大气磅礴的范读、巧妙的追问和学生的活跃的思维、精彩的回答相得益彰，即使是笔者这个非语文学科的教师也沉浸其中。

附中的心理健康教育课也受到广泛的关注。他们的课以学生喜爱的活动、体验等方式来引导学生发现、思考、探索，具有很强的专业性。例如，李志艳老师的"能力大观园，精通是王道——探索我的能力"这一课，其教学方法融合了讲授法、直观演示法、讨论法与任务驱动法。它以学生的职业理想为基点，通过讲授多元智能，绘制能力雷达图、进行能力卡片练习等直观演示，让学生看到自己能力的全貌与能力的分布状态，并创设以目标为导向的任务驱动，促使学生朝向梦想职业的价值方向迈出坚实的行动。整堂课以"乡村超模"首秀为情境导入，以"乡村超模在纽约时装周"来结束，注重情境创建的一致性和连续性，更好地体现了以目标为导向的练习模式对出彩人生的馈赠与奖励，也蕴含职业生涯发展中的一个千古不变的规则——"精通是王道"。

三是以积极进取与全面素养发展为取向的教师发展模式作为学校教育的根本支撑。2018 年以来，学校先后被确立为湖南省"十三五""十四五"教育科研研究基地，"学术治校"成为学校改革发展的法宝。科研兴校，学术治校，不仅造就了附中浓厚的研究氛围，更重要的是促使大批师德高尚、富有情怀、专业素质高、创新能力强的研究型教师迅速成长。近五年来，参与各级各类课题研究的教师比例超过 80%，正式出版著作、教材近 30 种，发表论文超过 500 篇，60 多人拥有各类社会或学术团体兼职，大批教师成为"全国优秀教师"、国家"万人计划"教学名师、国培项目专家、未来教育家培养对象、省市名师工作室首席名师等，大批教师荣获国家级、省级荣誉。勤奋踏实而又善于开拓进取的教师，正是一所中学之为优秀中学的根本保障。

附中毕业生、现为北京大学研究员的吕华曾以《恩师：我人生的催化剂》为题，这样描述深深影响他的苏建祥老师：

人生就像化学反应。一个人从反应物"起始的我"蜕变成为产物"全新的质变的我"，这个脱胎换骨过程有很多内外因素和节点，好比化学反应中所需要跨越的活化能，而老师就是催化剂，在学生的人生道路上帮助他们越过原本很高的反应能垒，完成其中的质变。我的成长就得益于母校湖南师大附中众多老师的催化，班主任、化学奥赛教练苏建祥老师更是让我难以忘怀影响终身的催化剂。……催化往往就发生在某些特定的瞬间。摄影里有一个著名的概念叫作决定性瞬间（the decisive moment），"恰好有一个瞬间，所有元素（人、地、物）均各得其所，并同时展现出特定内涵和意义"。苏老师特别善于把握学生成长的"决定性瞬间"，观察学生细微的心理波动和变化，然后不动声色地加以引导和化解。竞赛班的学习非常辛苦，有位外地同学有段时间不太顺利，心烦意乱之下私自回老家休息调整去了，苏老师本着爱护的态度没有对他施以压力，而是耐心地和他私下交流，予以开导，最终让这位同学解开心结回到学校学习。这件事情直到我们毕业多年，同学聚会酒酣耳热之际，苏老师才当着那位同学的面向我们透露。

催化学生乃是在学生发展的关键时刻，找到学生发展的关键时机，让学生找到成长的方向与动力，进而整体地改进学生成长成人的轨迹。催化学生之得以可能，关键在于教师的两大核心素养：一是对学生的切实的爱与关怀，正是附中老师们对学生深切的爱与关怀，教书育人的工作才得以超越作为一般职业化的行动，而能转化成为心志之业，转化成有赖于自我身心整体投入的生命的事业，由此而奠定催化学生的内在基础；二是对教育、对课程与教学有深度的理解与实践的智慧，正是附中老师们虚心好学、涉猎广泛、知识渊博，才能不断地创生催化学生的契机。学化学出身、深深领悟中学化学之道的苏建祥老师无疑是善于催化学生的优秀教师，但他只是优秀附中教师群体的代表，还有一位位像苏建祥一样的附中教师，怀揣着对学生的爱与积极进取的教育实践智慧，一次又一次、一拨又一拨地催化学生，给予学生以高贵而长久的生命记忆。

今日，附中办学定位是用五至十年的时间建成研究型卓越高中，从而把研究的视域从课程、课堂扩展到学校生活全领域，涵盖研究型课程、课堂、教师、学生、氛围和平台等。学校力求以研究型学校建设为抓手，以建设一支富有情怀、长于实践、崇尚研究的卓越教师团队为基础，以开发研究型课程、创设研究型课堂、开展课题研究和搭建研学平台为手段，形成以研究为主导的共同价值观、以研究为特质的教育教学新常态和崇尚学术、勇于创新的良好风尚，实现优质高中向卓越高中的跨越，以培育具有研究特质的学生，为培养在社会各个领域具有浓厚人文情怀、强烈社会责任感、坚实知识基础和较高研究素养，能用科学方法探索世界、创造生活的高素质创新型人才奠基。这可以说是附中在新时代的又一次重新起航与自我超越。

附中百年校庆之际，校友捐赠以大石碑，石碑立于上坡台阶侧面，上面刻以八个大字——成民族复兴之大器。这是百年附中内在生长出来的学校之魂，这是从旁边走过的人们抬头仰望的精神之风景，这是让附中师生依偎在一起，在教与学的积极互动中不断向前的精神力量。那长久地支撑附中人，一拨又一拨、一辈又一辈，走进来、走出去的老师和同学们孜孜以求、向前发展的，正是"成民族复兴之大器"的生命渴望，是对民族对国家发展的倾情期待与责任担当。

　　匆匆写下我的感想，这既是我从对过去之附中的有限了解而做出一点个人性的解读，同时也是我对附中之未来的期待，更是我对当下中学教育改革的期待。正大高远的培养目标、切中肯綮的学校改革、求索不止的教师发展、照亮心灵的学校精神，这就是附中昭示于人的教育风景。愿附中，愿我们的整个中学教育，乃至整个中国教育在当下以至未来，站得更高，看得更远，走得更坚实，更有力量。

2023 年 9 月 30 日

（作者系湖南师范大学教育科学学院院长，教授）

如何提高中学地理的教学质量，促进中学地理教师的专业发展？这是一直困惑着地理教育界的一个问题。20世纪90年代初期，美国著名高等教育家欧内斯特·博耶在《学术反思》中首次明确提出了"教学学术"理论，视教学为学术，标志着教学与其他学术研究具有同等重要的地位。

　　传统的地理教师只是一个地理教材的解读者，用专家事先设计好的文本通过事先设计好的教学方法，达成预设好的教学目标。而未来教育面对的是急剧变化和高度不确定性的学习情境，学生对于地理世界的理解也受到个体经验和文化等因素的影响。地理教师要胜任高质量的教学工作，必须具备的学术品质是教师能够将地理知识转换成具有建构意义的探究活动，从而进行因材施教。

　　尊重学生个体差异的地理教学要求教师要尊重受教育者的天赋、潜能、兴趣和需要，在引进新的教育理念、课程前，要考虑学校、班级和学生个体等方面因素是否合适，因此，《基于新课程标准的课例研究（高中地理·必修）》一书应运而生。这是基于地理教学中的"内需"和"刚需"的实践性研究成果，它创造性地解决了地理教学过程中不断涌现的新问题。如怎样在教学中设计自主学习、合作学习、探究性学习、体验学习等学习活动？怎样处理新教材中的新知识点，用什么样的教学手段来解决学习中的难点和疑惑点？

　　全书与高中地理必修教材相对应，按课时进行同步设计，每一节课例包括教学目标、评价目标、教学重难点、教学流程等几个部分，其特点是对地理教材内容做出适当的调整和加工，在教材与学生之间建立起沟通的桥梁，促进了学生的深度学习和深度理解，具有极强的可操作性和示范性。这也是长沙市"十四五"市级课题《基于地理核心素养的高中地理情境式教学策略研究》的一个阶段性研究成果，初步构建起了一个以地理新课程为导向，以教学中的实际问题为研究内容，以改进教学为任务目标的校本研究体系。

过重的课业负担，一直是困扰高中地理教学的问题，如果高中学生不能从机械式刷题与沉重的课业负担中解放出来，富有创新精神和实践能力的培养目标就难以实现。《基于新课程标准的课例研究（高中地理·必修）》一书坚持科学的顶层设计与富有活力的基层创造相结合，重构自主、合作、探究、体验学习框架，让地理教学改革在师生教与学的实践中生动活泼地开展起来，用可视化的研究成果来展现教学的丰富性和复杂性，使研究成果具有了浓浓的"地理味"，值得同行们学习。

有的地理教师视教育理论研究为畏途，对教育科学研究缺乏兴趣，而对地理教学中的新问题又束手无策。要培养一批研究型教师，改变教师的行走方式和学校教育生态，校本教研是一个重要的"抓手"。面对地理教材分析、教学反思、作业设计、命题研究、学生评价等一系列的问题，教师应该构建地理"课程·教材·教法"研究协作体，从研究的视角去看待地理课程和地理教学中的问题，并通过专业的写作提升对地理教学的反思。湖南师范大学附属中学地理教研组的老师们进行了有益的探索，他们以自己的教学实践为基础，通过对一节课的全程描述或其中教学细节的描述，使之形成教学反思、理论研究的范例，并与同行分享自己的专业观点。尽管有许多不足之处，还有进一步提升的空间，但是开了一个好头。抛砖引玉，敬请研究机构的专家们、兄弟学校的老师们斧正。

湖南师范大学附属中学位于岳麓山山脚、湘江之滨，千年学府岳麓书院也坐落于附近。岳麓书院建筑群中有一个自卑亭，"自卑亭"名字的由来可以追溯到《中庸》中的一句话："君子之道，譬如远行，必自迩；譬如登高，必自卑。"这座亭子的名字寓意着道德修养的方法，就像长途跋涉必须从近处开始，攀登高峰必须从低处开始。自卑亭的存在，提醒着学子们要脚踏实地，谦卑地追求君子之道。地理教学及地理教学研究何尝不是如此。现在，地理教学已经进入新课程、新课标、新教材、新高考阶段，地理教师该如何协调好新课程、新课标、新教材、新高考的关系？需要从低处开始，脚踏实地，一步一步攀登地理教学的高峰。是为序！

杨帆

# 必修 第一册

# 必修　第二册

# 必修　第一册

# 第一章　宇宙中的地球

## 本章概述

（彭建锋）

## 1. 内容解读

　　本章内容是从宇宙的宏观角度,对地球所处的环境以及地球本身进行探讨,"地球是太阳系中唯一有生命物质的天体"取决于地球在太阳系中的位置以及太阳对地球的影响。当前的地球环境是经过几十亿年不断演化的结果,其中经历了许多重大的地质历史事件,其演化过程可以通过地质年代表呈现。地球本身具有圈层结构,地球圈层之间的相互作用相互影响,形成了人类赖以生存的地理环境。因此,根据《普通高中地理课程标准(2017 年版 2020 年修订》要求,本章教材呈现了有关地球知识的四部分基础内容:地球的宇宙环境、太阳对地球的影响、地球的圈层结构和地球的演化。从整体上看,本章的内容属于地球知识,是自然地理学的基础和开篇。

　　本章按照课节先后顺序依次进行教学,每节由浅入深,由易到难,注意知识点的衔接,教学过程注意对学生学科能力和学科素养的培养。

　　第一节"地球的宇宙环境"。教材首先通过高清晰度的银河系星空图将学生带入真实的情境中,并以位于贵州平塘世界最大的射电望远镜项目(FAST 项目)为例,展现我国探索宇宙的意志和决心,同时也体现了地理学科的实践性特征。接着教材利用多层次的天体系统示意图和太阳系示意图。由近及远直观生动地展示出地球所处的恒星际宇宙环境和行星际宇宙环境。了解了地球所处的宇宙环境后,引导学生探究地球上存在生命的条件,并在教材的活动中,给定背景材料,创设开放性问题,让学生进行假定推演,培养他们分析问题、解决问题的能力。

1

第二节"太阳对地球的影响"。太阳对地球的影响主要体现在两个方面：一个是太阳辐射，另一个是太阳活动。本节以太阳黑子"蝴蝶图"进行课堂导入，利用真实情境引发学生思考。接下来通过太阳辐射能量随波长的分布图，引导学生认识太阳辐射的能量来源以及太阳辐射对自然环境和人类活动的影响。在"太阳活动与地球"这一小节中，教材提供了太阳外部结构与太阳活动示意图，让学生直观地了解太阳活动的主要表现形式，再和学生一起探讨太阳活动对地球环境以及人类的影响。

第三节"地球的圈层结构"。在介绍地球的内外圈层划分及圈层主要特征的基础上，强调地球表层的大气圈、岩石圈、水圈和生物圈这四大圈层间的相互作用，形成人类赖以生存的地理环境。

第四节"地球的演化"。先向学生介绍地层和化石的形成规律以及二者之间的关系，然后以地层与化石为线索，介绍地球演化简史，并从生物演化、海陆变迁、构造运动和矿产形成等角度阐明地球演化的过程。认识地球的演化过程需要综合思维能力。而随着地球的演化，环境的变迁也将持续，这将不断影响着人类的未来。本节内容有利于培养学生的综合思维和人地协调观等核心素养。

## 2. 价值理念

通过本章的学习，让学生树立辩证唯物主义思想和科学的宇宙观，培养学生热爱科学的精神和主动与他人合作学习的习惯；激发学生探究自然奥秘的兴趣和强烈欲望，培养学生热爱科学的精神，从而树立正确的环境观；辩证地认识人类活动与环境的关系。

## 3. 必备知识

（1）运用资料，描述地球所处的宇宙环境，说明太阳对地球的影响。

（2）运用示意图，说明地球的圈层结构。

（3）运用地质年代表等资料，简要描述地球的演化过程。

## 4. 关键能力

（1）学会搜集地理资料和阅读、分析地理图表，从图表、资料中获取知识，分析表达地理现象的三维空间分布图，如：运用资料描述地球所处的宇宙环境，运用地质年代表中的数据和其他相关资料,描述地球的演化过程。

（2）通过阅读教材、听教师讲解、图片分析等方式,了解和掌握知识,如:举例说明太阳对地球的影响。

（3）通过观察动画演示和动手绘制图,加深对知识的认识,如:动手绘制地球圈层结构示意图,加深对地球圈层结构的认识。

## 5. 学科素养

（1）通过本章的学习,学生能够运用地理信息技术或其他地理工具,观察和描述地球所处的宇宙环境、太阳对地球的影响、地球的圈层结构以及地球的演化过程;

（2）具备一定的运用考察、实验、调查等方式处理地理信息和图表的能力（地理实践力）;

（3）运用地球科学的基础知识,说明自然现象之间的关系和变化过程（综合思维）;

（4）说明人类活动与环境变迁之间的联系（人地协调观）,并能在一定程度上合理描述和解释特定区域内的自然现象（区域认知）。

## 6. 课时规划建议

| 节名 | 课时安排 | 课时内容 | |
|---|---|---|---|
| 第一节　地球的宇宙环境 | 2 | 第一课时 | 内容一　人类对宇宙的认识<br>内容二　多层次的天体系统 |
| | | 第二课时 | 内容三　特殊行星——地球 |
| 第二节　太阳对地球的影响 | 1 | | 内容一　太阳辐射与地球<br>内容二　太阳活动与地球 |
| 第三节　地球的圈层结构 | 1 | | 内容一　地震和地震波<br>内容二　地球的内部圈层<br>内容三　地球的外部圈层 |
| 第四节　地球的演化 | 2 | 第一课时 | 内容一　地层和化石 |
| | | 第二课时 | 内容二　地球的演化史 |

## 7. 知识导图

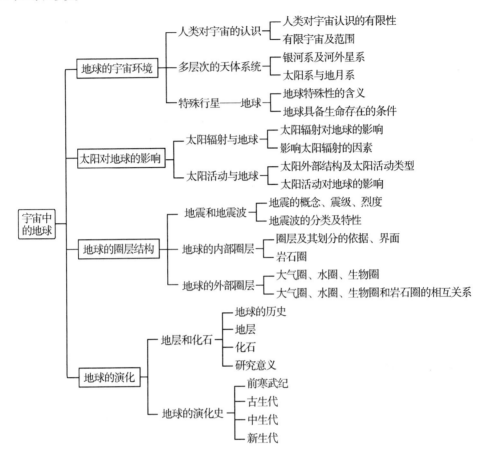

# 第一节 地球的宇宙环境

（彭建锋）

## 【内容简述】

"地球的宇宙环境"是湘教版高中地理教材必修第一册的内容。本节教学内容主要分为三个部分：人类对宇宙的认识、多层次的天体系统、特殊行星——地球（地球上生命存在的条件）。《普通高中地理课程标准（2017年版2020年修订）》中对于这部分内容的要求是"运用资料，描述地球所处的宇宙环境"。这一节的重点内容是天体的主要类型、天体系统的结构层次、太阳系八大行星及其运动特征。多层次的天体系统不仅是宇宙中各种天体客观存在的方式，同时也是学生理解地球宇宙环境的基础。本节的教学难点是天体的判断方法，地球上生命存在的条件及原因既是重点也是难点。教材的正文部分只是纲领性地提到了地球上具备生命的基本条件是充足的水分，恰到好处的大气厚度和大气成分，适宜的太阳光照和温度范围。而对于地球上为什么具备这些条件的探讨，则放在了本节篇尾的活动中。

本节课主要通过讲授法、观察法、合作探究学习法以及播放视频，突出重点，突破难点。通过对特定天体的观察（如观察星空、观察月相等），了解天体的运行规律，提升地理实践力；通过对地球上生命存在条件的探究，综合分析地球上存在生命的原因，提升综合思维能力；通过了解自然环境对人类生存的重要意义，树立人地协调观。

## 【教学目标】

| 课程标准 | 核心素养目标 |
| --- | --- |
| 运用资料，描述地球所处的宇宙环境。 | （1）根据图像资料，结合天文观测活动，描述各类天体的特点以及天体系统的层次结构。（区域认知、地理实践力）<br>（2）运用示意图等指出地球在不同层级天体系统中的位置，描述地球的宇宙环境。（区域认知）<br>（3）了解地球上生命存在的条件，理解地球是宇宙中既普通又特殊的天体。（人地协调观、综合思维）<br>（4）利用地理资料，探究宇宙中除地球外其他星球是否存在生命物，树立科学的宇宙观。（综合思维） |

## 【评价目标】

| 水平一 | 水平二 |
| --- | --- |
| 能够了解生命存在的基本条件，并简要分析地球具备生命存在条件的原因。 | 结合地球所处的宇宙环境，综合考虑地球本身的质量、体积、自转公转周期等特征，分析地球上存在生命的原因，辩证地理解地球的普通性和特殊性。 |
| 结合教材，在多层次天体系统的知识背景下，理解地球所处的宇宙环境的特征。 | 在时空相对性的背景下，理解地球所处宇宙环境空间尺度的无限性和有限性。 |
| 收集相关信息，了解目前人类在探索外太空方面取得的主要成就以及有关地外文明和宇宙环境的主要观点。 | 小组分工合作，查阅并收集相关资料，了解我国有关太空探索的最新发展，了解一些宇宙现象，如宇宙大爆炸理论，查阅有关黑洞、引力波等相关概念，并与同学分享交流这些信息。 |

## 【教学重难点】

教学重点：1. 天体的主要类型；

2. 天体系统的结构层次；

3. 太阳系八大行星及其运动特征；

4. 地球上存在生命的条件及原因。

教学难点：1. 天体的判断方法；

2. 地球上存在生命的条件及原因。

**【教学流程】**

### 第1课时 人类对宇宙的认识，多层次的天体系统

| 教学环节 | 教师活动 | 学生活动 | 教学评价 | 设计意图 |
|---|---|---|---|---|
| 新课引入 | 同学们，北宋著名诗人苏东坡曾说过:寄蜉蝣于天地,渺沧海之一粟。意思是:相比于广阔浩瀚的宇宙,人的生命十分短暂,如同朝生夕死的蜉蝣,人的个体十分渺小,如同沧海中的一粒粟米。那么宇宙究竟有多浩瀚呢?今天,我们一起来探索这个问题。 | 学生边听边思考,并回答问题:宇宙浩瀚无垠,目前人类可观测宇宙半径约137亿光年。 | 教师以学生熟知的诗句导入,增添了课堂文化色彩,使地理课堂趣味盎然。从而激发学生的学习兴趣,唤醒学生的求知欲,驱动学习动机。 | 创设情境,提出问题。通过诗句引发学生思考。 |
| 任务一 人类对宇宙的认识 | 播放视频《广阔的宇宙》(视频由近及远地展示了宇宙之浩瀚)。 人类其实在很早以前就对宇宙充满了好奇,但是由于各种条件限制,人类认识宇宙经历了一个漫长的过程。那到底什么是宇宙呢?人类又是怎样认识宇宙的呢? | 学生观看视频,结合教材,明晰可观测宇宙的定义;结合教师描述了解人类认识宇宙的过程:地心说—日心说—18世纪引入"星系"—天文望远镜发明。 | 通过观看视频,调动学生积极性,同时最直观地呈现出了宇宙的面貌,帮助学生加深对宇宙的理解。 | 观看视频,了解宇宙的概况,激发学习兴趣。 |
| 任务二 天体的判断方法 | 宇宙是物质世界。在这个无限时间和无限空间的宇宙中都有哪些物质呢? | 学生自主阅读教材,结合教师讲授,并回答: | 天体的判断方法是本节课的难点,以示意图的形式直观地给学生展示,增强学生的 | （1）通过小组比拼的方式,设置竞争机制,激发学生的学习兴趣。 |

| 教学环节 | 教师活动 | 学生活动 | 教学评价 | 设计意图 |
|---|---|---|---|---|
| 任务二 天体的判断方法 | 教师展示不同天体类型的图片,学生思考并回答下列问题。<br>(1)什么是天体?宇宙中的天体有哪些类型?<br>(2)判断流星体、流星现象和陨石是否为天体?<br><br>归纳总结天体的判断方法。<br>(3)光年是计量什么的单位? | (1)天体是宇宙中多种多样的物质;天体类型分为恒星、星云、卫星、彗星、流星体和星际物质等。<br>(2)A 为流星体,是天体;B 为流星现象,不是天体;C 为陨石或陨星,不是天体。<br>(3)光年是一个长度单位而不是时间单位。指光在宇宙中一年所走的距离,1 光年约等于 $9.4607×10^{12}$ 千米。 | 直观感受,更利于学生理解和掌握天体的特点。 | (2)识别宇宙中的天体进一步了解天体的判断方法,发展学生的区域认知能力。 |
| 任务三 多层次的天体系统 | 此外,宇宙还是运动、发展和变化的,具有运动性。那么宇宙的运动性是怎么体现的呢?<br>教师指导学生阅读教材,回答下列问题。<br>(1)天体系统是怎么形成的?请用图的形式展示天体系统的等级层次。 | (1)学习小组讨论、小组代表展示讨论结果:<br> | 以学生为主体,教师引导与总结,学生自己得出答案,从而优化教学效果。以示意图的形式让学生自己动手绘画,展现地理学科特色,培养学生的地理实践力,引导学生指出地球在不同层级天体系统中的位置,描述地 | 识别天体系统的等级层次以及具体特征。通过学生自主探究的方式发展学生提取信息、归纳总结的能力,培养学生的综合思维。 |

续表

| 教学环节 | 教师活动 | 学生活动 | 教学评价 | 设计意图 |
|---|---|---|---|---|
| 任务三 多层次的天体系统 | （2）围绕太阳运行的八大行星有哪些？请用图的形式展示八大行星的空间位置关系。<br><br>学生汇报结束后，讲解太阳系八大行星的位置及其共同的运动特征。<br><br>（3）描述地月系的组成，说出月球围绕地球公转的运动特征。"人有悲欢离合，月有阴晴圆缺"，我们看到的月亮为什么会有"阴晴圆缺"？ | （2）学生结合所学知识与教材材料汇报答案，并画出示意图展示。<br>八大行星的运动特征为：同向性、共面性、近圆性。<br>（3）阅读教材相关材料，了解月球的特点。<br>月球公转、自转的方向和周期完全一样；本身不发可见光。 | 球的宇宙环境。从地月系适当引申月相相关知识，拓展学生的知识面。 | |
| 活学活用 | 2020 年 7 月 23 日，中国火星探测工程"天问一号"探测器在文昌航天发射场发射升空。从发射到火星引力捕获，"天问一号"探测器需要历时近 7 个月时间，经历至少三道关口才能圆满实现探测。<br><br>（1）文昌发射中心的"天问一号"探测器是天体吗？在奔向火星过程中呢？<br><br>（2）"天问一号"探测器往返的宇宙空间，属于哪一天体系统呢？ | 学生结合前面所学的"判断天体的方法"以及"天体系统的层次"相关知识，回答问题。 | 学以致用，将前面所学知识运用于解决问题中来。引导学生从材料中提取关键信息，训练学生的答题思维，提高解题能力。 | 以地理的眼光看待生活中的问题，培养学生的地理实践力。 |

续表

| 教学环节 | 教师活动 | 学生活动 | 教学评价 | 设计意图 |
|---|---|---|---|---|
| 课堂总结 | 同学们，这节课我们了解了宇宙的浩瀚，学习了怎样判别天体，知道了天体系统有不同的层次，也对我们所处的太阳系有了更深的了解，知道了八大行星及其共同的运动特征等。我们也知道我们所生活的地球是目前已知的唯一存在生命的星球，是一颗特殊的星球。为什么能存在生命？地球能一直养活这些生命吗？留下这些疑问，让我们下节课一起来解答。 | 学生在教师的引导下总结课堂所学内容并思考老师留下的问题。 | 归纳本节内容，巩固新知。同时设置疑问，给学生留下意犹未尽之感，吸引学生课后探索。 | 进一步深化天体的知识并展开思考，培养学生的综合思维能力。 |

**作业设计**

实践型作业：

活动名称：观察星空。

活动目标：借助望远镜等光学仪器，观察星空，并试着初步认识常见的天体和天体系统。

活动准备：1.查阅搜集天文学的发展资料；

2.准备必要的星空观测设备；

3.选择合适的星空观测时间和地点；

4.以小组的形式对星空进行观测，初步认识常见的天体和天体系统。

**板书设计**

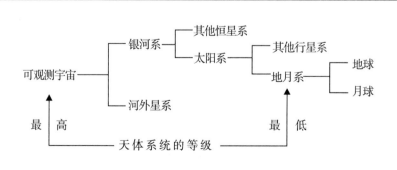

## 第2课时 特殊行星——地球

| 教学环节 | 教师活动 | 学生活动 | 教学评价 | 设计意图 |
|---|---|---|---|---|
| 新课引入 | （播放电影《流浪地球》片段）2075年,科学家们发现太阳急速衰老膨胀,短时间内包括地球在内的整个太阳系都将被太阳所吞没。为了自救,人类提出一个名为"流浪地球"的大胆计划,即倾全球之力在地球表面建造上万座发动机和转向发动机,推动地球离开太阳系,用2500年的时间奔往新家园。"流浪地球"计划分为三步:第一步,终止地球自转。第二步,将地球推入土星轨道,借助土星引力,弹射出太阳系。第三步,地球经历2500年的星际流浪,抵达新家园距离太阳最近的恒星——比邻星。那么,地球为什么要逃离太阳系?<br><br>地球在逃离太阳系的过程中为什么要经过土星轨道呢?人类为什么选择比邻星作为地球的新家园?<br><br>带着这一系列的问题,我们进入今天的课程学习:特殊行星——地球。 | 学生阅读材料,认真听讲,带着问题进入新课的学习。 | 通过材料的方式展示电影《流浪地球》中逃离太阳系的相关片段,从而引起学生兴趣,激发学生的求知欲和探索欲,以问题为导向,引入本节内容。 | 从学生身边的地理知识出发导入课程学习,激发学生的求知欲和探索欲。 |
| 任务一地球的特殊性 | 展示"太阳系八大行星基本数据"表格,结合所学知识,完成相关任务。<br><br>（1）地球上拥有可供生物生存所需的液态水、适宜的温度和比较厚的大气。这些条件被科学家称为"金锁链条件"。试从地球与太阳的距离及其体积、质量的大小等方面,分析地球具备这些有利条件的原因。<br><br>阅读教材,思考、讨论并总结,汇报小组答案:<br><br>自身条件→{日地距离适中→适宜的温度→液态水; 适当的自转周期; 体积和质量适中→适合生物呼吸的大气}→生命存在 | | 以小组合作探究的方式展开学习,教会学生识表、读表、用表,体现出地理学科特色。让学生在解决问题中获得新知,让学生深入理解地球是宇宙中既普通又特殊的天体。 | 通过任务式教学引导学生自主分析材料,了解地球上存在生命的条件。提升学生地理用语的表达水平和信息提取能力,培养学生的区域认知素养。 |

| 教学环节 | 教师活动 | 学生活动 | 教学评价 | 设计意图 |
|---|---|---|---|---|
| | （2）除地球外,太阳系中可能存在生命的行星是哪个? 简要阐述判断理由。<br>火星（或水星、金星）,从质量、体积、平均密度、自转周期、与太阳的距离等方面和地球对比。<br>（3）太阳周围的恒星际空间比较有利于太阳的稳定,而太阳的稳定又有利于地球上生命的产生和演化。假如太阳的光照条件变得极不稳定,地球上将会出现怎样的情形? 试对你的答案做出解释。<br>若太阳光照变得极不稳定,会导致地球整体自然环境也变得极不稳定。若发生在生物形成初期,会导致生物进化中断;若发生在现在或将来,会导致生物大量灭绝,甚至危及人类生存。<br>教师点评展示学生答案,并将地球上存在生命的条件和原因归纳成如下表格。 | | | |

| 任务二 地球生存在生命的条件 | 地球存在生命的条件 | | 形成生命条件的原因 | 以表格的方式进行总结,逻辑结构清楚、简明扼要、重点突出、对比明显,更有利于深化学生了解地球上生命存在的条件。 | 归纳总结地球上存在生命的条件,提升学生系统认识地球的思维和素养水平。 |
|---|---|---|---|---|---|
| | 外部条件 | 太阳光照稳定 | 太阳处于壮年期,状态稳定。 | | |
| | | 安全的宇宙环境 | 大、小行星各行其道,互不干扰 | | |
| | 自身条件 | 有适宜的温度 | 日地距离和自转周期适中,地表平均气温为15℃。 | | |
| | | 有适合生物呼吸的大气 | 地球的体积和质量适中;形成了以氮氧为主的大气条件。 | | |
| | | 有液态水 | 地球内部放射性元素衰变和原始地球体积收缩产生热量,不断产生水气,并随地球内部的物质运动带到地表,形成原始海洋。 | | |

续表

| 教学环节 | 教师活动 | 学生活动 | 教学评价 | 设计意图 |
|---|---|---|---|---|
| 活学活用 | 掌握了这些知识后,我们回到课堂之初的一个问题:人类为什么选择比邻星作为地球的新家园?人类在设定地球围绕比邻星运行轨道时,还需要考虑哪些因素呢?<br>寻找人类的"新家园"思维模式:<br>(1)生命的出现需要哪些条件?<br>(2)寻找一颗什么样的恒星?<br>(3)在这颗恒星周围的何处找一颗行星?<br>(4)这颗行星需要具备什么样的条件?<br>(5)…… | 比邻星是除太阳外离地球最近的恒星,能够提供稳定的光照。通过比邻星的光照强度等因素来确定地球与比邻星的距离。学生自主思考,提出自己的见解。 | 通过案例探究,首尾呼应,思维延伸。有助于学生学以致用,将原理运用于其他科学探索中,培养学生的综合思维与地理实践力。 | 回顾课堂知识,解决具体问题。培养学生的综合思维和地理实践力。 |
| 课堂总结 | 通过本节学习,我们了解到宇宙之大,体会到人类对宇宙认识的曲折过程,认识了构成宇宙的各种天体及它们之间相互联系、相互运动所构成的天体系统;知道了地球是银河系、太阳系中极其普通但又特殊的一员。随着科技的进步,人类对宇宙的认识水平也必将进一步提高,更为广阔的宇宙也等待着大家进一步的探索!随着人类对宇宙探索的深入,航天活动日益频繁,留在太空中的垃圾越来越多。地球的宇宙环境也亟待保护,这是全人类共同的责任。 | 学生完成相关课程习题,思考人类的使命与责任。 | 总结升华,体现人地关系,结束语展望未来,从地理角度落实立德树人的任务。 | 进一步了解宇宙的情况,发展学生的科学态度和社会责任感,培养学生的人地协调观。 |

续表

| 作业设计 |
| --- |
| 实践型作业：<br>活动名称：探索地外文明。<br>活动目标：教师引导学生通过对地球存在生命条件的原因分析，迁移、类推寻找地外文明的方向，促进学生将理论知识应用于实践，培养学生的地理实践力。<br>活动准备：查阅搜集关于地外文明的资料和观点，说明宇宙中是否存在地外文明，并阐述你的理由。 |

| 板书设计 |
| --- |
| 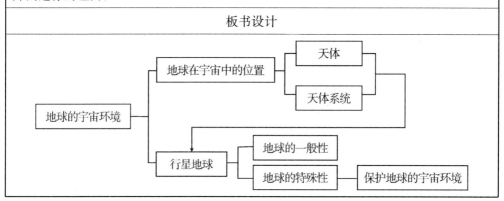 |

## 【教师说课】

### 一、说教材

本节内容是湘教版高中地理必修第一册第一章第一节"地球的宇宙环境"，是学生进入高中地理学习的第一节内容，也是完成初高中课程内容衔接的重要载体。关于宇宙的知识，在小学和初中的科学课本中涉及较少，知识体系相对零散，高中的内容是对这些零散知识的总结和提升。本节的内容主要包括"人类对宇宙的认识"、"多层次的天体系统"以及"特殊行星——地球"三个部分。教材在内容安排上，本节开篇使用大幅高分辨率的银河系图片，让学生快速进入情境；在阅读材料中使用了"天眼"这个素材，展示了我国在探索宇宙方面的积极尝试和已取得的成就，激起学生的民族自豪感；在本节节尾，设置探究性活动，让学生对地球存在生命的条件进行分析，培养学生综合思维、人地协调观等核心素养。本节作为高中地理的开端，对于学生认识宇宙、探索地理学的奥秘，以及引起学生的地理学习兴趣有着十分重要的作用。因此，用好教材，充分挖掘素材，巧妙设置活动和探究，激发学生的求知欲和兴趣是本节重点。

## 二、说学情

首先,在认知水平方面,这一节课的授课对象是高一的学生。经过初中地理的学习,该年龄阶段的学生已经对地理学的基础知识有了基本的了解,初步掌握了地理学科的基本知识框架。由于初中阶段并未对宇宙的知识有过系统的了解和学习,只在科学课本及课外阅读中了解过相关内容,因此,学生对于这一节内容的有关知识掌握情况是零散的、不成体系的。

其次,进入到高中阶段,学生的身心日渐成熟,具有一定的自学能力和观察推理能力。该年龄段的学生好奇心和求知欲也较强,对天文宇宙知识兴趣较浓厚,学习的动机较强,但由于并未适应和转换思维方式,大多数学生仍然还是以感性思维为主,缺乏理性的认识和综合思维能力,难以全面地思考和分析问题。因此,需要教师进行耐心引导,帮助学生实现思维的转换,从感性认知上升至理性思维。

## 三、说教法学法

本节课的教学主要以探究活动为手段,以问题为导向,所运用到的教法学法主要是自主学习法和合作探究法,在各个环节中都充分体现学生的主体性。自主学习法强调通过自学、探索、发现来获得科学知识。学生通过自主阅读材料,提取出关键信息,自我归纳和总结,得出答案;在有明确的目的、方向,在自觉状态下主动学习,往往能取得事半功倍的学习效果。学生采用小组合作学习和探究式学习,通过发现问题、解决问题来获取知识、发展技能、培养能力,在"重新发现"和"重新组合"知识的过程中学习,强调探究学习、合作学习。

## 四、说创新点

本节为高中地理第一课,教学目的主要是培养学生对地理学科的学习兴趣。因此在本节教学过程中,既加入了故事环节,也引入了形象直观的讲述宇宙的视频;既有丰富的资料,也有学生自由探讨等各种教学手段的运用,既突出了本节的教学重点、突破了本节的教学难点,也提升了本节课的趣味性,初步培养了学生学习地理的兴趣和热情。

针对宇宙知识抽象难以理解的特点,视频的运用非常到位,在丰富了课堂,调动了学生视觉的同时,化抽象事物为具体,形成了直观印象,增强了教学效果。

本节教学设计主要是以学生自主学习、合作学习、探究学习、交流互评为主,将课堂主体归还给学生,教师进行引导与总结,充分体现现代学习方式。从而得以更好地培养学生动脑、动手的能力。老师的引导启发,也有助于学生全面、正确认识地球的宇宙环境。

布置了实践型作业，观察星空和寻找地外文明，既有利于促进学生将理论知识应用于实践，培养学生的地理实践力，又可以使学生"异想天开"，激发他们的创新能力。

## 【教学反思】

由于这是学生进入高中地理学习的第一节内容，本节课对往后的教学影响很大。因此本节课的主要教学目的应是培养学生学习地理的兴趣，激发学生的求知欲和探索欲，使学生了解到地理学科特色及高中地理学习方法。首先确定这节课的课型为新授课，课时安排为两个课时，第一课时教学内容为"人类对宇宙的认识"及"多层次的天体系统"，第二课时教学内容为"特殊行星——地球"。从教学内容上看，第一节内容为第二节内容的基础，因此，在教学设计时，要考虑两节课时内容之间的联系，要做到相互关联且逻辑清晰。其次，将教学环节分为引入新课、讲授新课以及巩固小结三个环节，其中重点在于讲清楚天体系统的层次结构、太阳系八大行星分布及其运动特征，探究地球上存在生命的条件与原因。在教学手段的应用上，本节课加入了故事环节，也引入了形象直观的讲述宇宙的视频。通过听故事、观看视频、阅读资料与课本材料，设计大量活动与问题探究，对于培养学生主动学习和自主学习的态度，以及帮助学生实现从感性思维到理性思维的转换都是具有重要作用的。但是，本节课仍然存在不少缺陷。一方面，给学生的过渡和适应高中地理学习的时间和空间太少，学生刚进入高中学习，不论是学习方式还是思维方式仍停留在初中阶段，以形象记忆与直接感知为主。虽然通过活动和问题的设计，试图去训练学生的思维，但活动的进行需要教师特别注意去关注和引导学生，要重点强调活动的要求及答题的要求等，需要给学生反应和适应的时间，需要对学生的思考和探究结果进行及时反馈，并留给他们充足的消化时间，而教师由于时间限制，往往难以提供给学生充足的时间。另一方面，将课堂主体归还给学生的过程中，也要突出教师的主导地位，需要教师具备很强的课堂掌控能力，而这对新教师来说，提出了一定的要求和挑战。同时，课堂教学过程中，可能存在学生交流和探索的积极性不高的情况，很容易使教师丧失教学积极性，但这种教学模式是一个长期训练与培养的过程，需要教师不断坚持，保持积极性，鼓励学生积极参与到活动中来。因此，在后续的教学中，教师需要预估到教学中可能存在的困难以及学生可能会存在的学习困难，在完成教学任务、实现教学目标的前提下，实现教学形式的多样化。在教学中应避免空泛地与学生探讨天文概念，要引导学生关注地球与人类活动，将这些内容提升到天体和天体系统的概念上并以此为基础描述地球在宇宙中的位置,最后回归到认识地球上,综合探究地球这颗既普通又特殊的行星,分析地球上存在生命的条件。

## 【专家点评】

本节课紧紧围绕天体的主要类型、天体系统的结构层次、太阳系八大行星及其运动特征这几个概念,创设学习情境,并且通过讲授法、观察法、合作探究学习法,让学生掌握重点、突破难点。第一,通过播放《广阔的宇宙》视频,使学生快速进入了教材设定的情境;第二,通过播放《流浪地球》等视频,对特定天体进行观察,了解天体的运行规律,提升地理实践力;第三,通过合作探究,对地球上生命存在条件进行综合分析,提升了学生的综合思维能力;第四,"自然环境对人类生存的重要意义"这个问题具有开放性,通过讨论,学生初步树立了人地协调观。

面对新课程标准、新教材、新高考,如何避免遁入"经验思维"的老路,体现改变的力量? 分析教材教法、分析教学案例,对教师的教学行为有着直接的指导作用。本节课的亮点为:针对宇宙知识抽象、难以理解的特点,"情境"的设计从简单到复杂,视频的运用非常到位;教学策略的运用从自主学习、合作学习到合作探究学习,充分体现了地理新课程的学习方式,更好地培养了学生对地理学习的兴趣和思维能力;设计了实践型作业,引导学生探索寻找地外文明,激发了学生的空间想象力。

（段玉山　华东师范大学）

# 第二节　太阳对地球的影响

（彭建锋）

## 【内容简述】

"太阳对地球的影响"是湘教版高中地理教材必修第一册的内容。本节教学内容主要分为两个部分：太阳辐射对地球的影响和太阳活动对地球的影响。《普通高中地理课程标准（2017 年版 2020 年修订）》对于这部分内容的要求是"运用资料，说明太阳对地球的影响"。这一节的重点内容是了解太阳辐射的概念、特点；举例说出太阳辐射对生活、生产的影响，说明太阳辐射是地球的重要能量来源；太阳活动的主要表现形式，并举例说明太阳活动对地球的影响。本节的教学难点是影响到达地面的太阳辐射的因素；太阳活动对地球的影响。

本节课主要通过自主学习法、情境探究法以及任务驱动式学习法播放视频，突出重点，突破难点。了解太阳辐射的基本特征，能够辨识太阳辐射的能量在地球环境中的转化，以及太阳活动对地球不同纬度地区产生的不同影响，提升区域认知能力。能够在了解太阳外部基本结构的基础上掌握太阳活动的几种主要表现形式，并能综合地分析出太阳活动对自然环境和人类活动的影响，提升综合思维能力，树立人地协调观。能够通过查找并收集整理资料，了解更多太阳活动对地球的影响，并按照有利影响和不利影响进行分类，提升地理实践力。

## 【教学目标】

| 课程标准 | 核心素养目标 |
| --- | --- |
| 运用资料，说明太阳对地球的影响。 | （1）结合图文资料与生活实例，分析太阳辐射与太阳活动对地球的影响。（综合思维）<br>（2）结合区域图文资料，分析不同地区太阳辐射的差异及形成原因，结合图表总结影响太阳辐射的主要因素。（区域认知）<br>（3）观察太阳的大气组成和太阳活动类型，描述太阳外部圈层结构，并说出太阳活动的主要表现形式。（地理实践力）<br>（4）树立合理利用太阳能资源的意识，理解太阳活动对人类活动的影响。（人地协调观） |

## 【评价目标】

| 水平一 | 水平二 |
|---|---|
| 能够结合生活中的现象,通过实例说明太阳活动对自然环境和人类活动的影响。 | 能够在了解太阳外部结构的基础上,掌握太阳活动的几种主要表现形式,能综合分析出太阳活动对自然环境和人类活动的影响。 |
| 能够辨识太阳辐射的能量在地球环境中的转化,以及太阳活动对地球不同纬度地区产生的不同影响。 | 能够在给定的区域内说明太阳辐射能量与其他形式的能量之间的转化关系,能够用不同的例证说明太阳活动对地球的影响。 |
| 收集相关信息,了解更多太阳活动对地球的影响,并按照有利影响和不利影响进行分类。 | 小组分工合作,查阅并收集相关资料,了解更多太阳活动对地球的影响,能够辩证地看待太阳活动对地球有利和不利的影响,可以形成不同的观点加以辩论。 |

## 【教学重难点】

教学重点:1.了解太阳辐射的概念、特点;

          2.举例说出太阳辐射对生活、生产的影响,说明太阳辐射是地球的重要能量来源;

          3.太阳活动的主要表现形式,并举例说明太阳活动对地球的影响。

教学难点:1.影响到达地面的太阳辐射的因素;

          2.举例说明太阳活动对地球和人类活动的影响。

## 【教学流程】

| 教学环节 | 教师活动 | 学生活动 | 教学评价 | 设计意图 |
|---|---|---|---|---|
| 新课引入 | 同学们,大家都听过"后羿射日"的神话故事吧?在酷热难耐的夏季,我们可能忍不住会想,后羿为什么不把所有太阳都射下来呢?但是假如太阳真的消失了,会发生什么呢?我们一起来看个视频。 | 学生听讲,并思考太阳消失后地球可能发生的变化,并通过观看视频了解太阳对于地球的重要性。 | (1)以学生熟悉的神话故事进行导入,提出假想,引发学生思考,并吸引学生注意力。 | |

续表

| 教学环节 | 教师活动 | 学生活动 | 教学评价 | 设计意图 |
|---|---|---|---|---|
| 新课引入 | 播放视频《太阳消失后》（视频展示了当太阳消失后不同的时间段内地球上所发生的变化）。<br><br>当太阳消失后，地球会降温，会失去光和热，生命也将慢慢不复存在。因此，对地球来说，太阳是不可或缺的。而太阳对地球会产生怎样的影响呢？带着这样的疑惑，我们进入今天的课程学习：太阳对地球的影响。 | | （2）视频能够吸引学生注意力，激发学生兴趣，使学生对本节内容的学习充满期待。 | 通过神话故事和视频引入，引发学生联想，集中注意力。 |
| 任务一 太阳的基本情况 | 我们已经知道，太阳是距离地球最近的一颗恒星。它是一个巨大炽热的气体球，表面温度很高。太阳源源不断地以电磁波的形式向宇宙空间放射能量，我们称这种现象为太阳辐射。请同学们认真阅读教材，思考：<br>（1）太阳的能量来自哪儿？<br>（2）说出太阳辐射的波长范围，可分为哪三部分？太阳辐射的能量又主要集中在哪一波段？<br>学生回答后老师总结点评。 | 学生听讲，了解太阳能量来自于太阳内部的核聚变反应，并回答：太阳辐射的波长范围在0.15～4微米之间，可分为可见光、红外光和紫外光三部分。太阳辐射的能量主要集中在波长较短的可见光部分，约占总能量的50%。 | 教师讲述太阳辐射的概念，引出太阳辐射能量来源问题。学生依据教师提出的问题了解太阳的能量来源、太阳辐射的相关概念以及波长范围与特征，落实基础概念。 | 通过自主学习法将课堂主体归还给学生，任务驱动式引导学生自己从教材和材料中提取信息，得出答案，提升学生的自我效能感。 |

续表

| 教学环节 | 教师活动 | 学生活动 | 教学评价 | 设计意图 |
|---|---|---|---|---|
| 活动一 太阳辐射对地球的影响 | "日出而作,日落而息",太阳无时无刻不在影响着我们的生活。自然界中一切绿色植物都有赖于太阳提供的光以及能量进行光合作用,是太阳为地球盖上了一层绿色的被子,使得我们的周围总是欣欣向荣、充满生机。下面,我们一起学习太阳辐射对地球的影响。<br>请学生阅读教材相关内容并结合生活实例,分小组讨论说明太阳辐射对地球产生哪些影响。 | 学生自主阅读材料,结合讲授,回答问题:<br>小组1:对人类生产、生活直接或间接提供能量,比如会使人们晒黑、晒伤;<br>小组2:植物通过光合作用将太阳辐射转换为生物化学能;影响蒸发,促进水循环;造成地表冷热不均,影响大气运动…… | 教师简单地介绍日常生活中太阳对地球的影响,引导学生结合教材文字及图片内容,阐述太阳辐射对地球自然环境以及人类生产、生活的影响。 | 联系生活实际,启发学生思考,实现地理生活化教学。 |
| 合作探究一 影响到达地面的太阳辐射的因素 | 太阳辐射与我们的生活息息相关,各个地区的年太阳辐射总量却不尽相同,请同学们观察我国太阳年辐射总量的分布图合作思考,解决下列问题:<br>读湘教版必修一地图册15页"我国年太阳辐射总量分布图",总结在中国太阳辐射的低值区在哪里呢?为什么?<br>(2)请同学们阅读教材活动材料,并据图片思考,影响到达地面的太阳辐射的因素有哪些,并说明原因。 | (1)四川盆地。原因:盆地地形,水汽不易散发;阴天、雾天多,大气中水汽含量多,大气对太阳辐射削弱作用强。<br>(2)学生结合地图及教材活动材料,汇报答案:影响到达地面的太阳辐射的因素有纬度、地形、天气状况等等,如阴雨天气多,云层对太阳辐射削弱作用强等。 | 以区域为例,学生通过观察我国太阳年辐射总量的分布特点分析原因,启发学生思维,引申影响到达地面的太阳辐射的因素,突破教学难点,提高知识应用能力。 | 通过读图探究,培养学生读图提取信息的能力,并发展其区域认知。 |

续表

| 教学环节 | 教师活动 | | 学生活动 | 教学评价 | 设计意图 |
|---|---|---|---|---|---|
| 合作探究二 影响到达地面的太阳辐射的因素 | 影响因素 | 原因 | | 以小组的形式展开拓展探究，以表格的方式进行总结，逻辑结构清楚、简明扼要、重点突出、对比明显，更有利于深化学生认知，让学生深入理解影响太阳辐射的主要因素。 | 归纳总结影响到达地面的太阳辐射的因素，发展学生的综合思维。 |
| | 太阳高度（纬度） | 纬度低则正午太阳高度大，且太阳辐射穿过大气的路程短，被大气削弱少，到达地面的太阳辐射强；反之则弱。 | | | |
| | 天气状况 | 天气晴朗，云量少，云层薄，大气对太阳辐射的削弱作用弱，到达地面的太阳辐射强；阴雨天气则相反。 | | | |
| | 地形地势 | 地势越高，空气越稀薄，太阳辐射通过大气的路程越短，大气对太阳辐射的削弱作用越弱，太阳辐射就越强，如青藏高原比长江中下游平原太阳辐射强；阳坡比阴坡的太阳辐射强。 | | | |
| | 日照长短 | 日照时间长，获得的太阳辐射多；日照时间短，获得的太阳辐射少。夏半年，高纬地区白昼时间长，弥补了太阳高度小所损失的能量，所以我国虽然南北跨度大，但夏半年从低纬至高纬普遍高温。 | | | |
| | 大气污染程度（人类活动） | 大气污染程度越大，对太阳辐射的削弱就越强，太阳辐射越弱；反之，太阳辐射越强。 | | | |
| 活学活用 | **世界海拔最高**<br>——冈底斯藏医学院<br>海拔4700米，是由阿里地区著名藏医学家丹增旺扎于1995年创办，至2015年已有6届185名藏医毕业生分赴当地最偏远的农牧区，成为乡村医生中的骨干力量。建成初期，每天仅有3小时电力供应的历史，2015年迎来全天24小时不 | | （1）海拔高，空气稀薄，到达地面的太阳辐射多；<br>（2）地处我国内陆地区降水量少，日照时间长…… | 学以致用，将前面所学知识运用于解决实际问题，触类旁通，引导学生从材料中提取关键信息，训练学生的答题思维，提高解题能力。 | 以地理的视角看待和解决生活中的问题，培养学生的区域认知和地理实践力。 |

| 教学环节 | 教师活动 | 学生活动 | 教学评价 | 设计意图 |
|---|---|---|---|---|
| 活学活用 | 断电的新"照明时代"。这得益于企业赞助的几块光伏发电板。<br><br>请问：西藏阿里地区太阳能为什么得天独厚？ | | | |
| 任务二 太阳活动对地球的影响 | 同学们，太阳并不是一直稳定地向宇宙发射电磁波，有时候，太阳也会发脾气。太阳不稳定地释放能量，从而导致一些明显现象，如太阳黑子、耀斑、日珥和太阳风等，我们把它们统称为太阳活动。<br>　　教师组织学生阅读教材太阳大气层的结构，思考并回答下列问题。<br>　　(1)太阳大气层可以分为哪几层？由内而外，依次是哪些圈层划分？<br>　　(2)太阳大气层在温度、亮度、厚度方面具有怎样的变化特征？<br>　　(3)太阳大气层的不同圈层，其各自的观测方法是怎样的？<br>　　(4)根据教材以及自我归纳画出太阳的大气圈层示意图，并标注好太阳活动出现的位置。 | (1)三层，依次是光球层、色球层和日冕层。<br>　　(2)由内而外，温度升高、亮度减弱、厚度增厚。<br>　　(3)光球是用肉眼可观测到的太阳表面；色球只有在日全食时或用特殊的望远镜才能看到；日冕只有在日全食时或用特制的日冕仪才肉眼可见。<br>　　(4)<br> | 让学生结合图文资料，以示意图的方式总结并动手画出简图，掌握太阳大气层的分层、特征及其观测方法。既培养学生提取信息的能力，也展现地理学科特色。 | 进一步加强学生的基础知识点的理解，通过结合多方面因素，培养学生综合思维和地理实践力。 |

| 教学环节 | 教师活动 | 学生活动 | 教学评价 | 设计意图 |
|---|---|---|---|---|
| 活动二 太阳活动类型及其对地球的影响 | 请同学们阅读教材,以小组为单位,讨论并归纳不同太阳活动形式的活动规律及其对地球产生的影响,完成下列表格。<br>学生完成后,教师进行点评与总结。<br><br>（见下表）<br><br>阅读教材,讨论并归纳表格:太阳活动对地球的影响。 | 阅读教材图文内容,按照问题提示概括、归纳太阳活动的类型及其对地球的影响。通过探究学习,并以任务驱动,有利于优化课堂效果,加深学生理解;同时以表格形式进行归纳整理,逻辑清楚、重点突出。 | 设计自主探究加强学生自主学习能力和辩证思考能力,培养学生的综合思维。 |

表格内容：

| 周期 | 活动规律 | 活动形式 | 太阳大气层 | 对地球影响 |
|---|---|---|---|---|
| 11年 | ①光球层中高速旋转的气体涡旋,温度相对较低;②带电荷,能产生磁场;③存在太阳活动高峰年与低峰年的交替。 | 黑子 | 光球层 | 对气候产生影响,不同纬度的年降水量与黑子多少有一定的相关性;太阳活动高峰年激烈天气现象出现的概率增加。 |
| | ①色球层中激烈的能量爆发;②以射电爆发和高能带电粒子等形式放出辐射能。 | 耀斑 | 色球层 | 耀斑爆发时产生的强烈射电扰乱地球大气的电离层,产生磁暴,影响短波通信。 |
| | 日冕层的带电粒子脱离太阳飞向宇宙空间。 | 太阳风 | 日冕层 | 在地球两极地区产生极光。 |

续表

| 教学环节 | 教师活动 | 学生活动 | 教学评价 | 设计意图 |
|---|---|---|---|---|
| 课堂总结 | 　　太阳辐射对地球的影响我们感同身受,而太阳活动对地球的影响还有很多未知需要我们不断探索。当我们再次仰望星空,可以感知月亮有阴晴圆缺,太阳也有喜怒哀乐,繁星点点感受宇宙之大。<br>　　地理这一门课的魅力所在,万千世界美妙而神奇,仍有太多领域值得我们去探索。 | 　　学生在教师的引导下总结课堂所学内容。 | 　　提纲挈领地归纳本节课的主题,以充满艺术化的语言引导学生感受地理学的魅力,激发学生的地理探究欲望。 | 　　归纳课堂主题,突出本节重点,激发学生的地理探究欲望。 |

作业设计

实践型作业:

活动名称:探究太阳活动对地球的影响。

活动目标:明确太阳活动对人们具体生活的影响。

活动准备:1.查阅搜集历年来太阳活动强烈爆发的记录;2.查阅太阳活动强烈爆发年份,通信中断的记录、"磁暴"发生的频率、激光产生的频次和全球降水的异常情况以及农业生产受影响的情况。

板书设计

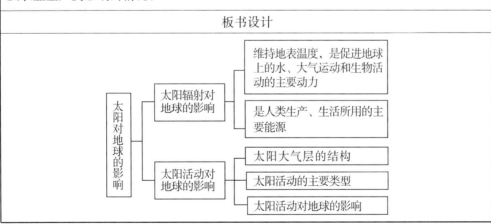

【教师说课】

## 一、说教材

　　本节内容是湘教版高中地理必修第一册第一章第二节"太阳对地球的影响",

是第一节"地球的宇宙环境"的延续，也是整个高中地理"地球概论"部分的重要内容，是学好自然地理的基础。本节主要包括两部分内容：太阳辐射对地球的影响和太阳活动对地球的影响。教材首先通过图文结合的形式，介绍了太阳辐射能量随波长的分布，接着简述了太阳辐射对于自然环境和人类活动的意义。这部分内容的核心是，太阳辐射是自然界水循环和大气循环的主要能源，并为人类直接或间接地提供了社会日常生产生活所需的能量。由于太阳辐射影响到水循环、大气运动、人类活动等内容，因此掌握太阳辐射的相关内容是学好必修第一册乃至整个高中自然地理部分的基础和关键。而太阳活动对地球的影响作为本节的难点，需要着重突破。太阳活动是指太阳释放能量不稳定所导致的一些明显现象，这些现象对地球的影响也是多方面的，教材通过举例的方式列举了几种对地球产生影响的太阳活动现象，在课堂教学时则可充分利用教材中的材料和活动进行教学设计，同时补充大量例子，并结合生活中的实例，通俗化地向学生解释，从而突破重难点。

## 二、说学情

关于学情，主要是从学生的认知水平与能力状态对学生进行分析。

首先，关于认知水平与学习动机，这一节课的授课对象是高一的学生。经过第一节"地球的宇宙环境"的学习，学生已经对宇宙和天体的相关知识有所了解，并且在初中对区域地理的学习过程中，学生对太阳辐射的分布已经略有了解，在此基础上要引导学生从原理上理解影响太阳辐射强弱的因素，并总结太阳辐射对人们生产、生活的影响。而对于太阳活动的认识，学生刚刚接触，因此比较陌生，所以学生需要一个认识学习的过程。

其次，关于学生的能力状态，经过第一节内容的学习，学生开始熟悉了高中课堂以学生为主和以自主、合作、探究为主的学习方式，但由于仍未适应和转换思维和学习方式，大多数学生仍然缺乏理性的认识和综合思维能力，难以全面地思考和分析问题，需要教师进行耐心引导。

## 三、说教法学法

本节课的教学主要以探究活动为手段，以任务为驱动，努力实现现代学习方式，做到让学生自主学习、合作学习、探究学习，并体现出创新学习，所运用的教法学法主要是自主学习法、合作探究法以及任务驱动式学习法。在各个教学环节中都充分展现了学生的课堂主体地位，以问题为载体，以任务为驱动，在有明确的目的和方向的自觉状态下，学生通过自主阅读和探究，积极参与讨论并分工合作，从材料中提取出关键信息,自我归纳和总结,得出答案,从而获得知识、发展能力、培养情感态度与价值观。

## 四、说创新点

首先确定本节课的课型为新授课,课时安排为一个课时,教学内容主要分为两个部分,分别是"太阳辐射对地球的影响"以及"太阳活动对地球的影响"。其次,将教学环节分为引入新课、讲授新课以及巩固小结三个环节,并以任务作为驱动,进行教学设计。其中本节的重点在于太阳辐射和太阳活动对于地球的影响,而难点也包括太阳活动对地球的影响,因此教学设计关键在于深化学生对这部分知识的理解。通过设置自主学习与小组合作探究,将课堂主体归还给学生,教师进行引导与总结,充分体现现代学习方式。最后,在整个教学过程中,运用地图、表格等材料,并充分联系生活实际,通过例举生活中学生熟悉的现象,更好地帮助学生理解,实现地理生活化教学。

## 【教学反思】

本节是学生进入高中地理学习后的第二节内容,吸引学生兴趣,激发学生的求知欲和探索欲,帮助学生进行思维转换、适应新的学习方式仍应是本节课的重点。本节内容涉及一些生涩难懂的理化知识,较为抽象。因此在本课教学过程中既加入了故事环节,也引入了形象直观的讲述太阳辐射和太阳活动的视频;既有学生的自主学习,也有学生的合作学习、探究学习……各种教学手段的运用,既突破了本课的教学重难点,也提升了本节课的趣味性。

讲解太阳活动及其影响时,视频和图像的运用既丰富了课堂,调动了学生的学习积极性,又将抽象事物具体化,增强了教学效果。针对本节课的重难点:太阳辐射对地球的影响、太阳辐射的分布和影响因素、太阳活动对地球的影响,采用探究法、案例法、师生互动法等帮助学生学习。

本节课利用视频、阅读资料与课本材料,设计大量活动与任务探究,对于培养学生自主学习和合作探究,以及帮助学生实现从感性思维到理性思维的转换都是具有重要作用的。由于学生基础有限,教师在实际的教学中要调动课堂气氛,加强语言的引导和感染力。

但是,本节课仍然存在不少缺陷。从内容设置上来说,所安排的教学内容较多,任务设置较密;从时间分配上来看,课堂节奏偏快,教学重点突出难点突破还不够。通过分析课标要求,本节的教学重点应在于太阳辐射与太阳活动对地球的影响,而太阳活动对地球的影响同时也是本节课的难点,因此在进行教学设计时,应将主要任务和时间放在这两部分内容上。由于太阳辐射对地球的影响贴近日常生活，太阳辐射的相关知识学生体会较多，更容易接受和理解，因此在这个内容上教师应注意运用直观的方法提高学生课堂参与度，培养学生浓厚的地理学习兴趣。而太阳活动对地球的影响远离日常生活，内容综合性很强，学生较难理解，教师不能简单地运用讲授法进行知识传授，应配合多媒体、图示、案例加深学生的理解。因此本节内容设计最大的篇幅应是在太阳活动对地球的影响上，应安排大量时间给学生进行自主学习和探究。而对于太阳的概括、能量来源只是进行简单了解，对于影响太阳辐射的因素应是作为知识延伸，拓宽视野。但关于"影响到达地表的太阳辐射的因素"这个内容，难度较大，如果要放进教学内容中进行设计，讲解的深浅、时间的控制都不好把握，因此，关于该内容的安排和设计，仍值得思考与探讨。

## 【专家点评】

本节课重点学习了两个内容，第一个内容是太阳辐射的概念，以及太阳辐射对生活、生产的影响；第二个内容是太阳活动对地球和人类活动的影响。太阳辐射和太阳活动这两个概念对学生来说既具体又抽象，"具体"表现在太阳就在我们身边，肉眼可见；"抽象"表现在太阳辐射和太阳活动的内涵需要学生进行时空想象、逻辑推理。授课老师运用了"后羿射日""日出而作，日落而息"和青藏高原光伏发电三个情境导入新课，这三个情境分别属于文学情境、生活情境、生产情境，学生容易入题，教师容易激趣，这是本节课的一大亮点。

随着全球气候变暖，人们对新能源的开发利用日趋重视，太阳辐射具有清洁可再生的特点，是化石能源的重要替代品，有广阔的应用前景。气候异常、灾害性天气与太阳活动有着什么样的联系？人类仍然在探索之中。中学生是祖国未来的建设者，运用地理学科知识，在中学生心里播下科学探索的种子，可以使本节课的教学目标得到更好的升华，有画龙点睛之效，建议在此设计一个开放性的探究活动，让学生畅所欲言。

从教教材到用教材教，授课者从课标、教材、学生三个方面进行了统筹考虑，以学定教、以学导教，所呈现出来的课例具有启发性，值得一读。

（朱翔　湖南师范大学）

# 第三节　地球的圈层结构

（陈柳逸）

## 【内容简述】

"地球的宇宙环境"是湘教版高中地理教材必修第一册第一章的内容。本节教学内容主要分为三个部分：地震和地震波、地球的内部圈层、地球的外部圈层。《普通高中地理课程标准（2017 年版 2020 年修订）》中对于这部分内容的要求是"运用示意图，说明地球的圈层结构"。本节内容要求学生从宏观上了解地球的圈层结构并了解地球上自然环境的组成。教学重点是明晰地球内部圈层的划分、界面、结构特点，了解外部圈层的划分及各圈层与人类活动的关系；教学难点是地球内部地震波传播速度变化与地球内部圈层、外部圈层结构，各圈层间相互联系、相互渗透。

本节课主要通过图片分析、自主学习法和合作学习法，通过播放视频，突出重点，突破难点。通过观察地震构造示意图以及波传播速度图进行归纳总结，明确地震波传播速度变化的原因，提高综合思维；通过探究地球内部各圈层，引导学生自主分析地球内部各圈层的划分以及特点，培养地理实践力；运用生活中的场景，明晰地球外部圈层的构成及其特征，从宏观和微观层面认识地球的自然环境，提升学生的区域认知能力，树立人地协调观。

## 【教学目标】

| 课程标准 | 核心素养目标 |
|---|---|
| 运用示意图，说明地球的圈层结构。 | （1）运用图表描述地球内部、外部圈层的范围、界限、物质组成，解释地球整体结构特点。（区域认知）<br>（2）了解地震波的基本特征，并能解释科学家如何利用地震波来研究地球内部的圈层结构。举例说明地球各圈层的相互联系、相互渗透，从整体上说明自然环境的基本构成。（综合思维）<br>（3）能从不同层面（宏观、微观）认识地球的自然环境，自主辨识给定区域自然环境中所涉及的圈层和自然地理要素。（人地协调观、地理实践力） |

## 【评价目标】

| 水平一 | 水平二 |
|---|---|
| 能够说出地球内部圈层和外部圈层的界限和范围。 | 在日常生活情境中,能辨识地球各圈层的特征,并指出这些特征对人类活动的影响。 |
| 能说出地球内部圈层和外部圈层的空间分布特征,了解自然地理环境存在不同的空间尺度。 | 能从宏观和微观层面认识地球自然环境,能够自主辨识给定区域自然环境中所涉及的圈层和自然地理要素。 |
| 收集相关信息,用合适的材料和工具,制作地球圈层结构模型。 | 小组分工合作,收集相关资料,按照正确的比例,选择恰当的材料,制作地球圈层结构模型。 |

## 【教学重难点】

教学重点:1.地球内部各圈层的划分依据及各圈层具体特征;

2.地球外部圈层及其与人类的相互关系。

教学难点:1.地震波类型及特征;

2.岩石圈与地球内部圈层的区别和联系。

## 【教学流程】

| 教学环节 | 教师活动 | 学生活动 | 教学评价 | 设计意图 |
|---|---|---|---|---|
| 新课引入 | 现今的科学技术不断成熟,人类往上走已经走出大气层了,从月球奔火星去了,那么往下走,人类能探测到地球多深的地方呢?我们通过一个小视频来看看:人类是否能穿过我们的地球内部?地球的结构又是怎样的呢?(播放视频《地心历险记》片段) | 学生观看视频,思考教师的提问。 | 教师以《地心历险记》小视频导入,以问题为导向,激发学生的求知欲。 | 创设情境,提出问题。通过视频内容引发学生思考。 |

| 教学环节 | 教师活动 | 学生活动 | 教学评价 | 设计意图 |
|---|---|---|---|---|
| 任务一 地震和地震波 | 啄木鸟怎么知道树里有虫？（啄木听声）怎样挑选一个好吃的西瓜？（拍一拍,听声音）孕妈妈怎么知道腹中宝贝的发育情况？（B超）我们可以通过什么方式知道地球内部的情况？（地震波）<br><br>教师组织学生阅读教材24～25页,自主学习地震和地震波的知识回答下列问题。<br>（1）什么是地震？<br>学生1:地震是地壳快速释放能量过程中造成的地面震动,是一种危害和影响巨大的自然灾害。地震是地球内部能量快速释放的一种形式。<br>（2）震级和烈度一样吗？<br>学生2:不一样。一次地震,只有一个震级,可以有多个烈度。<br>（3）讨论并归纳地震波的类型及特点,完成下列表格。<br><br>学生自主观察地震构造示意图以及波传播速度图并进行归纳总结,将课堂归还给学生,加强学生读图、识图能力,明确分析地震波传播速度变化的原因。 | | 地震和地震波的知识较为晦涩难懂,学生通过的生活常识引入地震波的学习,降低难度。 | |

以下为教师活动栏中的表格：

| 地震波类型 | 传播速度 | 通过的物质 | 地面感受 | 破坏性 | 共同点 |
|---|---|---|---|---|---|
| 纵波（P波） | 快 | 固、液、气 | 上下震动 | 弱 | 波速都随传播介质的改变而发生变化 |
| 横波（S波） | 慢 | 固态 | 左右晃动 | 强 | |

| 教学环节 | 教师活动 | 学生活动 | 教学评价 | 设计意图 |
|---|---|---|---|---|
| 任务二 地球的内部圈层 | 由于地震波在不同介质中的传播特点并不相同,科学家通过对地震波传播速度的研究来推测地球的内部结构。<br><br><br>地震波传播速度<br><br>教师展示地震波的传播速度与地球内部圈层的划分图片,学生思考并回答下列问题。<br><br>(1)地震波的传播速度在什么位置出现了急剧变化? | 学生1:莫霍面处,横波和纵波速度突然增加。古登堡面处,横波突然消失,纵波速度突然下降。<br><br>(2)地震波波速的突然变化说明了什么问题,推测该层物质状态可能是什么?<br><br>学生2:说明了物质状态发生了变化。在莫霍界面下纵波、横波都能通过,物质状态可能是固态;在古登堡界面以下,横波消失,物质状态可能是液态。<br><br>(3)根据地震波在地球内部传播速度上的差异,地球内部划分为几个圈层,它们的名称是什么,是否可以进一步划分? | 地球内部各圈层的划分依据及各圈层具体特征是本节课的重点,以问题的方式导入新知识点的讲授,通过示意图的形式直观呈现地球内部圈层,引导学生自主分析地球内部各圈层的划分以及特点。 | (1)组织学生观察地震波的传播速度与地球内部圈层的划分图片,明确地震波在不同深度的速度变化,锻炼学生的分析能力,培养综合思维。 |

续表

| 教学环节 | 教师活动 | 学生活动 | 教学评价 | 设计意图 |
|---|---|---|---|---|
| 任务二 地球的内部圈层 | 教师在分组讨论的基础上让学生上台，对照幻灯片上的图进行讲解，并适时分析，组织学生在黑板上绘制地球内部圈层示意图。 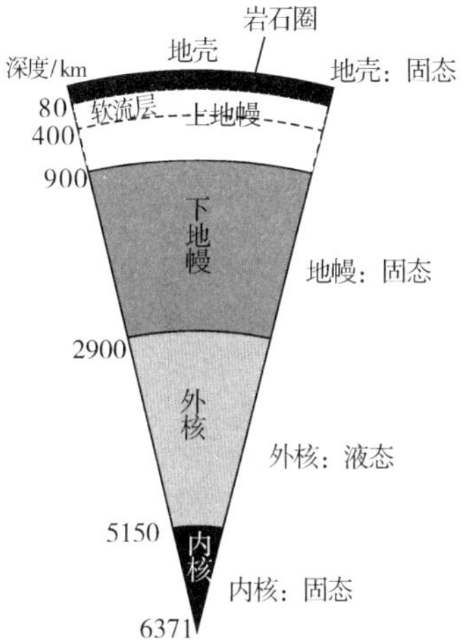<br><br>岩石圈<br>地壳<br>深度/km 地壳：固态<br>80 软流层 上地幔<br>400<br>900<br>下地幔 地幔：固态<br>2900<br>外核<br>外核：液态<br>5150 内核<br>内核：固态<br>6371 | | | （2）通过学生自主绘制示意图的形式对地球的内部圈层进行梳理和概括归纳，对各圈层的范围、厚度进行深度学习。 |
| 活学活用 | 如下图所示，我们将煮熟的鸡蛋一切两半，便会呈现蛋壳、蛋白、蛋黄三个圈层。结合所学知识和生活常识，比较煮熟的鸡蛋与地球内部圈层的异同。 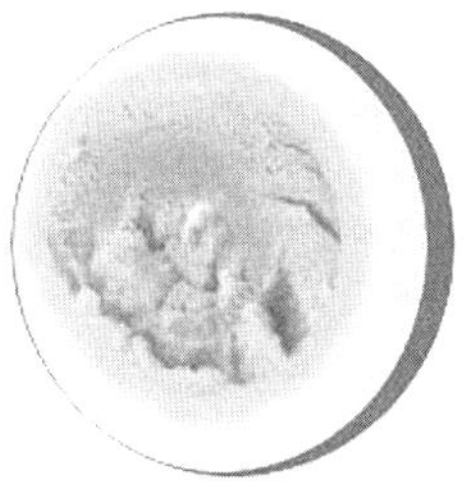 | 同：在内部圈层和结构及比例上两者相似。<br>异：①鸡蛋整体上呈椭圆，地球接近正圆；②鸡蛋壳较均匀，而地壳厚度不均匀；③熟鸡蛋蛋白结构一致，呈固态，地幔分上地幔和下地幔，上地幔上部有软流层；④熟鸡蛋的蛋黄呈固态，地核的外核呈液态或熔融状态。 | 教师以煮熟的鸡蛋作为情境，学生利用鸡蛋剖面图巩固知识，并且运用知识形成地理学习的技能技巧方法，培养学生的综合思维与地理实践力。 | 通过知识的迁移，了解学生对于地球内部圈层结构的掌握程度，注重学生的比较和关联能力、观察和记忆能力的培养。 |

续表

| 教学环节 | 教师活动 | 学生活动 | 教学评价 | 设计意图 |
|---|---|---|---|---|
| 任务三 地球的外部圈层 | 我们了解了地球的内部圈层结构，在地球的外部还存在着许多相互联系、相互制约的圈层，它们共同构成了人类赖以生存和发展的自然环境！现在就让我们了解一下地球外部可以分为哪些圈层。<br><br>教师展示地球外部圈层结构示意图。<br><br><br><br>指导学生阅读教材，回答下列问题。<br>（1）地球的外部圈层是由哪几个圈层组成的？<br>（2）各圈层之间有无明显的界限？<br>（3）地球的外部圈层具有怎样的特征，又具有怎样的作用呢？<br><br>地理知识围绕在我们生活的方方面面，当你留心观察时，你会发现我们的校园处处包含着地球的奥秘，比如进入校门时我们就能感受到地球外部圈层的分布。<br><br> | 学生结合所学知识与教材材料汇报答案：<br>（1）大气圈、水圈、岩石圈。<br>（2）各圈层之间无明显的界限。<br>（3）①大气圈是包裹地球的气体层。近地面的大气密度大。随着高度的增加，大气的密度迅速减小。<br>②水圈由液态水、固态水和气态水组成。按照它们存在的位置和状态，可分为海洋水、陆地水、大气水和生物水。<br>③生物圈是地球上所有生物及其生存环境的总称。地球生物的活动和影响范围涉及大气圈、水圈和岩石圈。 | 教师展示地球的外部圈层结构示意图，设置外部圈层的相关问题，引导学生结合设问明晰地球外部圈层的构成及其特征，培养学生的概括和归纳能力。结合学生身边的校园场景讲述地理知识，启发学生关注生活中的地理学，锻炼学生的区域认知。 | 通过展示地球外部圈层结构示意图以及设置一系列问题，师生共同研究地球外部圈层的构成及其特点。 |

续表

| 教学环节 | 教师活动 | 学生活动 | 教学评价 | 设计意图 |
|---|---|---|---|---|
| 课堂总结 | 　　同学们,这节课我们一起上天入地,了解了地震和地震波,辨析了地球内部的圈层结构,明白了地球外部的圈层结构。地球的各个圈层之间不断进行着物质交换和能量传递,共同构成人类赖以生存和发展的自然环境。历史上,科学家曾花费巨资建造了一个模拟地球生物圈的完全封闭的实验基地,即"生物圈2号",这个生物圈现在有没有留存下来呢?请大家结合本节知识,查询资料,自主探究。 | 学生在教师的引导下总结课堂所学内容。 | 根据课堂内容设置课后实践作业,给学生留下意犹未尽之感,吸引学生课后探索。 | 　　总结升华,体现人地关系,从地理角度落实立德树人的任务。 |

作业设计

实践型作业:

活动名称:生物圈2号。

活动目标:结合本节知识,查询资料,探究其失败的原因。

活动准备:1.查阅搜集"生物圈2号"的资料;

2.同学间相互讨论,合作探究,结合本节知识,探究"生物圈2号"失败的原因。

板书设计

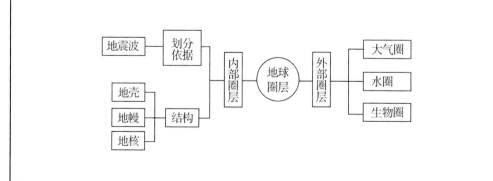

## 【教师说课】

### 一、说教材

　　本节内容是湘教版高中地理必修第一册第一章第三节"地球的圈层结构"，主要包含三个部分的内容即"地震与地震波""地球的内部圈层"和"地球的外部圈层"。地球是由不同物质和不同状态的圈层所组成的球体，包括内部圈层和外部圈层。在圈层结构知识之前，教材安排了"地震与地震波"的相关内容，主要介绍了地震波的含义、分类、传播特征等问题，以及与地震相关的一些基本概念，旨在引导学生认识研究地球内部结构的方法，并认识到我国是一个地震多发的国家。内部圈层结构与外部圈层结构，是本节的重点内容，特别是外部圈层与我们的生活息息相关，只有了解了地球的圈层结构特点，人类才能更好地在地球上生存。值得注意的是，教材对软流层和岩石圈也有强调，因为软流层有助于理解岩石圈，而掌握岩石圈概念是学生在后续章节中理解板块概念的基础。

### 二、说学情

　　本节课是在完成了"地球的宇宙环境"的教学之后展开学习的，从高中生认知心理发展角度来说，经前面宇宙的相关学习后，学生有进一步认识地球结构的需求，且高中生的理性思维已经发展到比较高的阶段，在认知思维上学生已经初步建立空间观念。从学习内容上，学生根据已有的生活经验对地震、地壳、外部圈层等概念具备感性认知，能够从宏观层面抽象地把握地球的圈层结构。

　　其次，本节内容涉及大量的图表内容，需要学生自主探究并归纳总结图表的信息进而获得地球各圈层的划分及特征。大多数学生在初入高一的阶段，读图、析图以及综合思维能力相对缺乏，仍处于学习方法和学习方式的转变阶段。在课堂教学中，教师需要循循善诱、循序渐进地培养学生的读图、析图能力，引导学生掌握学习地理的正确方式方法。

### 三、说教法学法

　　为使教学贴近学生实际情况，更好地实现教学目标，本节课所运用到的教法学法主要是图片分析法、自主学习法和合作探究法。在地震和地震波以及地球的内部圈层的知识讲述中，充分运用课本上的图片，培养学生解读图表信息的能力。学生结合教师的讲授以小组为单位，围绕问题发表自己的看法。学生在教师的指导下利用鸡蛋剖面图巩固知识、运用知识、掌握技能技巧。在地球的外部圈层的学习中，充分联系生活实际，通过列举生活中学生熟悉的现象，帮助学生更好地将抽象的地理知识具象化。

## 四、说创新点

本节内容在教学过程中紧密联系生活实际进行教学，在新课引入中运用学生熟知的《地心历险记》快速锁定学生的学习兴趣；在新知讲授中教师引用了学生生活中的食物——鸡蛋，带领大家与地球的内部圈层进行异同点比对，帮助学生巩固新知，将复杂的知识简单化，抽象的图片具象化，更好地培养学生对地理学习的兴趣和思维能力；在课堂总结部分，充分挖掘身边的地理知识，将校园场景融入课堂教学，引导学生关注生活中的地理学。教师将课堂主体归还给学生，学生通过自主学习、合作学习、探究学习为主掌握知识要点，教师进行引导与总结，从多层次、多角度培养学生的地理思维，帮助学生全面、正确认识地球的圈层结构。

目前学生所处的地球生物圈称作"生物圈1号"，为了更好地研究生态失衡的现象，科学家曾花费巨资建造了一个模拟地球生物圈的完全封闭的实验基地，即"生物圈2号"。教师基于此布置了实践型作业，探究"生物圈2号"失败的原因，有利于促进学生将理论知识应用于实践，培养学生的人地协调观和地理实践力。

## 【教学反思】

本节为第一章第三节，该章以宇宙环境知识为大背景，本节内容承接了前面两节内容的学习，并为第二章"地球表面形态"的学习作铺垫，为地球自然环境和人文环境的学习打下坚实的基础。教学内容主要由"地震和地震波""地球的内部圈层"以及"地球的外部圈层"三个部分组成。三个内容的概念具有层次性，以地球的内部圈层为例，其中上位的核心概念是地球的内部圈层，下位的概念是地壳、地幔、地核，再下位的概念是上地幔、下地幔、内核和外核，而岩石圈、软流层在此之中的关系相对特殊，它们的范围大小与其他概念之间有包含或部分包含的关系。其中，地震波及地球内部结构对于学生来说都是比较抽象遥远的概念。因此，我们运用啄木听声、听声挑西瓜的方式来引出地震波，以及运用鸡蛋的内部结构，来类比地球内部的结构。这样一来，深奥抽象的知识就变得更加具体化了。学生也能与实际生活进行联系，因此在日后教学过程中，要更加注重类比教学方法的应用。

但是，本节课仍然存在不少缺陷。由于本节内容有大量需要学生自主讨论、总结的内容，在课堂活动的开展过程中存在学生无法积极融入小组讨论这类合作探究当中的情况，作为授课教师需要关注学生学情，全方位调动学生的积极性。在分组讨论之后，最好一个小组回答一个问题；在地球内部圈层示意图的绘制中可以尽量请同学到黑板上绘制,尽可能兼顾到所有学生的热情。在地理课堂的学习中,让每一个学生都动起来,并不是形式上的动,更应是思维上的参与。此外,本节内容教学设计的情境较为孤立,视频导入虽然能更快速地将学生引入课堂,但其他的作用体现得不够,是否可以根据教学线索,教学情境可以优化为科学家对地球内部结构的推演过程,让学生亲历这个过程,引导学生像科学家一样思考,经历知识的生成,同时增强学科实践。有了适合的情境加持,以教学线索为骨架基础,教学就会变得丰满、丰盈起来。

## 【专家点评】

本节内容重点围绕三个内容展开,教师在组织教学时重点让学生自主进行讨论、探究与思考,将更多思考机会交给学生。以地球的内部圈层为例,在进行内部结构划分的教学时,教师并不是将所教授的内容直接呈现给学生,而是让学生根据所学的横波、纵波在地球内部传播介质及速度的不同,并结合示意图进行分析,给学生更多思考与交流的机会,让知识的运用更加灵活,有助于学生对所学知识的理解与掌握。教师充分利用示意图,化繁为简,解构概念之间的复杂关系。从教学效果的呈现上,示意图教学要比教师单纯的语言表述更直观、清晰,不仅能体现"地图"学科工具的便捷性与优越性,更有助于促进学生逻辑思维的发展。

在培养学生识图能力的过程中,同样有一些问题需要引起关注。首先,学生在有关识图的问题中出现了错误的时候,教师要明确指出问题的关键,并且指导学生正确读图,应该从哪个方面入手,还可以运用典型案例举例分析,培养学生举一反三的能力。其次,需要制定合理的提升学生识图能力的培养方案,高效的培养方案才会有出彩的教学效果。通过图片的介绍,可以更好地帮助学生理解地理学科中的知识点,对学生识图的能力的培养意义重大,影响着地理学科的教学质量以及学生对地理这门学科的掌握程度。所以,通过培养学生识图能力,从而提升地理学科的教学质量,提升学生学习能力,更好地掌握地理学科的知识点。

（杨帆　湖南师范大学附属中学）

# 第二章 地球表面形态

## 本章概述

（肖雨琳）

## 1. 内容解读

本章涉及的课标是"通过野外观察或运用视频、图像，识别3～4种地貌，描述其景观的主要特点""运用资料，说明常见自然灾害的成因，了解避灾、防灾的措施"。

从知识和能力维度上看，学生需要了解几种基本地貌的形态和特点，掌握对这几种基本地貌的识别、描述、成因分析等技能。教材从地貌形成的动力因素入手，选择了五种外力作用形成的典型地貌，即流水地貌、喀斯特地貌、风成地貌、海岸地貌、冰川地貌，旨在让学生了解在不同动力因素作用下形成的几种常见的地貌类型、特点及对人类活动的影响。从总体上看，教材设置了丰富的探究活动和阅读材料，引导学生掌握每种动力形成的侵蚀和堆积地貌识别，并对这些地貌进行特征描述、成因解释，分析这些地貌与人类活动的关系。

第一节"流水地貌"。教材先引入四川南充嘉陵江的青居镇"来也顺水，去也顺水"的真实情境，激发学生的求知热情。接着引入侵蚀地貌（V字形河谷、河流阶地等）、堆积地貌（冲积扇、洪积扇、三角洲、江心洲、冲积平原等），同时加入大量的图片，通过阅读、探究活动和实验来引导学生对这些地貌进行识别和理解，尤其是考察调研活动和实验的设置，加强了地理实践力的认知。最后，教材加入了与流水地貌相关的自然灾害——滑坡和泥石流，从人地协调的角度加以认知。教材用了浅显易懂的图片和文字材料来阐释滑坡和泥石流的成因、危害和防御措施，帮助学生理解地质灾害与人类活动之间的联系，以及掌握避灾的正确办法，提升遇到灾害时学生的生存能力。

第二节"风成地貌"。教材从黄土高原的土壤颗粒的规律性变化导入，引入风力作用。接着铺开展示多种风蚀地貌（风蚀蘑菇、风蚀壁龛、风蚀柱、雅丹地貌）和风积地貌（形态各异的沙丘）的图片，从图片呈现各种风成地貌的形态特点，既直观，又有趣味性。教材的最后从人地协调的角度介绍了"风沙活动的危害与防治"，重点讲了风沙的防治措施，比如草方格、石方格和高立式沙障等，展示人类适

39

应和改造自然过程中展现出来的智慧,同时也为选择性必修 2"生态脆弱区的综合治理——以我国荒漠化地区为例"这一节打下知识基础。

第三节"喀斯特、海岸和冰川地貌"。这一节教材讲喀斯特、海岸和冰川地貌,这三种地貌都与水有关,又各具特点。喀斯特地貌不同于第一节中的流水地貌,它特指可溶性岩石受地表水、地下水的溶蚀作用和伴随的机械作用所形成的喀斯特溶蚀和喀斯特沉积地貌。教材介绍了石林、峰林、天坑、溶洞等溶蚀地貌和石钟乳、石笋、石柱等沉积地貌,提供了大量的图文信息来帮助学生理解这些地貌的成因。对于海岸地貌,介绍了海蚀崖、海蚀柱和海蚀平台等海蚀地貌和海滩、沙嘴、离岸堤、水下沙坝等海积地貌,重点阐释了他们的形成过程和形态特征。对于冰川地貌,教材介绍了冰川侵蚀地貌(冰斗、U 形谷、角峰、峡湾和刃脊等),增加了阅读材料介绍峡湾的形成,教师可以增加冰碛湖等冰川堆积地貌知识,完善知识结构。

## 2. 价值理念

通过本章的学习,学生能用发展的观点看待不断变化的地球表面形态,形成从多个维度分析地球表面形态演变的能力,激发学生探索自然、走出课本的欲望和兴趣。培养学生认识自然、热爱自然,感受祖国大好河山之美的习惯和情感,树立正确的自然观。

## 3. 必备知识

(1)运用视频、图像,识别 3～4 种地貌,说明其景观的主要特点及典型地貌特征,了解滑坡、泥石流等自然灾害成因、危害和避灾措施。

(2)运用示意图,简要描述 3～4 种地貌的形成原因和过程。

(3)能在野外观察、描述、辨别不同的地貌类型。

## 4. 关键能力

(1)学会阅读和分析地貌示意图,具备从示意图、地质构造图、地形图、文字材料和统计图表中提取信息、识别主要地貌特点的能力。

(2)具备能在野外辨识地形、地质构造、遥感等地理图像,测量地貌的基本形态,识别主要地貌、分析地貌成因及形成过程的能力,进而提高防灾、避灾的本领。

## 5. 学科素养

(1)学会观察、识别某一地貌,描述该地貌的主要特征。

（2）具备利用专业的地理工具进行野外地质地貌考察,能设计并实施模拟地貌形成过程的实验(地理实践力)。

（3）运用所学的地理知识,阐述某一地貌的形成和演化过程及成因(综合思维),说明某地貌的演变过程中与人类活动的关联(人地协调观),并能对不同区域形成不同的地貌类型做出合理的解释(区域认知)。

## 6. 课时规划建议

| 节名 | 课时安排 | 课时内容 |  |
| --- | --- | --- | --- |
| 第一节　流水地貌 | 2 | 第一课时 | 内容一　流水侵蚀地貌<br>内容二　流水堆积地貌 |
|  |  | 第二课时 | 内容三　滑坡和泥石流 |
| 第二节　风成地貌 | 2 | 第一课时 | 内容一　风蚀地貌<br>内容二　风积地貌 |
|  |  | 第二课时 | 内容三　风沙活动的危害与防治 |
| 第三节　喀斯特、海岸和<br>冰川地貌 | 2 | 第一课时 | 内容一　喀斯特地貌 |
|  |  | 第二课时 | 内容二　海岸地貌<br>内容三　冰川地貌 |

## 7. 知识导图

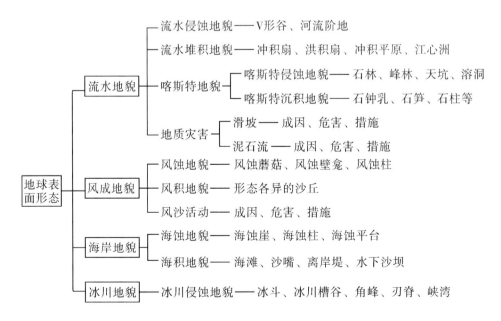

# 第一节　流水地貌

（罗梓维）

## 【内容简述】

该节内容在湘教版高中地理教材 2019 版必修第一册中为第二章"地球表面形态"的第一节内容,教材中运用较多的图文资料展示流水地貌景观,结合教材活动逐步引导学生分析流水地貌的形成过程与形成条件。流水地貌的学习知识框架对之后风成地貌、喀斯特地貌、海岸地貌和冰川地貌的学习具有非常强的借鉴意义。这意味着学生对本节内容的理解程度关系到后面章节的学习效率与学习效果。因此,本节内容以流水地貌为案例,展示了外力作用对地表形态的塑造过程与作用以及流水地貌与人类活动之间的相互关系。对于滑坡和泥石流的成因、危害以及自救措施的展示,更深化了本节知识的内涵,培养学生面对灾害的自救意识。

本节内容综合性较强,对于高一的学生来说难度相对较大,所以教师在教学设计时应该充分利用教材,设计多种情境由表及里,由浅入深,层层递进,帮助学生突破重难点。因此在本课的教学中从身边案例出发,运用图表、资料等多种方式,充分调动学生学习的主动性,将传统的教师讲授转变为问题式导学与学生小组合作探究相结合。从而培养学生的自主学习能力,激发学生的学习兴趣,使学生经历知识的自主生成过程,从而实现对学生地理核心素养的培育。

## 【教学目标】

| 课程标准 | 核心素养目标 |
|---|---|
| 通过观察或运用视频、图像,识别流水地貌,描述其景观的主要特点。 | (1)运用景观图与示意图,了解流水地貌、滑坡、泥石流的形态和分布特点。(区域认知、综合思维)<br>(2)借助案例探究分析,理解流水地貌、滑坡、泥石流的形成原因,领悟自然地理环境的整体性。(综合思维)<br>(3)通过地理模拟实验,描述流水地貌形成的动态过程。(地理实践力)<br>(4)通过案例分析,培养学生对可持续性发展观念的理解和认识。(人地协调观) |

## 【评价目标】

| 水平一 | 水平二 |
|---|---|
| 在日常熟悉的生活情境中,能够辨识流水侵蚀地貌和流水沉积地貌,能区分滑坡、泥石流等地质灾害,能简单分析流水地貌与影响其形成的某一自然地理要素的关系,简单分析地貌对人类活动的影响。 | 对于给定流水地貌,能够分析其与多个自然要素之间的关系,解释该地貌的动态变化过程,辨识地貌与人类活动相互作用的简单过程和结果。 |
| 了解流水侵蚀地貌、流水沉积地貌的空间分布差异。 | 结合某特定区域流水地貌的成因,推理并归纳其空间分布特征。 |
| 借助他人帮助,能够使用遥感影像等地理信息技术和其他地理工具,对流水地貌、滑坡、泥石流等进行初步观察,并设计简单模拟实验。 | 与他人合作,能够使用遥感图像等地理信息技术手段和其他地理工具,对流水景观进行深入观察,并设计操作演示实验,进行简要的归纳解释;能够在地理实践中表现出独立思考的意识,求真务实的科学态度,以及灵活运用知识的能力。 |

## 【教学重难点】

教学重点:1.流水侵蚀地貌与流水沉积地貌的形态特点及形成原因;

2.滑坡和泥石流的地貌特点。

教学难点:1.流水侵蚀地貌与流水沉积地貌的动态形成过程和形成条件;

2.滑坡和泥石流的形成原因。

## 【教学流程】

### 第 1 课时 流水侵蚀地貌

| 教学环节 | 教师活动 | 学生活动 | 教学评价 | 设计意图 |
|---|---|---|---|---|
| 新课引入 | 课前播放我国典型的流水地貌视频。 位于四川南充嘉陵江边的青居镇,镇的南北各建有一个码头,北边的叫上码头,南边的叫下码头。 | 学生边听边思考,并回答问题(1):青居镇到曲水镇因为河流的方向的改变可以做到"来也顺水,去也顺水"。 | 教师通过教学案例创设教学情境,从不同角度引发学生学习兴趣,驱动学习动机。 | 创设情境,提出问题并让学生通过生活经验回答问题引发学生思考和对本节内容的学习欲望。 |

| 教学环节 | 教师活动 | 学生活动 | 教学评价 | 设计意图 |
|---|---|---|---|---|
| 新课引入 | （1）为何青居镇到曲水镇，可以做到"来也顺水，去也顺水"呢？（2）嘉陵江在这一段为什么会形成这样的形状呢？我们带着这个问题进入本节课的学习。 | | | |
| 任务一：流水侵蚀的模拟实验 | 教师通过教学器材代替大小相同的两条沟谷，接下来将分别在5度和25度的坡度下，向两条沟谷倒入水，以模拟河流对地表形态的塑造。学生观察实验并回答问题：（1）①、②号河谷和原本的沟谷相比，有什么变化？（2）再对比①、②号河谷，它们还有什么区别？ | 学生观察实验，思考和得出①、②号河谷和原本沟谷的差异的结论：①②号河流的长度、宽度、深度都变大了。在教师的引导下思考并明晰流水侵蚀的分类与概念：溯源侵蚀使河谷变长；侧蚀使河谷变宽；下蚀使河谷变深。学生进一步观察实验得出：①号与②号河谷之间的差异：①号河谷比②号河谷更宽、更深。在教师引导下得出：坡度越大，河流流速越快。 | 通过现场观察实验，增强学生学习兴趣，直观地呈现出三种流水侵蚀的差异，使知识更加直观和具体，更有利于学生区分概念。 | 通过对教材实验的还原，让学生理解知识并分析原因，培养学生的综合思维。 |

| 教学环节 | 教师活动 | 学生活动 | 教学评价 | 设计意图 |
|---|---|---|---|---|
| 任务二：流水侵蚀的分类 | 学生观察图片并结合教材，说明河流长度、宽度和深度变化分别是何种流水侵蚀作用为主形成的。 | 学生分别明晰溯源侵蚀、下蚀、侧蚀的作用以及对应的现象，并回答：长度变化主要是溯源侵蚀作用；宽度变化主要是侧蚀作用；深度变化主要是下蚀作用。 | 通过生动的图片展示三种流水侵蚀作用以及承接实验的结论，帮助学生加深对流水侵蚀的概念的理解。 | 通过区分不同地区的不同流水侵蚀表现形式，培养学生的综合思维和区域认知。 |
| 任务三：河谷与河漫滩 | 以长江流域为例子，示例在上中下游地区的典型地貌。展示"上游—V字形河谷"的图片，结合教材，引导学生回答：河谷有什么特点？所在地的气候特点？以哪种流水侵蚀为主？说明河漫滩、河流阶地的概念。河漫滩：河谷中枯水期出露、洪水期淹没的部分；河流阶地：洪水一般不能淹没的部分。 | （1）学生在教师的引导下理解 V 形谷的概念、分辨其形态，回答：特点：河谷深且窄；气候：湿润或半湿润区，流水下切作用强烈的地区；侵蚀：下蚀为主。<br>（2）学生结合图片和教材理解河漫滩和河流阶地的概念。 | 通过有条理地引导学生剖析河谷的形成过程，培养学生的分析能力，锻炼其答题思路。 | 利用河谷的不同形态的照片，让学生掌握理解流水侵蚀地貌的具体形态，并培养其综合思维。 |

续表

| 教学环节 | 教师活动 | 学生活动 | 教学评价 | 设计意图 |
|---|---|---|---|---|
| 任务四：曲流与牛轭湖 | 自然界里面不会有笔直的河流，河流在演化的过程当中会越来越弯。各种因素微小的作用在足够长的时间影响下就会使河流发生弯曲。在河流弯曲之后便有了"凹凸岸"。<br><br>河流的凹岸和凸岸<br>凸岸—堆积<br>河流流向<br>凹岸—侵蚀<br><br>（1）展示图片，组织学生回答问题：凹岸与凸岸分别是沉积还是侵蚀为主，为什么？<br>（2）房屋建筑应该建于哪一方？港口呢？<br><br>牛轭湖 曲流<br><br>结合凸凹岸的形成原因，思考牛轭湖的形成过程。 | 学生自主理解教师展示的河流弯曲的过程，并回答：（1）凹岸侵蚀，凸岸堆积。主要是重力和向心力的作用，横向环流使得凹岸的沉积被推到凸岸；（2）房屋在凸岸，港口在凹岸。<br><br>进一步理解牛轭湖的形成过程。 | 以学生为主体，教师引导与总结，让学生自己得出答案，并结合多媒体动画，有助于学生理解曲流与牛轭湖的形成原因。 | 设计自主探究加强学生自主学习能力和辩证思考能力，培养学生的综合思维。 |
| 学以致用 | 结合课堂所学知识，进行知识点应用。<br><br>上码头<br>下码头 | 学生结合前面所学的流水侵蚀和曲流等相关知识，回答问题。 | 学以致用，将前面所学的曲流以及凹凸岸的知识运用于创设情境的问题中来，引导学生思考 | 以地理的视角看待和解决与生活实践相关的问题，培养学生的区域认知和地理实践力。 |

续表

| 教学环节 | 教师活动 | 学生活动 | 教学评价 | 设计意图 |
|---|---|---|---|---|
| 学以致用 | 解释以下问题：<br>嘉陵江在这一段为什么会形成这样的形状呢？<br>未来该段河道可能如何演化？ | | 生活现象，提高知识应用能力。 | |
| 课堂总结 | 同学们，这节课我们了解了流水侵蚀作用的类型，通过比对各种地貌的形态明晰三种流水侵蚀作用的性质。再进行逐步分析得出河流阶地的形成原因，最后通过凹凸岸的特征，分析了曲流和牛轭湖。这些都是大自然的鬼斧神工，在空余时间大家都可以去外面的世界看看。 | 学生在教师的引导下总结课堂所学内容。 | 归纳本节内容，巩固新知，对学生的家国情怀进行培养。 | 通过知识点的总结和升华，培养学生的人地协调观。 |

| 作业设计 |
|---|
| 探究型作业：<br>活动名称：圣贝内泽断桥的秘密。<br>活动目标：借助互联网和课外书籍的资料，结合所学知识点尝试解答说明该断桥能保存至今的原因。<br>活动准备：1.查阅圣贝内泽断桥的基本资料；<br>2.查阅比较断桥处河流左右岸附近河水的深浅及流速差异；<br>3.以小组和团队的形式形成一篇自主调查论文。 |

| 板书设计 |
|---|

第二章 地球表面形态

一、流水侵蚀地貌

1.流水侵蚀的三种方式

溯源侵蚀：加长，源头

侧蚀：加宽，河边

续表

| | |
|---|---|
| 下蚀:加深,向下 2.河流各流域的典型地貌 ①上游:V形谷:深且窄,下蚀为主;气候:湿润半湿润区 河谷:谷底＋谷坡 河床 河漫滩 河流阶地 发展 ②中下游:河流汇聚,侧蚀为主——曲流 凹岸:侵蚀 凸岸:堆积 | |

## 第2课时　流水沉积地貌、滑坡和泥石流

| 教学环节 | 教师活动 | 学生活动 | 教学评价 | 设计意图 |
|---|---|---|---|---|
| 新课引入 | 教师引导学生回顾上节课学习的流水侵蚀地貌,回答以下问题: 流水侵蚀地貌有哪些具体的地貌类型吗? 各种流水侵蚀地貌的形成条件有哪些? | 学生边听边回答:流水侵蚀地貌的具体类型及其各自的形成条件。 | 教师复习上节课的知识点,巩固学生对上节知识点的认识,开启对下节知识点的学习。 | 复习知识,创设学习体系。帮助学生建立良好的学习习惯。 |
| 模拟实验 | 阅读教材内容,用提前准备好的沙土模拟山地平原地形交汇处。按照步骤分组进行实验: 步骤一:先记录倒水前的地貌形态。 步骤二:在斜面顶端用长嘴水壶缓缓倒水,使流水呈线状,直至下方的平面形成较明显的扇状堆积体为止。 步骤三:观察"流水侵蚀与堆积地貌模拟实验",绘制简单的流水堆积地貌素描图。 | 学生在教师的引导下完成实验并进行流水堆积地貌的素描图绘制。  | 让学生自主完成,充分加深学生对概念的认识和理解,强化学生的动手能力。 | 通过教师的总结和具体实验,培养学生的地理实践力。 |

续表

| 教学环节 | 教师活动 | 学生活动 | 教学评价 | 设计意图 |
|---|---|---|---|---|
| 任务一：洪积扇与冲积扇 | 引导学生将课件展示的冲积扇实景图和绘制的素描图进行对比，分析实验中流水堆积地貌的位置与类型。同时，引导学生观察其形态特征并能用准确的语言进行描述。 | 结合教材内容，回答问题，讨论后展示：<br>A小组：冲积扇是河流自山地流至山麓，因地形坡度急剧变缓，流速剧减，所携带物质在沟谷出口处不断堆积而成的扇状堆积体。<br>B小组：洪积扇是暂时性河流在山谷出口处因水流分散而形成的扇状堆积体。洪积扇多分布于干旱、半干旱地区。 | 通过小组合作与展示，让学生对冲积扇与洪积扇的区分更加明晰。 | 进一步加强学生对基础知识的理解，通过结合多方面因素，培养学生综合思维。 |
| 任务二：冲积平原与三角洲平原 | （1）河流出山口形成了冲积扇，进而可能扩大为冲（洪）积平原。那么有些河流是注入海洋的，在河流入海口又会形成什么样的地貌呢？展示相关图片。<br>（2）指导学生阅读教材，分小组根据图片或视频推理河流中下游平原和三角洲的形成条件。 | 学生自主完成导学案的自主探究的表格，并自主讲解思维过程，在教师和其他学生的监督下更正谬误。 | 以学生为主体，教师引导与总结，让学生自己得出答案，从而优化教学效果。以示意图的形式让学生自己动手绘画，展现地理学科特色，培养学生的地理实践力。 | 设计自主探究，加强学生自主学习能力和辩证思考能力，培养学生的综合思维。 |

续表

| 教学环节 | 教师活动 | 学生活动 | 教学评价 | 设计意图 |
|---|---|---|---|---|
| 任务三：滑坡与泥石流 | 滑坡是指斜坡上的土体或者岩体，受河流冲刷、地下水活动、雨水浸泡、地震及人工切坡等因素影响，在重力作用下，沿着一定的软弱面或者软弱带，整体地或者分散地顺坡向下滑动的自然现象。<br>泥石流是指在山区或者其他沟谷深壑，地形险峻的地区，因为暴雨、暴雪或其他自然灾害引发的山体滑坡并携带有大量泥沙以及石块的特殊洪流。<br>思考以下问题：<br>滑坡与泥石流有什么区别？<br>滑坡和泥石流发生需要满足哪些条件？<br>滑坡与泥石流来临时，我们分别要怎么做？ | 学生结合前面所学的知识并结合材料，回答问题。 | 通过实际的图片和案例，培养学生对自然灾害的自救意识，升华知识点和内容。 | 以地理的视角看待和解决生活中的问题，培养学生的区域认知和地理实践力。 |
| 课堂总结 | 总结河流堆积地貌的类型，描述其景观的主要特点。运用本节课观察与实验获得的地理规律，结合身边的实例简单说出人类对这些地貌的合理利用方式，比如房屋建设的选址等，以及面对滑坡和泥石流我们如何用地理的视角去分析学会运用正确的地理思想方法去分析、处理人地关系。 | 学生在教师的引导下总结课堂所学内容。 | 归纳本节内容，巩固新知，在课堂中培养学生的爱国爱家乡的情怀教育。 | 进一步升华知识并展开思考，培养学生的防灾减灾意识和人地协调观。 |

续表

| 作业设计 |
|---|
| 探究型作业:<br>活动名称:灾害解密。<br>活动目标:借助互联网和课外书籍查找资料,并试着了解滑坡和泥石流的灾害性质与危害。<br>活动准备:1.查阅滑坡和泥石流多发地区;<br>2.收集整理相关损失数据;<br>3.以小组形式汇报成果。 |
| 板书设计 |
| 第二章　地球表面形态<br>一、流水侵蚀地貌<br>二、流水堆积地貌<br>1.冲积扇<br>2.冲积平原<br>3.三角洲<br>三、滑坡和泥石流<br>1.概念<br>2.形成条件 |

## 【教师说课】

### 一、说教材

　　该节内容在湘教版高中地理教材2019版必修第一册中为第二章"地球表面形态"的第一节内容,整个地貌的概念贯穿了第二章的内容,所以该节内容作为此章的开篇,对之后学习的风成地貌、喀斯特地貌、海岸地貌和冰川地貌具有非常强的借鉴意义。这意味着学生对本节内容的理解程度关系到了后面章节的学习效率与学习效果。本节内容以流水地貌为案例,展示了外力作用对地表形态的塑造过程与作用,以及流水地貌与人类活动之间的相互关系。教材中通过大量的图片和阅读材料以及探究实验活动,展示了流水地貌的多元性,以及让学生对地貌形成条件与形成过程有了初步的认识。对于滑坡和泥石流的成因、危害以及自救措施的展示,更深化了本节知识的内涵。而流水侵蚀地貌是学生学习该节内容的第一部分,起着"开天辟地"的作用,所以单独设计一个课时讲解,而流水沉积地貌以及滑坡和泥石流作另外一个课时。

## 二、说学情

第一，在认知水平方面，这一节课的授课对象是高一的学生。高中阶段的学生通过初中阶段地理知识的学习，对基础的地貌形态和基础的地貌类型已经有了基本认识，但对于典型地貌的类型、分布、形成原因和形成条件以及形成过程缺乏科学性、系统性的认识，只停留在表层的外部特征的区分，并且对于不同区域的分布差异的认识也不够，所以在教学中要注重教学的逻辑性与系统性。

第二，进入到高中阶段，虽然学生的身心日渐成熟，但是对地理学科的认识还停留在感性认识阶段，对系统性的流水地貌的知识缺少理性和系统性的认识。同时学生对于抽象性的知识理解不够深刻，难以对知识形成规律性的总结和应用。因此，在教学过程中要注重引导和直观教学相结合，循循善诱。

## 三、说教法学法

本节课的教学主要以学生自主探究和合作探究为主，以多样化的问题为导向，运用到的教法学法主要是自主学习法和合作探究法，在各个环节中都充分体现学生的主体性。同时在按照自主学习和合作探究的教法学法的基础上，依据学生的认知规律，从地貌景观图入手，让他们观察其典型特征，推理其地理形成过程，并分析该地貌与人类活动之间的关系。这样不仅能让学生养成良好的学习习惯，更能促进学生地理逻辑思维的形成以及正确认识人地关系，形成人地协调观。

## 四、说创新点

本节为高中地理"地球表面形态"章节的第一节内容，教学目的主要是培养学生对地貌的特征和形成机理的认识。因此在本节内容教学过程中，加入了实验演示环节，同时利用各种生动形象的视频和图片展示流水地貌的基本形态；通过自主探究活动，让学生充分发挥主观能动性，运用大量的案例让学生代入情境完成对知识体系的建构。

针对流水地貌知识抽象难以理解的特点，视频的运用非常到位，在丰富了课堂，调动了学生视觉的同时，化抽象为具体，形成了直观印象，提升了教学效果。同时结合现场实验示范让学生直观地观测现象，形成非常直观和生动的知识体验，有利于学生对知识的建构和理解，培养了学生的综合思维。

课后布置实践型作业，探索法国圣贝内泽断桥的秘密和灾害解密，让学生自主进行课后的研究性内容，让学生能够深入了解流水地貌的机理与奥秘，同时培养学生的灾害意识，培养学生的地理实践力。

## 【教学反思】

本堂课充分利用好课本中的活动、读图思考、案例等活动性课文。在教学设计的过程中,充分考量教材中可利用的图片、文字材料和探究活动。尤其是针对教材中实验进行了演示,让学生直观地观测到流水地貌的发展过程。同时本堂课充分依据学情和教材,进行课堂问题的设计,循循善诱,逐步引导学生进行语言的组织和回答,锻炼学生的表达能力和地理术语的运用,同时强化了学生对系统性知识点的理解和认识。这两个课时的实验能够极大帮助学生建立系统性的知识,增强学生的动手能力,教学效果比较好,还能提升学生的学习兴趣,提高学生学习的自主性与积极性,加深学生对流水地貌的理解和认识。通过对比分析与总结流水地貌的主要特点以及成因,帮助学生从课堂模拟实验中总结出野外观察、识别流水地貌的要领,提升学生的地理实践力和综合思维能力。滑坡和泥石流这两种自然灾害的地貌特点、形成原因和防灾减灾措施是本节的第二个重点。重难点把握比较清晰,对滑坡、泥石流的特点和成因做了简单介绍,着重通过案例展开对滑坡和泥石流减灾防灾的探讨,引导学生对水土流失综合治理措施的意义进行思考,培养学生的人地协调观。

在学完流水侵蚀地貌的形成过程和形成条件后,让学生学以致用,运用所学知识,解释课堂引入中青居镇河段未来变化问题,并讲解分析,这样学生的知识会掌握得更深刻、牢固,并通过思维拓展,让学生学会运用地理学原理解答现实生活中的地理现象,既拓展了学生思维,又深化了对课本知识的理解。同时这堂课也存在一定的缺陷。由于学生处在高一年级阶段,地理基础知识薄弱,缺乏相关理论支撑点,如河流阶地的形成过程、泥石流的形成条件等,学生都比较习惯在老师的讲解下被动接受知识,所以这样就容易导致课堂偏向于老师主讲。学生的自主探究、合作探究的开展比较被动,需要教师调动课堂氛围,这对于新教师提出了挑战,对课堂氛围的掌控能力是长时间锻炼出来的。此外,学生口头表达能力也相对比较薄弱,这要求课堂上老师多问,学生多讲,加强锻炼学生的地理术语的运用能力。地图是地理的语言和工具,地图能够直观形象地体现出地表形态差异和各种地理要素,因此让学生掌握读图、画图、记图能力至关重要,这也是课堂中运用大量的示例图片和视频讲解知识点的原因。

## 【专家点评】

本堂课紧紧围绕流水地貌的形态和形成过程以及滑坡和泥石流等相关知识,

创设学习情境,营造学习环境,形成学习小组,并且通过讲授法、观察法、合作探究法等多元的教学方法,使学生掌握重点,突破难点。首先,通过播放我国典型的流水地貌视频迅速拉近知识与学生生活的距离,使学生进入学习情境;其次,通过引导学生分析流水地貌形成的基本过程,培养学生综合思维;再次,通过学以致用和合作探究的模式,对大自然中的流水地貌综合分析,提升了学生的区域认知和综合思维;最后,通过滑坡和泥石流的知识分析,充分发挥学生自主性,培养学生的人地协调观和地理实践力。

如何体现"以人为本"的课堂思路? 分析教材教法、分析教学案例、实验示范法,对教师的教学行为有着直接的指导作用。本节课的亮点为:针对流水地貌知识抽象、难以理解的特点,情境的设计从简单到复杂,从生活中来到生活去,视频和实验的设计与运用非常到位;教学策略的运用从自主学习、合作学习到合作探究学习,充分体现了地理新课程的学习方式,更好地培养了学生对地理学习的兴趣和思维能力;设计了实践型作业,引导学生自主探究,培养学生的自主研究能力并引发学生深入思考。

（彭建锋　湖南师范大学附属中学）

# 第二节 风成地貌

（张琳）

## 【内容简述】

"风成地貌"主要包括三个部分：一、风蚀地貌的特点及成因；二、风积地貌的特点与成因；三、风沙活动的危害与防治。本节课对应的课程标准内容是：野外观察或运用视频、图像，识别3~4种地貌，说明其景观的主要特点。根据课标，确定本节课的教学重点为风成地貌的形态特点与成因。根据学情，确定本节课的难点为风力侵蚀和风力沉积过程。风力侵蚀和风力沉积是一种肉眼不可见的缓慢变化过程。风力侵蚀过程更强调风携带的沙粒对地表物体的打磨，学生无法通过对现象的观察，达到对其形成过程的清晰认识。风力沉积过程也是如此，学生难以对沉积过程中颗粒物的变化进行抽象的概括。本节课主要采用主题探究法和情境教学法进行教学，提高学生的区域认知和综合思维，树立人地协调观。

## 【教学目标】

| 课程标准 | 核心素养目标 |
| --- | --- |
| 野外观察或运用视频、图像，识别3~4种地貌，说明其景观的主要特点。 | （1）通过观察风蚀蘑菇、新月形沙丘等风成地貌景观图，描述其形态和分布特点，提高区域认知能力。<br>（2）通过对风蚀蘑菇、新月形沙丘形成原因进行探究，说明风成地貌的形成原因，锻炼综合思维。<br>（3）通过对莫高窟壁画病害案例的分析，说明风沙活动的危害，并提出防治措施，提升地理实践力，树立人地协调观。 |

## 【评价目标】

| 水平一 | 水平二 |
| --- | --- |
| 在日常熟悉的生活情境中，能够识别风蚀地貌、风积地貌，分析风成地貌形成与某一地理要素之间的关系。 | 在给定的复杂情境中，能够识别风蚀地貌、风积地貌，分析风成地貌形成与多个地理要素的关系，解释风成地貌的动态变化过程。 |

续表

| 水平一 | 水平二 |
|---|---|
| 　　了解风蚀地貌、风积地貌的分布区域。 | 　　结合成因,推理并归纳风蚀地貌、风积地貌的空间分布特征。 |
| 　　认识风沙活动的危害。 | 　　能够说明风沙活动与人类活动相互作用的过程和结果。 |

## 【教学重难点】

教学重点:1.风蚀地貌特点与成因;

2.风积地貌特点与成因;

3.风沙活动的危害与防治。

教学难点:1.风力侵蚀过程;

2.风力沉积过程。

## 【教学流程】

### 第1课时　风蚀地貌

| 教学环节 | 教师活动 | 学生活动 | 教学评价 | 设计意图 |
|---|---|---|---|---|
| 新课引入 | 　　教师表述:在新疆,有一座魔鬼城。传说天神为了惩罚这里的人,一怒之下把这里变成了废墟,城堡里所有的人都被压在废墟之下。每到夜晚,亡魂便在城堡内哀鸣,希望天神能听到他们忏悔的声音。这里怪石嶙峋,有的龇牙咧嘴,状如怪兽;有的危台高耸,垛堞分明,形似古堡。城内时不时发出尖厉的声音,如狼嗥虎啸,鬼哭神嚎。若在月光惨淡的夜晚,四周萧索,怪影迷离,情形十分恐怖。 | | | 　　以民间故事引入,激发学生的学习兴趣和好奇心,使地理课堂充满趣味性。 |
| | 　　【承转】教师表述:魔鬼城的恐怖景象是谁造就的呢? 让我们带着这个问题,进入今天的学习。 | | | |

| 教学环节 | 教师活动 | 学生活动 | 教学评价 | 设计意图 |
|---|---|---|---|---|
| 任务一：风蚀作用 | 教师表述：风是干旱半干旱地区地表形态的主要雕刻师。地面在风力作用下被破坏，呈现出千姿百态的形态。一起来看个视频，了解风是如何塑造出千姿百态的地表形态的。<br><br>教师播放视频《风的作用》。<br><br>教师表述：请用自己的语言回答以下问题<br>1.什么是风蚀作用？<br>2.风蚀作用有哪些类型？<br><br>学生观看视频，结合教材，明晰风蚀作用的定义和风蚀作用的类型。<br><br>学生回答：<br><br>风蚀作用：风使地面物体脱离原地<br><br>吹蚀：风带走细颗粒物　　磨蚀：风挟带沙粒磨损地面物体 | 学生能正确解释风蚀作用。 | | 通过观看视频，理解吹蚀作用和磨蚀作用，激发学习兴趣。 |
| 任务二：风蚀地貌形态特征——以风蚀蘑菇为例 | 【承转】教师表述：由风蚀作用形成的地表形态，叫作风蚀地貌。风蚀地貌具有哪些形态特征呢？<br><br>教师展示风蚀蘑菇的景观图片。<br><br> | 学生观察展示的景观图片。<br><br>学生回答：<br>1.风蚀蘑菇的横截面大体呈圆形。 | 学生能正确描述风蚀蘑菇的形态特征，并正确画出风蚀蘑菇的等高线图。 | 设置多个问题，要求从多角度描述风蚀蘑菇的形态，加深学生对风蚀地貌的理解。 |

续表

| 教学环节 | 教师活动 | 学生活动 | 教学评价 | 设计意图 |
|---|---|---|---|---|
| 任务二：风蚀地貌形态特征——以风蚀蘑菇为例 | 教师表述：下面,以风蚀蘑菇为例,探究风蚀蘑菇的形态特征。<br>1.风蚀蘑菇的横截面有何特征?<br>2.风蚀蘑菇的纵剖面有何特征?<br>3.你能画出风蚀蘑菇的等高线图吗? | 2.风蚀蘑菇的纵剖面大体呈现上大下小的形态。<br>3.学生在草稿纸上作图,并展示作图结果。 | | 通过绘制风蚀地貌的等高线图,提高学生的绘图能力。 |
| 任务三：风蚀地貌形态成因——以风蚀蘑菇为例 | 【承转】教师表述:风蚀蘑菇因状如蘑菇而得名。那么风蚀蘑菇形态的形成与风有何关系呢?<br><br>教师展示大气不同高度年平均风速分布示意图和不同风速下空气中含沙量随高度的分布示意图。<br><br>大气不同高度年平均风速分布示意图<br><br>Ⅰ:风速4.5m/s Ⅱ:风速7.3m/s Ⅲ:风速13.3m/s<br>不同风速下空气中含沙量随高度的分布示意图<br>教师表述:在大气不同高度年平均风速分布示意图中,横轴代表纬度,纵轴代表离地面的高度,虚线上的数值代表 | 学生阅读所给材料,并进行小组讨论。<br><br>学生回答:<br>1.同一区域,一定高度范围内,风速通常随离地面高度增加而增加。<br>2.同一风速,含沙量随高度的增加而降低。 | 学生能充分挖掘图片中的信息,并结合读图结论分析风蚀蘑菇形态特征的成因,表述完整,逻辑清晰。 | 通过合作探究的方式,分析并总结风蚀蘑菇形态特征的成因,锻炼学生的信息获取能力,培养学生的地理思维。 |

| 教学环节 | 教师活动 | 学生活动 | 教学评价 | 设计意图 |
|---|---|---|---|---|
| 任务三：风蚀地貌形态成因——以风蚀蘑菇为例 | 风速。在不同风速下空气中含沙量随高度的分布示意图中,横轴代表含沙量,纵轴代表离地面的高度。<br>　1.以北纬50度为例,同一区域一定高度范围内,风速与高度有何关系?<br>　2.以风速4.5m/s为例,气流含沙量与高度有何关系?<br>　3.风蚀蘑菇的横截面大体呈圆形,说明当地风向有何特点?<br>　4.风蚀蘑菇纵剖面呈现上大下小的形态,这与风有何关系? | 　3. 风蚀蘑菇的横截面大体呈圆形,说明当地无主导风向,风来自四面八方,且各风向风力大小、频率相当。<br>　4. 风蚀蘑菇上大下小形态的形成与磨蚀作用息息相关。近地面气流中含沙量多,磨蚀作用强;而较高处,气流中含沙量少,磨蚀作用弱。因此,风蚀蘑菇纵剖面呈现上大下小的形态。 | | |
| | 【补充】教师表述:岩石的软硬程度差异造成的差异性侵蚀,也与风蚀蘑菇上大下小的形态相关。比如,岩石下部较松软,上部较坚硬,则岩石下部更容易被侵蚀,更容易形成风蚀蘑菇。 | | | |
| 小结 | 教师总结风蚀地貌形成分析方法。<br>　教师表述:风直接带走地面上的细碎物质,或者挟带沙粒磨损地面物体,形成风蚀地貌。在搬运细碎物质的过程中,形成风沙天气。 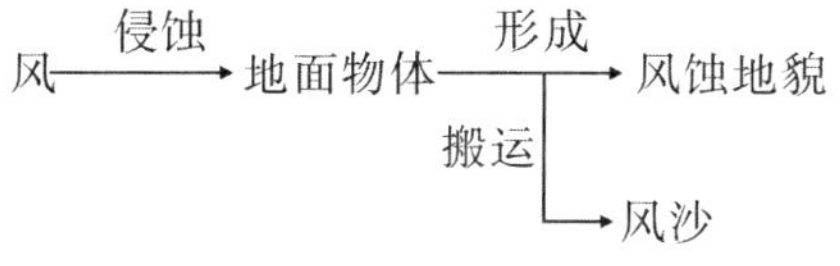<br><br>　　　　　　侵蚀　　　　　形成<br>　　风 ────→ 地面物体 ────→ 风蚀地貌<br>　　　　　　　　搬运<br>　　　　　　　　└───→ 风沙 | | | |

续表

| 教学环节 | 教师活动 | 学生活动 | 教学评价 | 设计意图 |
|---|---|---|---|---|
| | 【承转】教师表述:在我们的城市——长沙,是找不到风蚀蘑菇的。而在新疆乌尔禾城,风蚀蘑菇广布。风蚀蘑菇多分布在何种地理环境中呢? | | | |
| 任务四:风蚀地貌分布特征——以风蚀蘑菇为例 | 教师表述:请阅读以下材料,通过了解乌尔禾魔鬼城的自然地理环境特征,推测在风蚀蘑菇广泛分布的地区,其自然地理环境(包括气候、植被、土壤等方面)有何特征?<br>乌尔禾魔鬼城位于准噶尔盆地古尔班通古特沙漠西北部的乌尔禾地区。这里气候干燥、雨量稀少。在干燥的气候条件下,风化和盐化作用很强,易形成疏松的风化壳,使地层表面变得疏松。这种疏松易受侵蚀的地层,又正位于准噶尔盆地西部著名的大风口上,经常受到六七级以上大风的吹蚀。 | 学生阅读材料,独立思考。<br>学生回答:<br>风蚀蘑菇广泛分布地区具有以下自然地理环境特征:<br>①气候方面,降水稀少,多大风天气;<br>②植被方面,植被稀少,地表裸露;<br>③土壤方面,土质疏松干燥。 | 学生能通过独立思考,结合材料分析出风蚀蘑菇广泛分布地区在气候、植被、土壤等方面的地理特征。 | 通过探究乌尔禾魔鬼城的自然地理环境特征,理解风蚀地貌的分布特征。聚焦问题情境,提高学生的区域认知,使学生认识到风蚀地貌的分布特征,理解风蚀蘑菇的形成与当地地理环境的关系,增强学生的综合思维能力。 |
| 活学活用 | 教师表述:下面,我们再来检验一下大家的学习效果。请结合所学的"风蚀地貌形态特征"以及"风蚀地貌形态成因"相关知识,描述以下地貌景观的形态特征,并简要说明其形态特征的成因。 | 学生观察图片,独立思考。<br>学生回答:<br>(1)陡峭岩壁上有大小不等、形状各异的凹坑。 | 学生能准确描述风蚀壁龛的形态特征,并正确分析其成因。 | 学以致用,将所学知识运用于解决问题中来,实现知识的内在转化,将教 |

续表

| 教学环节 | 教师活动 | 学生活动 | 教学评价 | 设计意图 |
|---|---|---|---|---|
| 活学活用 | 教师展示风蚀壁龛景观图片。<br><br>风蚀壁龛<br> | （2）陡峭的岩壁受风沙的吹蚀和磨蚀，由于岩性存在差异，导致差异性侵蚀，使得岩壁表面形成大小不等、形状各异的凹坑。 | | 师教授的知识转化成学生的知识输出。同时，检验学生的学习效果，加强学生对风蚀壁龛的了解。 |
| 课堂总结 | 教师表述：同学们，这节课我们以风蚀蘑菇为例，观察并描述了风蚀地貌的形态特征及其成因，探究了风蚀地貌的分布特征与当地地理环境的关系。<br>　　经过本节课的学习，大家知道乌尔禾魔鬼城的独特地表形态是哪种外力作用的结果了吗？ | 学生回答：风。 | | 　　总结归纳新知，有益于学生对课堂内容形成体系。首尾呼应，课堂结构完整。 |

作业设计

实践型作业：

活动名称：探究水上雅丹。

活动目标：通过查阅资料，说明什么是水上雅丹，并总结水上雅丹的形成原因。

活动实施：1.查阅资料。

2.制作幻灯片，内容包括但不限于水上雅丹的形成原因及其未来发展演化预测等。

3.以小组的形式进行汇报展示。

板书设计

$$风蚀地貌 \begin{cases} 形态特征 \leftarrow 风蚀作用 \\ \qquad\qquad\qquad \uparrow \\ 分布特征 \leftarrow 地理环境 \end{cases}$$

## 第 2 课时　风积地貌、风沙活动的危害与防治

| 教学环节 | 教师活动 | 学生活动 | 教学评价 | 设计意图 |
|---|---|---|---|---|
| 新课引入 | 　　教师展示文字材料：魏晋《西河旧事》中记载："沙州，天气晴明，即有沙鸣，闻于城内。人游沙山，结侣少，或未游即生怖惧，莫敢前。"<br>　　教师表述：甘肃敦煌有一座鸣沙山，当人由山上向下滑时，沙子就会发出轰隆隆的巨响，像打雷一样。传说汉代时，汉军和匈奴交战，大风突起，漫天黄沙将两军人马全部埋入沙中，如今的响声就是两军的喊杀声和战马的嘶鸣声。 | | | 　　以奇特的自然地理现象——鸣沙山引入课程，激发学生的学习兴趣和求知欲，为接下来风积地貌的学习作铺垫。 |
| | 　　【承转】教师表述：鸣沙山是如何形成的呢？ | | | |
| 任务一：风积地貌特征及成因——以新月形沙丘为例 | 　　教师展示多幅新月形沙丘景观图。<br>　　教师表述：风中挟带的沙粒，在风速降低时沉降在地面所形成的各种地表形态，就是风积地貌。风积地貌主要以各种形式的沙丘呈现。新月形沙丘是其中的基本形态。请问：<br>　　1. 新月形沙丘的俯视图有何特征？<br>　　2. 新月形沙丘的侧视图有何特征？<br>　　教师表述：下面，通过观看视频，了解新月形沙丘的形成过程。并思考以下问题：<br>　　1. 陡坡和缓坡，哪一侧是迎风坡，哪一侧是背风坡？ | 　　学生仔细观察新月形沙丘的景观图片，并独立思考。<br>　　学生回答：<br>　　1. 新月形沙丘的俯视图呈新月形。<br>　　2. 新月形沙丘的侧视图，一侧坡缓，一侧坡陡。<br>　　学生观看视频并讨论。<br>　　学生回答：<br>　　1. 缓坡是迎风坡，陡坡是背风坡。<br>　　2. 细沙粒搬运得相对较远，迎风坡从坡脚到坡顶，沙粒由粗变细；受重力作用，背风坡从坡顶到坡脚，沙粒由细变粗。 | 　　学生能正确说明新月形沙丘的形态特征。<br>　　学生能正确回答迎风坡和背风坡的坡度陡缓、分析沙粒粒径分布情况，并能说出利用新月形沙丘判断风向的方法。 | 　　通过看图回答问题，使学生对风积地貌形成直观的印象，强化学生观察景观图片、描述景观特征的能力。<br>　　通过观看视频，理解新月形沙丘的形成过程，吸引学生兴趣，提高教学效率。 |

续表

| 教学环节 | 教师活动 | 学生活动 | 教学评价 | 设计意图 |
|---|---|---|---|---|
| 任务一：风积地貌特征及成因——以新月形沙丘为例 | 2.从视频中可以看出,迎风坡发生侵蚀和搬运作用,背风坡发生沉积作用。迎风坡和背风坡的沙粒粗细分布有何特点？<br>3.在野外,如何利用新月形沙丘判断方向？<br>教师播放视频《科普中国·新月形沙丘》。 | 3.新月形沙丘缓坡一侧为当地主导风向;新月形沙丘两翼延伸方向与当地主导风向一致;从新月形沙丘的俯视图看,凸出一侧为当地主导风向。 | | |
| 任务二：移动沙丘与固定沙丘的对比 | 【承转】教师表述:沙粒在迎风坡被吹蚀,在背风坡堆积滑落,新月形沙丘以这种方式前进。新月形沙丘是一种流动沙丘。<br><br>教师表述:流动沙丘沙粒不断从迎风坡向背风坡搬运,在重力的作用下堆积,在沙丘内部形成与背风坡倾斜方向一致的斜层理。当风沙流通过灌丛时,大量沙粒会堆积在植物根部附近,形成灌丛沙丘。灌丛沙丘是一种静止沙丘。沙丘静止不动时,其层理受外部环境的影响。在沙丘表层以外的水分、空气、热量以及生物的影响下,沙层的性质按深度发生变化。<br>你能绘制出移动沙丘和静止沙丘的层理构造图吗？<br>教师展示多幅静止沙丘的景观图片。 | 学生通过小组讨论,绘制移动沙丘和静止沙丘的构造图,并展示说明。<br><br>移动沙丘的构造<br><br>静止沙丘的构造 | 学生能正确绘制移动沙丘和静止沙丘的层理构造图。 | 以作图的形式,强化、检验学生对沙丘形成过程的理解,提高学生的课堂参与度。 |

| 教学环节 | 教师活动 | 学生活动 | 教学评价 | 设计意图 |
|---|---|---|---|---|
| 小结 | 教师总结风积地貌形成分析方法。<br>教师表述:在风力搬运沙粒的过程中,因为遇到障碍物,风速逐渐降低,使得风中挟带的沙粒逐渐沉积,形成风积地貌。<br><br>风速降低<br><br>风沙 ——沉积——→ 风积地貌<br><br>障碍物 | | | |
| 任务三:风沙活动的危害与防治 | 【承转】教师表述:任何事物都具有两面性。风力作用在塑造奇特地貌景观的同时,也带来了一定的消极影响。<br><br>教师表述:鸣沙山与莫高窟十分靠近,两地直线距离约为1200米。鸣沙山的沙对莫高窟造成了一定危害。请大家阅读所给材料,回答以下问题:<br>1.风沙活动对莫高窟产生了什么影响?<br>2.议一议,立式栅栏、草方格以及砾石铺压带的作用原理是什么?<br>3.为什么利用灌草防治风沙,而不利用更高大、挡风效果更好的乔木呢?<br>材料一:时值2007年,当社会各界正为敦煌发现百年欢庆时,"多病"的莫高窟却为我们敲响了警钟:窟内过半有壁画的洞窟遭遇病害!据敦煌研究院汪万福介绍,风沙严重威胁着莫高窟的安全。<br>敦煌地区气候干旱,风沙频繁,加之莫高窟与鸣沙山毗邻,洞窟又建造在松散的砂砾岩或砂岩山体上,千百年来受风蚀、沙尘、地震、雨水冲刷影响,稍有风吹草动沙子便会如下雨般落进窟区。很多窟内壁画因此变色、起甲、酥碱甚至脱落。 | 学生能充分结合材料,正确分析风沙活动对莫高窟的影响、防风固沙措施的作用原理以及不选择乔木治沙的原因。表述完整,逻辑清晰。 | 以莫高窟壁画病害为依托,探究风沙活动的危害与防治,加强学生的区域认知,树立人地协调观。 |

| 教学环节 | 教师活动 | 学生活动 | 教学评价 | 设计意图 |
|---|---|---|---|---|
| 任务三：风沙活动的危害与防治 | 教师展示材料：<br>材料二：<br><br>莫高窟"六带一体"防风固沙措施<br>学生阅读材料，并小组讨论。<br>学生回答：<br>1.侵蚀洞壁壁画，导致壁画遭受病害。<br>2.立式栅栏：增大地面粗糙度，降低风速，阻隔地表流沙。<br>草方格：增大地面粗糙度，降低风速；截留水分，提高沙层含水量，有利于固沙植被存活。<br>砾石铺压带：增大地面粗糙度，降低风速；固定地表沙面，防止就地起沙。<br>3.敦煌地区气候干旱，降水少，而乔木需水量较大，无法在此处存活。<br>教师表述：从莫高窟治沙措施可以看出：防治风沙需要因地制宜。 | | | |
| 活学活用 | 教师表述：通过本节课的学习，相信大家已经一定程度上掌握了分析风积作用的方法。请根据本节课所学知识，结合材料分析鸣沙山的形成过程。<br>教师展示材料：<br>材料：鸣沙山所在地属于极端干旱气候，全年多风。鸣沙山以东是三危山，以南是黑石峰山，西与库姆塔格沙漠相连。 | 学生能结合材料，完整地、逻辑清晰地说明鸣沙山的形成过程。 | 首尾呼应，教学内容结构完整。检验学生的学习效果，培养学生用课堂地理知识解决生活实际问题的能力，提高 |

续表

| 教学环节 | 教师活动 | 学生活动 | 教学评价 | 设计意图 |
|---|---|---|---|---|
| 活学活用 | 学生阅读材料,并独立思考。<br>学生回答:鸣沙山以东是三危山,以南是黑石峰山,西与库姆塔格沙漠相连。携带沙质较多的西风和北风在这里受到山体的阻拦,使风中的沙粒沉降下来,久而久之便形成了鸣沙山。 | | | 区域认知和地理实践力。 |
| 课堂总结 | 风沙活动塑造了风蚀蘑菇、风蚀壁龛、新月形沙丘等具有观赏性的景观,具有一定的旅游价值,可以发展旅游业,从而促进当地的经济增长。但是风沙活动也有许多危害,比如造成莫高窟壁画病害、掩埋农田、影响出行等。任何事物都有两面性,我们要学会辩证地看待事物的影响。 | | | 了解人类活动对自然地理环境的影响,树立人地协调观。 |

**作业设计**

实践型作业:

活动名称:探究湿润半湿润地区的风成地貌。

活动目标:通过查阅资料,了解湿润半湿润地区风成地貌的形成原因。

活动实施:1.查阅资料。

2.制作幻灯片,内容包括但不限于湿润半湿润地区的风成地貌实例、该实例的形成原因等。

3.以小组的形式进行汇报展示。

**板书设计**

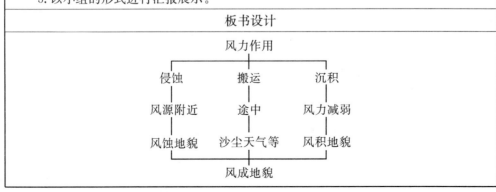

## 【教师说课】

### 一、说教材

　　本节教材主要包括三个部分：一、风蚀地貌的特点及成因；二、风积地貌的特点与成因；三、风沙活动的危害与防治。首先，教材设置了"黄土高原地区黄土颗粒粗细分带"的探究题，引导学生思考风成地貌的形成原因及过程。其次，教材展示了风蚀蘑菇、风蚀柱等风蚀地貌景观图，帮助学生直观理解风蚀地貌特征，并深入分析风蚀地貌形成原因；再次，教材以新月形沙丘为例，帮助学生掌握风积地貌的特点及形成原因，并利用形态各异的沙丘景观图，展示风积地貌的多种形态；最后，教材介绍了常见风沙活动的危害与防治措施，并着重围绕防灾减灾讨论。

　　本节教材设置了多个活动探究题，包括"柴达木盆地边缘多戈壁""新月形沙丘形成过程""青藏铁路锡北段多风沙灾害"等具体案例，帮助学生进一步明晰风成地貌的特点和形成过程。在"新月形沙丘形成过程"活动中，需要学生借助对新月形沙丘形成过程的理解，说明在野外如何利用新月形沙丘形态判断当地的主导风向，有意识地将地理理论知识与生活实际相结合，有利于提高学生的地理实践力。教材中，风蚀蘑菇、风蚀柱、金字塔沙丘、格状沙丘等景观图片的呈现，有利于提升学生对风成地貌的感性认识、理性描述分析，提高学生的区域认知能力和综合思维。

### 二、说学情

　　由于本校学生主要生活在湿润半湿润地区，不熟悉风成地貌所形成的地理环境。因此，学生对风成地貌的认识十分浅薄，大部分学生对常见风成地貌只有感性的认识，缺乏对细节的观察、分析，无法准确地描述其具体特征，也不了解其形成原因，且高一学生对地貌形成过程的抽象分析不足。

　　由于初中地理学习的铺垫，高一学生对基本地貌类型具有一定认知。通过上一节流水地貌的学习，高一学生对地貌特点、分布和形成过程的学习也掌握了一定的方法。在教学过程中，应根据学生的认知规律，从景观图或者视频入手，引导学生描述景观特点、推理形成过程，进一步引导学生将地理知识与实际问题相结合，增强区域认知，提高地理实践力。

### 三、说教法学法

　　主题探究法：围绕风蚀蘑菇、新月形沙丘这两大典型风成地貌景观，设计系列问题探究——"其具有何种形态特征"、"为何会形成此种形态"、"从其形态可推知当地自然地理环境具有何种特征"。通过观察风蚀蘑菇、新月形沙丘的景观图片，学生独立思考、探究风蚀蘑菇、新月形沙丘的形态特征，并分析其主要分布区域的自然地理环境特征，锻炼学生自主观察、独立思考的能力，提高学生的区域认知能力。

情境教学法：设置莫高窟壁画病害的情境，学生通过小组谈论，针对该情境，探究风沙活动对莫高窟壁画造成的危害，莫高窟地区不利用高大乔木防沙的原因，以及沙障、草方格等防风固沙的原理，总结风沙活动的危害以及防治措施，树立人地协调观。

## 四、说创新点

本节内容紧紧围绕新疆乌尔禾魔鬼城以及甘肃敦煌莫高窟地区两个风成地貌十分典型的地区展开教学，充分挖掘了当地的地理环境特征，有利于提高学生对两地的区域认知，并基于具体情境聚焦学习。且新疆乌尔禾魔鬼城和敦煌莫高窟地区是著名景区，景观十分优美，有利于提高学生的审美情趣，增强学生的学习热情。

本节内容以当地奇异传说导入新课，有利于激发学生的好奇心。同时提出疑问，将当地传说与地理知识相联系，有利于提高学生的学习兴趣。教学结构完整，在教学内容上做到了首尾呼应，学生利用本节课所学知识，解决课前提出的疑问，将课堂地理理论知识与生活实际相结合，有利于提高学生的地理实践力。

在作业布置上，让学生去探究水上雅丹以及湿润半湿润地区的风成地貌。雅丹地貌是一种典型、重要的风蚀地貌，水上雅丹的形成原因更是奇特。水上雅丹究竟是在流水作用还是风力作用下形成的呢？水上雅丹未来会如何发展呢？这些疑问能充分调动学生的积极性。湿润半湿润地区的风成地貌十分特殊，打破了一般认知，有利于激发学生的探索欲。

## 【教学反思】

本节课分为 2 个课时。第一课时以新疆乌尔禾地区创设情境，通过当地魔鬼城的传说引入新课，以风蚀蘑菇为例分别探究风蚀地貌的形态特征及成因、分布与当地自然地理环境的关系，再以风蚀壁龛的特征及成因，检验学生的学习效果，并让学生自主探究水上雅丹。第二课时以敦煌莫高窟地区创设情境，通过鸣沙山的传说引入新课，以新月形沙丘为例探究其特征及成因，设置了利用新月形沙丘形态判断方向的活动，并比较了流动沙丘与固定沙丘。接着，创设莫高窟壁画病害的情境，聚焦探究风沙活动的危害以及防治措施，并让学生自主探究湿润半湿润地区的风积地貌。以新疆乌尔禾魔鬼城和敦煌莫高窟地区为依托，将风成地貌相关知识与当地地理环境充分结合，有利于加强学生对这两个地方的区域认知，同时提高学生的学习热情。两个课时的内容结构完整，教学内容各部分联系紧密，转承流畅且首尾呼应，新课导入提出的问题"魔鬼城的恐怖景象是谁造就的呢""鸣沙山是如何形成的呢"，均由学生利用本节课所学知识进行了回答。课程中问题设置，层层递进，难度梯度逐渐增大，符合逻辑和学生的认知规律。

但是本节课也存在一定的不足。在第一课时中，由于课堂时间的限制，仅具体介绍了风蚀蘑菇特征及成因，风蚀壁龛的特征及成因由学生自主完成，而雅丹地貌这一重要风蚀地貌是交由学生自主学习。雅丹地貌是典型的风蚀地貌，其形成较为复杂，在风化作用、流水冲刷、风蚀等作用综合影响下形成。风蚀柱也是典型的风蚀地貌，垂直裂隙发育的岩石或土体，在长期的风蚀作用下，形成形态各异的石柱或土柱。在第二课时中，"说明新月形沙丘不同坡向沙粒粗细分布特点"这一问题难度较大，需要强调学生仔细观看新月形沙丘的形成视频，引导学生联系流水沉积作用的分选性，结合不同坡向发生的风力作用进行思考和探究。另外，"绘制移动沙丘和固定沙丘的结构"这一活动难度也较大，需要教师进行示范。先结合新月形沙丘的形成过程，教师和学生一起绘制出移动沙丘的结构。再引导学生结合灌丛沙丘的形成过程，尝试自主绘制固定沙丘的结构。

## 【专家点评】

本节课紧紧围绕风蚀地貌特征与成因、风积地貌特征与成因、风沙活动的危害三部分，以新疆乌尔禾魔鬼城、敦煌莫高窟地区为背景，创设了乌尔禾地区风蚀地貌形成、敦煌莫高窟地区风积地貌形成、莫高窟壁画因风沙病害的三个情境，并且通过情境教学法、主题探究学习法，让学生掌握重点，突破难点。第一，通过视频《风的作用》，直观地展示了吹蚀和磨蚀两种地理变化过程；第二，通过视频《科普中国·新月形沙丘》，让学生深刻地理解新月形沙丘形成过程。

本节课的亮点为：在地理背景的选用上，新疆乌尔禾魔鬼城和敦煌莫高窟地区的风蚀地貌和风积地貌十分典型。教学内容上，充分结合了两地的区域特色，有利激发学习兴趣。在作业设置上，探索不符合一般认知规律的地理现象，让学生感受到地理课程的奇妙之处。

（邹邵林　湖南省教育科学研究院）

# 第三节　喀斯特、海岸和冰川地貌

## 第1课时　喀斯特地貌

（陈媛　向超）

## 【内容简述】

　　为了让学生能在真实复杂的世界中解决地理问题，落实新时代中学生地理核心素养，本课例尝试从"突出核心素养、明确教学目标、制定评价标准、创设学习模块和选择情境材料"五个部分着手进行教学设计，尤其是将评价前置，帮助教师在设计课堂时有的放矢。本课以湘教版高中地理新教材必修第一册中的"喀斯特地貌"为例，创设课堂教学内容。

## 【教学目标】

| 课程标准 | 核心素养目标 |
| --- | --- |
| 通过野外观察或运用视频、图像，识别3~4种地貌，描述其景观的主要特征。 | （1）选取学生所处的湖南省的典型地貌——喀斯特地貌，展示景观图片，识别并描述该地貌的主要特征；（地理实践力、区域认知）<br>（2）以喀斯特地貌为例进行成因分析，掌握时空、内外力综合视角下，地理事物背后的原理和规律以及形成过程，培养综合思维；（综合思维）<br>（3）在真实情境中探究喀斯特地貌区乡村振兴措施，培养科学的人地协调观。（人地协调观） |

## 【评价目标】

| 水平一 | 水平二 |
| --- | --- |
| 能够成立小组，走进自然，能够辨别地貌类型，掌握单一要素对该地貌产生的影响。 | 能够成立小组，能够辨别地貌类型以及特征，能够对两个自然要素野外观察，并说出对地貌产生的影响。 |
| 学会使用简单的野外考察工具，能够简单的整理考察内容。 | 熟练使用至少一种野外考察工具，能够简单分析要素之间的关系并整理出考察报告。 |

## 【教学重难点】

教学重点:识别并描述该地貌的主要特征。

教学难点:能够从时空和地质作用角度,综合分析地貌成因。

## 【教学流程】

| 教学主线 | 教师活动 | 学生活动 | 教学评价 | 设计意图 |
|---|---|---|---|---|
| 新课引入 | 播放湖南省喀斯特地貌系列景观图并配上湘西民族音乐。 | 猜测景观图展示的是何种地貌。 | 及时关注学生的认知情况和思路,并适时进行引导。 | 通过真实、具有场景性的音频、图片让学生沉浸在特定情境中,激发学习兴趣,加强感性认知。 |
| 自主探究 | 请阅读课本,找出喀斯特地貌类型并注意其特征,引导学生根据文字材料按成因和空间将其进行分类。 | 阅读课本后回答。<br>学生 A:按成因,喀斯特地貌分为溶蚀地貌和沉积地貌。<br>学生 B:按空间可分为地上和地下。 | 关注全班学生参与度以及个别学生完成题目的准确度,判定学生有效提取地理文字信息的能力。 | 通过阅读课文的文本信息了解喀斯特地貌的典型类型并尝试进行分类,从而激发学生对该地貌真实景观的兴趣以及特征的确定,引出野外考察中对该地貌识别的技能。 |
| 实践1 | 选取景观图片喀斯特地貌类型,引导学生识别该类型并说明该类型的特征。<br> | 学生 C:溶沟与石芽;峰林、峰丛、孤峰、山间盆地、天坑、地下暗河、溶洞等。 | 随机抽点学生,关注其表达与认知情况,强化学生有效提取地理信息的能力。 | 能够野外识别并描述该地貌的主要特征是教学目标之一,将文字信息灵活转换并运用迁移,强化学生的知识迁移能力,提升地理实践力。 |

续表

| 教学主线 | 教师活动 | 学生活动 | 教学评价 | 设计意图 |
|---|---|---|---|---|
| 实践1 | | | | |
| 实践2 野外辨别石灰岩 | （1）提供采集于喀斯特地貌区的岩石（碳酸盐岩石）与白醋等实验器材，引导学生进行小组实验、观察并描述实验现象。<br>（2）播放提前录制的实验（将白醋换成盐酸），引导学生观察实验并说出现象的异同点。 | 以小组为单位开展实验，观察、记录并进行结果说明。学生D：石头浸泡在白醋中一段时间后，表面出现一些白、细的气泡，说明发生了反应，初步鉴定是碳酸盐岩石。 | 依据学生对学生表述进行过程性评价。 | 由表象景观深入到实质探究，利用已学的简单化学原理，从岩石构成角度认识喀斯特地貌的物质基础，拓宽学生野外识别地貌方法的同时，为喀斯特地貌的形成过程奠定基础，培养综合思维及区域认知能力。 |
| 探究 | 情境选定为湖南省湘西土家族苗族自治州岩溶地貌区，罗列湘西地质、气候、地形自然条件，重点引导学生思考探究喀斯特地貌的形成过程。最后通过动态演示，进一步强化地貌形成过程。 | 通过小组合作探究，讨论说明喀斯特地貌发生溶蚀和沉积的原理；描述喀斯特地貌的形成过程。 | 依据学习评价量表，对学生进行过程性评价。 | 本学习模块是复杂且真实的地理情境，结合湘西地区自然环境特征，设置具有梯度性和螺旋式的问题，学生的思维层层递进，掌握时 |

续表

| 教学主线 | 教师活动 | 学生活动 | 教学评价 | 设计意图 |
|---|---|---|---|---|
| | 材料一：岩溶地貌是湘西境内典型地貌。早在4.38亿年前的志留纪早期，本区曾为古扬子海域，接受了碳酸盐物质沉积（$CaCO_3$），沉积层总厚度达数千米，分布面积2258.28 km²。中三叠纪末，华南陆块向扬子陆块俯冲，造成陆陆碰撞，本区隆升成陆地。<br>材料二：湘西属亚热带季风气候，多年平均气温15.8～19.5℃，多年平均降水达1600～1800 mm，东南季风叠加地形雨使湘西成为亚热带降雨量最丰富的地区。<br>问题1：从化学角度，说明喀斯特地貌发生溶蚀和沉积的原理。问题2：描述湘西地区喀斯特地貌的形成过程。 | | | 空、内外力综合视角下，地理事物背后的原理和规律，培养综合思维、区域认知。 |
| | 展示自然要素景观图片，通过选择题的方式，帮助学生全面了解喀斯特地貌自然环境特征。 | 仔细观察自然景观图片，并在给定选项中做出判断。 | 随机抽点学生，关注其认知情况，判断其地理基础以及提取地理信息能力。 | 利用已有地理知识和景观图片，明确该区域气候、地形特征，根据喀斯特地貌特点明确该地区特殊的自然环境特征，增强学生区域认知能力。 |

续表

| 教学主线 | 教师活动 | 学生活动 | 教学评价 | 设计意图 |
|---|---|---|---|---|
| 合作探究 | 进一步聚焦到湘西土家族苗族自治州岩溶地貌区贫困乡村：十八洞村。引导学生结合该区自然环境特征，合作探讨相关问题。<br><br>问题1：为什么喀斯特地貌地区普遍贫穷？<br><br>问题2：如何因地制宜帮助湘西喀斯特地貌地区实现脱贫？ | 小组合作探究，讨论。<br><br>学生E：喀斯特地貌地区贫穷是因为地形崎岖，交通不便，土壤贫瘠且地表水短缺，不便于农业生产。<br><br>学生F：发展特色种植，比如猕猴桃、茶叶等；充分利用地下水，做成矿泉水或者酿酒；发展旅游业，充分展示少数民族风土人情以及自然风光；完善基础设施，大力给予政策支持。 | 各个小组推举代表进行问题阐述，对学生进行过程性评价。 | 乡村振兴是国家重点战略，在真实情境中探究喀斯特地貌区乡村地域系统振兴措施，是地理学渗透国家战略的主动作为，也是更新地理教学内容、创新教学方式的重要途径，从而培养科学的人地协调观。 |
| 课堂总结 | 每个地区的自然环境各有其优劣势。那么，我们要做的就是在生态环境与经济发展之间做好平衡，走可持续发展之路。正如习近平总书记所言："绿水青山就是金山银山。" | | | |

**作业设计**

实践型作业

活动名称：探索身边的典型地貌

活动目标：查阅资料，模仿喀斯特地貌的学习思路，识别地貌类型并说明与人类的关系，培养学生的地理实践力。

续表

| 板书设计 |
| --- |
| 2.3 喀斯特地貌 |

一、喀斯特地貌类型

1. 按成因 $\begin{cases}喀斯特沉积地貌 \\ 喀斯特溶蚀地貌\end{cases}$　　　2. 按空间 $\begin{cases}地表喀斯特 \\ 地下喀斯特\end{cases}$

二、喀斯特地貌形成过程

1. 原理　　　　　　　　　　　　　　　　2. 自然环境特征

溶蚀：$CaCO_3 + CO_2 + H_2O = Ca(HCO_3)_2$　　　岩石裸露、土壤贫瘠、地形崎岖、

沉积：$Ca(HCO_3)_2 = CaCO_3\downarrow + CO_2\uparrow + H_2O$　　　地表水短缺、地下水充足

三、喀斯特地貌与人类活动

乡村振兴、因地制宜

# 【教师说课】

## 一、说教材

本课是湘教版(2019)高中地理必修第一册第二单元"地球表面形态"第二节"喀斯特、海岸和冰川地貌"第一课时,结合课程标准,本节课的教学目标为"识别并描述某种地貌的主要特征"。教材所选用的景观图,分别来自云南省、重庆市、四川省、广西壮族自治区、湖南省、贵州省,是我国喀斯特地貌主要分布区,可谓"范围广、点到即可"。教材设置一个"活动",依托"中国南方喀斯特"为情境,设置"列举喀斯特地貌地表、地下景观并描述其特点"用来落实课标要求。教材内容简略、线条粗放,需要教师进行二次备课。

## 二、说学情

1. 学生刚刚离开初中,进入高中阶段,一切还在适应,包括高中地理的学习方法、学习模式和学习思维等,因此课堂教学除了知识的传授,应该还有思维的引领、合作学习法的渗透、观点表达的能力,基于此,创设情境就显得格外重要了。依托具体情境,帮助学习建立生活与地理学科的关联,引导学生发现生活中的地理,提高学科实用性,从而真正激发学生对于地理学科的兴趣。

2. 通过前期学习,学生已经掌握了地球表面形态中最重要的两类地貌——流水地貌和风成地貌,知道了地貌大致分为沉积地貌和侵蚀地貌,外力作用包括流水、风、冰川、海浪等,以及地貌与人类活动的关系(流水地貌与滑坡和泥石流、风成地貌与风沙活动的危害和治理)。通过学习喀斯特地貌,可以进一步强化学生

分析地貌特征以及形成过程分析的地理思维,扩展学生的地理眼界。

## 三、说教法学法

1. 教法

(1)实验法:准备试验器具——塑料杯、白醋一瓶、样本若干(实地采集的碳酸盐岩石标本),将学生每6人分为一组进行课堂内学生的动手实验;课堂外教师提前录制好对比实验,实验器具为:试管、盐酸、岩石标本。实验用来检验喀斯特地貌区岩石的物质基础以及反应条件,帮助学生理解喀斯特地貌的形成过程。

(2)探究式学习:选定情境整合材料,设置问题链,层层深入,激发学生地理学习兴趣,培养地理学科素养。

2. 学法

(1)自主学习:独立阅读教材及给定材料,捕捉有用的地理信息并结合已有知识进行迁移和分析。

(2)合作学习:积极参与小组讨论,并敢于发表自我见解。在合作活动中,学会分工与合作,取长补短,见贤思齐。

## 四、说创新点

1. 教学目标合理提升。课程标准对本节内容要求停留在较低水平,然而基于第一章第一节"流水地貌"和第二节"风成地貌"的教学思路与架构,笔者认为喀斯特地貌的教学目标除了掌握"识别"之外,应该上升到"人地关系"层面。这是对前两节内容的呼应与契合。

2. 教学情境贴合实际。真看真想真感受,熟悉的情境更利于地理思维模型的建立,更利于初学者进行知识迁移,因此,选择执教者和学生都熟悉的情境是最佳选择,我校学生大部分来自湖南省,基于此,重点分析本省地形地貌特征,选择湖南省西部湘西土家族苗族自治州典型的喀斯特地貌分布区作为情境案例。不同区域的教师可根据当地地质地貌特征,在喀斯特地貌、海岸地貌和冰川地貌中进行筛选,二次开发教材,进行详略得当的教学设计与课堂教学。

## 【教学反思】

高一地理课堂重在"激发兴趣",激发兴趣除了通过丰富具体的图片展示外,还需要逻辑层面上的吸引,充分展示地理文理兼修的特质,增加新高考选科竞争力的同时承担时代赋予地理学科的责任与使命。

1. 创设主题情景

在真实复杂多元的情境中,首先挑选出施教者了解、感兴趣的情境,参考课程标准、相关核心概念,在此基础上设计出贴近学生生活以及符合学生认知水平的区域真实材料,结构化处理后实施的地理课堂教学才会有维度、有温度。

2. 环环相扣的问题链

地理的理科属性不仅体现在内容知识方面,还体现在设置问题链时的逻辑方面。阶梯式的问题链、根据知识点之间的因果逻辑设置问题链,让学生有据可循却又让他们思考琢磨,跳一跳摘到的桃子是最香甜可口的。上完本节课,学生们有话可说、会心一笑、踊跃表达,证明问题设置恰到好处。

3. 评价前置有的放矢

传统教学只关注教师想讲的,但评价前置的教学更关注学生想听的。只有明确目的地,才能更坚定前进的脚步。在纷繁复杂的情境海洋中,只有明确评价目标,才能帮助教师在备课中集中火力,才能帮助学生正确评估自身思维结构状况。尤其是在合作探究环节,明确的教学评价可以激发学生内驱力,使课堂更高效、目标更明确。

4. 实践活动有层次

先通过照片观察相关地貌,调用课本知识进行识别,然后再把照片中的石头真切地搬进课堂,调用学生已有的化学知识进行实验进行真看、真想、真感受,不仅增加了地理课堂的趣味性,更帮助学生建立了"生活处处有地理"的学科思想。这个环节是本节课的点睛之笔,一下子点燃了学生的学科兴趣。

5. 情感价值紧扣时代

乡村振兴战略是国家重大战略,乡村振兴涵盖了产业、人才、文化、生态、组织五个方面的内容,其中前四个方面与高中地理教学内容契合。本节课从浅层的识别喀斯特地貌到描述其形成过程最终到深层的问题,即用地理知识、技能与思维帮助十八洞村脱贫致富,深刻讨论了十八洞村产业发展、生态和谐、文化建设、人才回流等措施,实现乡村振兴,这是地理课堂应有的担当与使命。

## 【专家点评】

课标对本章内容的要求是"通过野外观察或运用视频、图像,识别3~4种地貌,描述其景观的主要特点"。喀斯特地貌是我国特别是南方地区分布较多的一种地貌景观。本节课紧扣课标,充分运用乡土课程资源,创设情境,运用自主学习、合作探究、实验教学等多种教学方法,很好地落实了课标要求,有如下四个突出亮点。第一,课程标准内容要求把握准确,重点突出。本节课教学的重点放在识别喀斯特地貌和描述其景观上,运用图片、实物、实验等方法,让学生掌握喀斯特地貌的特征及识别方法,并进一步引导学生分析喀斯特地貌的环境特征,初步渗透自然环境整体性的观念,提高学生的地理实践力和综合思维。第二,全课以教师家乡湘西的喀斯特地貌景观为素材,充分利用地方课程资源,拉近学生与所学内容的距离,体现学习身边和生活中地理的理念,培养学生的家国情怀。第三,联系化学相关知识,让学生了解喀斯特地貌的化学溶蚀和堆积过程,但点到为止,既避免了喧宾夺主,也满足了学生的好奇心,加强了学科间知识的融合。第四,引导学生关注喀斯特地貌地区的精准扶贫和发展问题,自然而然地实现了德育渗透和价值观升华,体现了立德树人的教育目标。

（刘玉岳　长沙市教育科学研究院）

# 第三章 地球上的大气

## 本章概述

（彭建锋）

## 1. 内容解读

本章重点阐述了人类赖以生存的自然地理环境——大气及其对人类活动的影响。本章内容按照课程标准的要求,从"地理环境中的物质运动和能量交换"角度编排教材,大气成分、大气垂直分层、大气受热过程,热力环流等是本章的核心知识。大气受热过程、热力环流是本章要阐述的基本地理原理。从总体上看,教材呈现了与大气相关的最基础知识内容:大气的基本成分,大气的热量传输过程与大气最简单的运动形式,旨在让学生了解人类生存着的大气层(对流层)的基本物质组成和运动特征。

本章教学编排根据内容由浅入深、由易到难,知识点之间的前后衔接注意符合学生思维认知的发展。同时,在教学过程中要突出对学生地理学科素养的培养。

第一节"大气的组成与垂直分层"。教材首先以"雷阵雨后的刺鼻气味"为真实问题情境,引起学生对大气组成成分的探究欲望。然后介绍大气的基本概况,即大气成分与大气垂直分层;先通过统计图,说明大气的主要成分及其体积占比,然后通过文字资料,说明大气主要成分的作用,即大气成分与生产、生活的联系。在不同高度的大气中,由于其组成成分及与地面距离的差异,造成其气温随高度变化而出现不同的特点。人们依据气温、密度、运动状况随高度变化的差异将大气层主要分为三个层次:对流层、平流层、高层大气。教材用一幅直观的垂直分层图展示了大气层中三个层次的分布范围、气温变化特征、常见现象及与人类活动的关系,帮助学生理解大气层中各层的分布范围和特点。本节教材除了处理好"大气的组成与垂直分层"这个基础知识内容外,还特别关注了大气与人类活动的关系,在教学安排中,教师应重视对教材活动中的这些"热点"的处理和把握,引导学生运用基本的知识和原理阐释身边的地理现象。

第二节"大气的受热过程"。大气的受热过程,实际上是太阳辐射、地面辐射和大气辐射之间的相互转化过程,学生需要掌握大气的热源,以及大气是怎样受热的等知识内容。教材首先以"霞"为情境载体,设计探究活动,引发学生思考天空颜色变化之缘由,借此说明天空色彩的变化是"大气对太阳辐射作用"的结果,从而引出大气对太阳辐射的削弱作用:吸收、反射与散射。大气对太阳辐射的影响在日常生活中经常可见,教材中列举了大量的案例来说明大气对太阳辐射的吸收、反射和散射是客观存在的,旨在引导学生学会对常见大气现象的识别与欣赏。本节第二部分"大气对地面的保温作用",详细阐述了太阳辐射、地面辐射、大气辐射三者的波长特征和相互关系。从大气对太阳辐射的作用角度看,对流层大气的主要热源并非太阳辐射,而是地面辐射。教材呈现的"大气对地面的保温作用"图很重要,它直观地显示了大气热量的传输过程("太阳暖大地""大地暖大气""大气还大地")和时间历程,借助此图可以说明气温的日变化和年变化。大气受热过程与实际生产生活关系密切,教师在教学时应将其作为重点内容进行处理。

第三节"大气热力环流"。教材以"孔明灯"为真实情境,引发学生思考:大气为什么会动? 是怎么动的? 由此引入"大气热力环流的形成"与"自然界中的大气热力环流"两大学习内容。热力环流这部分内容对学生来说比较抽象,是本章的一大难点。教师在教学处理时应充分利用好教材中提供的示意图,并按热力环流产生的过程,分步加以说明,让学生感悟大气的运动过程。为了帮助学生更好地理解热力环流原理,教师最好能设计并演示热力环流的模拟实验。当学生理解了热力环流的原理后,再看自然界中常见的热力环流现象,如山谷风、海陆风、城市风等,就不再会觉得困难。为此,教材提供了"山谷风"的阅读和"海陆风""城市热岛"等案例,供学生探究。针对教材中的这些内容,教师应充分放手让学生通过自主学习和探究的形式,完成相关问题。

从地理核心素养的角度看,教师在教学活动中应注重地理实践力的培养和人地协调观的渗透,引导学生通过教材中设置的活动和模拟实验,观察、鉴赏自然界中的各种大气现象,感悟"温室效应""热力环流"等原理在人类生产活动中的应用。

## 2. 价值理念

（1）理解大气的存在对人类活动的影响,树立人类与环境相互协调、走可持续发展道路的观念和意识。

（2）理解大气热力作用对地表环境的重要意义,通过温室效应和全球气候变暖等实例,培养学生用综合思维和发展变化的视角看待人类活动,用可持续发展理念思考发展中面临的大气问题和解决措施。

（3）结合现实生产、生活实例或实验活动,考查局地风与热力环流对人们生活的影响,培养学生学以致用的地理思维意识。

（4）通过对地理图表和资料的分析,培养学生阅读图表分析地理问题的技能;通过学生自主学习探究大气的相关问题,培养学生参与意识、主体意识和自主获取知识的能力。

## 3. 必备知识

（1）低层大气的组成成分及作用;人类对大气成分的影响与大气污染,大气垂直分层划分的依据,大气的垂直结构、特点及其对人类生产、生活的影响。

（2）近地面大气的主要热源,大气对太阳辐射的削弱作用,大气对地面的保温作用,大气的受热过程,大气受热状况的应用。

（3）热力环流的概念、形成过程,常见的热力环流现象,热力环流原理的应用,等压面的判读。

## 4. 关键能力

（1）运用图表资料,说明大气的组成和垂直分层及其与人类生产、生活的联系。

（2）运用示意图等,说明大气受热过程的原理,并解释相关现象。

（3）运用示意图等,说明热力环流的原理,并解释相关现象。

## 5. 学科素养

（1）综合思维:运用物理、化学、生物和地理知识,分析有关大气现象和规律,培养学科综合思维;运用材料、地理现象、地理过程、人类活动培养学科内综合思维。

（2）区域认知:结合材料分析不同地区对流层高度的差异及原因;结合不同地区的地面特征、大气状况,分析大气受热过程的差异;结合不同尺度和类型的区域地图,分析热力环流的形成。

（3）人地协调观:通过合理组织生产和生活,减少大气污染物的排放;运用大气受热状况的知识和原理,指导人们的生产和生活;结合热力环流原理,分析城市热力环流特点,指导城市工业区和绿化带的规划等。

（4）地理实践力:通过实地观测了解当地的大气成分和大气污染状况;在室外

不同天气观察大气受热状况的差异；实地观察和体验身边发生的一些热力环流现象，结合身边的现象理解热力环流在生产、生活中的应用。

## 6. 课时规划建议

| 节名 | 课时安排 | 课时内容 | |
|---|---|---|---|
| 第一节　大气的组成和垂直分层 | 2 | 第一课时 | 内容一　大气的组成 |
| | | 第二课时 | 内容二　大气的垂直分层 |
| 第二节　大气受热过程 | 2 | 第一课时 | 内容一　大气对太阳辐射的削弱作用 |
| | | 第二课时 | 内容二　大气对地面的保温作用 |
| 第三节　大气热力环流 | 2 | 第一课时 | 内容一　大气热力环流的形成 |
| | | 第二课时 | 内容二　自然界的大气热力环流 |

## 7. 知识导图

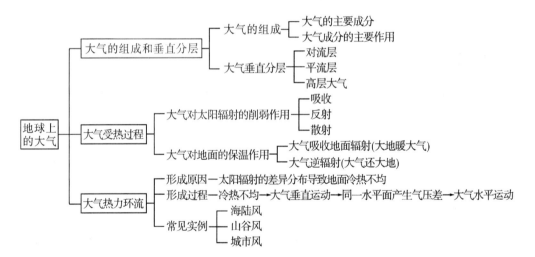

# 第一节 大气的组成与垂直分层
## 教学课例 1

（向超 陈媛）

## 【内容简述】

大气极其重要,它时刻萦绕包裹着我们,然而因为看不见、摸不着而常常被人们忽略。本课结合高一学生的特点与课标要求,将普及知识定为主要目标,旨在帮助学生掌握大气的物质组成、垂直分层以及性质,能够运用本节知识和原理尝试解释日常生活中天气、出行以及国家战略航天航空等方面的现象。学习生活中有用的地理知识,培养地理素养,增强民族自豪感与时代使命感。

## 【教学目标】

| 课程标准 | 核心素养目标 |
|---|---|
| 运用图表等资料,说明大气的组成与垂直分层,及其与生产生活的联系。 | （1）结合生活经验、视频、大气垂直分层示意图等资料,探究并分析大气各层的温度变化特点、运动特征及成因,提升区域认知和综合思维能力。（区域认知和综合思维）<br>（2）根据大气组成与垂直分层的知识和原理,解释与生产和生活相关的现象,树立人地协调观。（人地协调观） |

## 【评价目标】

| 水平一 | 水平二 |
|---|---|
| 能够说出大气组成成分与作用、大气垂直方向的温度变化、运动特征。 | 能够准确说出大气组成成分与作用,简要分析大气垂直方向的温度变化、运动特征与物质组成的逻辑关系。 |

## 【教学重难点】

教学重点:1.大气的组成以及作用;

2.大气的垂直分层及其特征。

教学难点:各层大气的主要特征,并解释生产生活中的相关现象。

## 【教学流程】

| 教学环节 | 教师活动 | 学生活动 | 教学评价 | 设计意图 |
|---|---|---|---|---|
| 新课引入 | 播放《中国机长》电影片段。 | 认真观影，观察飞机出现故障时，舱内环境变化、机组人员和乘客的反应。 | 留意学生观影时的表情神态。 | 通过影视再现真实事件，既有现实性又有教育性，充分调动学生的视觉、听觉等感观，激发学生学习兴趣。 |
| 过渡 | 为何此次飞行被称为"航空史上的奇迹""史诗级的飞行"？带着这个问题，我们一起来学习"大气的组成与垂直分层"。 | | | |
| 自主学习 | 组织学生阅读教材，展示相关问题：了解大气的垂直分层以及特点。 | 阅读相关内容后回答：<br>大气在垂直方向上分别是对流层、平流层、高层大气。<br>对流层是贴近地面的大气最底层，容易成云致雨。平流层有臭氧层，所以上部热下部冷，大气稳定，不易形成对流；高层大气气压很低，密度很小。 | 关注学生阅读课本时有无做记号的习惯；及时给予学生反馈，判定学生有效提取地理文字信息能力的高低。 | 通过阅读文本信息初步了解大气垂直方向的分层标准和层次特征，引导学生高效提取文本信息。 |
| 过渡 | 说得很好。请结合乘机体验，观看丹霞姑娘某次乘坐飞机时拍摄的视频，思考以下问题。 | | | |

续表

| 教学环节 | 教师活动 | 学生活动 | 教学评价 | 设计意图 |
|---|---|---|---|---|
| 合作探究 | 呈现探究问题：<br>1.为什么高空飞行很平稳，升降过程中却很颠簸呢？<br>2.为什么高空晴空万里，降落地面时却雨滴纷纷呢？ | 以小组为单位进行合作探究后回答：<br>1.升降过程中比较颠簸，是因为在对流层空气对流运动明显。地面辐射是对流层天气的直接热源，上部冷下部热产生对流。这样的温度变化又与该层的物质组成有关，即包含整个大气质量3/4和几乎所有的水汽和杂质。<br>2.飞机飞行到平流层时比较平稳，因为大气以平流运动为主。热源来自平流层上部的臭氧层，上部热下部冷，空气稳定，天气晴朗。 | 该环节教师要及时追问：从天气状况追问到运动状态、温度随高度的变化最后到物质组成。在一问一答中，感受学生思维变化。 | 调动生活体验、分析视频资料和文字资料，追根溯源，帮助学生突破难点。通过对流层和平流层的学习，为高层大气与人类的关系搭建思维框架，培养综合思维、人地协调能力。 |
| 过渡 | 物质组成决定大气的性质与特征。对流层天气复杂多变，与我们的日常生活息息相关。飞机的平稳飞行得益于平流层。那高层大气与我们的生产生活有何关联呢？ | | | |
| 探究 | 情境选择航天员的穿衣设备，设置问题链：<br>1.航天员在大气的哪一层活动？2.为什么在往返和出仓时要穿宇航服？3.在空间站为什么不穿宇航服？ | 认真思考后回答：<br>1.航天员在高层大气活动。<br>2.往返和出仓穿着航天服是因为高层大气气温变化大，出现极高温、极低温、空气稀薄、辐 | 通过学生的回答，判读其对"物质组成决定大气的性质与特征"这句话的理解，引导学生从天气状况倒推大气的物质组成，强化知识迁移能力。 | 本学习模块是复杂且真实的地理情境，航天航空是国防事业，具时代感，富有现实意义。通过设置螺旋式的问题链，帮助学生思维层层递进，培 |

续表

| 教学环节 | 教师活动 | 学生活动 | 教学评价 | 设计意图 |
|---|---|---|---|---|
| | | 射强等情况,航天服为生命体提供充足的氧气、适宜的温度,保障生命体正常活动。<br>3.空间站除了重力,其余均模拟地面大气环境。 | | 养综合思维能力。 |
| 学以致用 | 回应导入情境,通过本堂所学,回答以下问题:<br>1.为什么在风挡裂开之后,驾驶员被迅速吸出?<br>2.飞机为什么会遭遇释压?<br>3.空乘人员为什么要强调系好安全带,戴上氧气罩?<br>4.驾驶员需要克服哪些困难? | 积极调动本堂所学地理知识与思维,独立思考后与同桌交换想法,主动举手回答问题:<br>1.机舱内模拟的是近地面对流层气压,它高于飞行所在高度的平流层气压,内外气压差致使驾驶员被吸出。<br>2.为保持与此时平流层气压一致,乘客不会被吸出舱外,机组人员被迫释压。因此导致舱内气压低,氧气量不足,需佩戴氧气罩。<br>3.驾驶员需要克服极低温、高速、低压、大风等困难。 | 随机抽点学生,根据回答判断知识掌握程度,对其掌握的和未掌握的及时做出反馈。 | 情境首尾呼应,一气呵成,强化"学有用的地理知识"的意识,帮助学生学以致用,成就有温度的课堂。 |

续表

| 课堂总结 | 中国机长刘传健运用自己扎实的专业技术完美诠释了什么叫作"英雄"。同学们,英雄其实并没有什么特异功能,他们只是踏踏实实做好分内事。同学们,老师希望你们可以认真学习地理知识,习得地理素养,在将来的某一天成为英雄。 |
|---|---|

## 作业设计

实践型作业:使用互联网了解"菲力克斯的跳伞梦",利用本节课所学论述菲力克斯所遇到的困难以及其解决方案。

## 板书设计

### 3.1 大气的组成与垂直分层

一、大气的组成

氮　气　　　　　78%

二氧化碳　　　　光合作用、保温

臭　氧　　　　　吸收紫外线

水　汽

杂　质　　　　　成云致雨

二、大气的垂直分层

## 【教师说课】

## 一、说教材

本课是湘教版(2019)高中地理必修第一册第三单元"地球上的大气"第一节"大气的组成与垂直分层",大气的物质组成、大气垂直方向分层以及各层特征是整个大气单元的核心概念,只有牢固掌握以上内容,才能够在后续学习中灵活运用,充分感受地理魅力。课本设置了三个活动内容:1.认识雾和霾的区别,并举例说明雾与霾对我们生活的影响;2.(1)说明贵阳打造避暑旅游名城的优势条件并分析成因;(2)分析西藏与林芝不同气候特征的原因;3.解释逆温现象的影响。以上活动内容偏难,在新课学习中可根据学情弱化处理,根据课程标准要求"运用图表等资料,说明大气的组成和垂直分层,及其与生产和生活的联系",上述活动可放置在本单元全部学习结束后再进行升华与应用。

## 二、说学情

学生在七年级上册学过"世界的气候"，了解了天气的概念以及如何简略描述天气特点，内容浅且窄。高中阶段要求在初中阶段"是什么"的基础上探究"为什么"，对生活体验感以及逻辑思维要求较高，难度大。

大部分学生还未明确选课科目，为了保证学生对地理学习的兴趣与期待，本单元第一节课的课堂教学以基础知识传授、自主探究为主，继续秉承"学习生活中有用的地理"为主旨，尽最大可能让每位学生有话说、能说话。从熟悉情境到陌生情境，帮助学生建立生活与地理学科的关联，引导学生发现生活中的地理，提高学科实用性，从而真正激发学生对于地理学科的兴趣。逐步强化区域认知、综合思维、地理实践力、人地协调观。

## 三、说教法学法

1.教法

（1）讲授法：对初中相关内容进行简单回顾，对探究内容进行引导、归纳、提升。

（2）讨论法：以航天航空为大情境，根据飞行高度设置飞机与航空相关情境，通过视频、文本等方式呈现，设置问题链，层层深入，激发学生地理学科兴趣，培养地理学科素养。

2.学法

（1）自主学习：独立阅读教材及给定材料，捕捉有用的地理信息并结合已有知识进行迁移和分析。

（2）合作学习：积极参与小组讨论，并敢于发表自我见解。在合作活动中，学会分工与合作，取长补短，见贤思齐。

## 四、说创新点

1.教材内容适当调整。本单元属于高中地理知识体系的重难点，为了降低同学们的畏难情绪，本设计对教材活动内容进行了调整。课本设置的活动内容后移至第三单元完全结束后的知识检验与能力提升，以期达到事半功倍的效果。

2.教学情境一气呵成。本节课虽然设置了三个看似不同的情境，即：丹霞乘机、川航 3U8633 航班遇险、航天员服装设置，但实质皆围绕同一情境——航天航空展开讨论与探究。教学情境统一但不重复，一致却有所侧重，连贯的情境利于课堂层层推进，环环相扣又富有变化与趣味。

3.家国情怀有回应。川航 3U8633 航班遇险又化险为夷,堪称"航空史上的奇迹""史诗级的飞行",而这一奇迹是中国机长缔造的,运用地理知识深入分析所遇到的困难,在真实情境中感受中国人的坚毅勇敢,这是地理课堂应该有的担当与使命,这节课自然生成了家国情怀。

## 【教学反思】

所谓"课改"就是改课。《普通高中地理课程标准(2017 年版 2020 年修订)》在实施建议部分明确指出:"要秉承多样化观念,灵活使用教材,积极使用多种资源,了解、理解、驾驭不同教学思路和教学模式,使教学具有开放性。"高一地理教学最主要的任务是知识普及、培养地理爱好者。追求地理课堂有维度、有温度是教学设计的追求与目标。

1.教学资源开放且多样

电影资源增添开放性。课堂教学的视频资料大多来源于纪录片、新闻等陈述性事实表达,本节课的导入情境巧妙地选择了节奏跌宕起伏、环节惊心动魄的电影片段,该电影由真实事件改编而成,结尾对导入材料问题的呼应让情境除了扣人心弦之外,更增添了地理学科的真实性、信服力与实用性。生活生产情境多面呈现。从贴近生活的搭乘航班情境到高端科技的航天服情境,教学资源从文本、图形、视频等方面多样开放呈现,每一个情境探究都设置问题链,层层引导,共同探究。问题设置来源于生活,植根于生产,学以致用,突破"死读书"的局限,真实参与生活生产,增加地理学科的实用性。

2.课堂凸显学生主体

好的课堂往往是学生在明、教师在暗,需要教师课前精心铺设好教学设计。引导学生朝着教学目标迈进,最终落地地理核心素养。教学设计的核心在于明确情境的选择以及相关问题的设置。设置好的阶梯式的问题链,利于学生在课堂中把握主动权,尽最大可能实现以学生为主体的目标。从课堂效果来看,主体性实施得比较好,有质疑、有讨论、有笑声、有掌声。

3.评价前置有的放矢

不忘初心的先决条件是明确"何为初心",同理,想要课堂高效达成目标,教师除了是设计师,更要成为优秀评价师。常规课实施之前,教师应该参考课程标准编写的四个水平的分层教学目标。分层教学目标不仅可以帮助教师了解教学实施情况,更能帮助教师精准评价学生学习状况并做表现性评价评估,无形中会激发学生学习积极性。评价前置至关重要,明确目的地,方能聚沙成塔。

4．教师语言应该更加精练

本节课的不足之处在于教师语言表达过于随意,使得课堂的严谨性有所下降。轻松娱乐的课堂氛围不代表语言表达的随意性,这对教师的基本专业素养有所要求。如果能使用更加规范的语言、更具学科性的表达,会让课堂更加具有地理味。

## 【专家点评】

本节课严格遵循课标内容要求,联系身边的实际案例,运用视频、图片、图像等多种直观教学手段突破难点,让学生体会到地理知识在解释实际问题中的重要价值,是一堂充分联系实际新意颇多的好课! 主要亮点如下:第一,巧妙运用《中国机长》的素材,充分挖掘素材与教学内容之间的关系,并且首尾相接,贯穿始终。教学设计联系人们在乘坐飞机不同阶段体验的差异,落实了对流层和平流层特点的比较。在最后,引导学生体会中国机长临危不惧、沉着冷静的优良品质以及精湛的飞行技术和顽强的意志,实现了情感态度价值观的升华,使课堂达到高潮。第二,课堂结构使用了"倒叙"法,按照"天气特征—空气运动特征—气温垂直变化特征—大气成分特征"的思路引导学生由现象一步一步反推原因,逻辑关系严密,使学生充分理解了大气不同垂直分层各项特征之间的因果关系。第三,高层大气的学习使用了航天员往返和在太空(地球高层大气)活动的案例,激发学生的学习兴趣和欲望,让学生更加直观地理解高层大气的特征。

(姚泽阳　湖南师范大学)

# 教学课例 2

（王家琪）

## 【内容简述】

"大气的组成与垂直分层"是湘教版高中地理教材必修第一册第三章的内容。本节教学内容主要分为两个部分:大气的组成、大气的垂直分层。《普通高中地理课程标准(2017年版2020年修订)》中对于这部分内容的要求是"运用图表等资料,说明大气的组成和垂直分层,及其与生产和生活的联系"。本节内容要求学生能够了解大气的物质组成及垂直分层结构,分析大气物质组成及各层与人类生产生活之间的联系,彼此之间产生的影响。教学重难点是明晰大气主要成分对地球表面环境的意义,各层大气的性质特征及其与人类活动的关系;教学难点是大气垂直分层的依据,垂直温度变化对大气运动产生的影响。

本节课主要通过情境教学法、自主学习法、合作探究法进行知识学习。以长沙雾霾天气现象作为情境,"一境到底",将教学重难点贯穿其中。通过阅读雾霾相关资料,分析雾霾天气前后大气组成成分及变化,强化区域认知;通过探究雾霾形成原因,分析雾霾天气前后的扩散条件,指导学生自主学习大气的垂直分层及各层特点;通过读图读表,对比雾霾天气前后近地面大气垂直方向温度变化情况,合作探究温度变化对大气运动的影响,提升综合思维与地理实践力;通过角色扮演,促进学生多角度思考,提出雾霾治理措施,建立正确的发展观与人地协调观。

## 【教学目标】

| 课程标准 | 核心素养目标 |
|---|---|
| 运用图表等资料,说明大气的组成和垂直分层,及其与生产生活的联系。 | (1)以长沙雾霾天气为例,探究大气的组成成分及作用,并通过大气层气温随高度变化示意图,探究分析大气各层的温度变化特点及成因。(区域认知)<br><br>(2)通过资料与课外观察,探究雾霾、逆温等对流层大气的特殊现象成因,能够运用相关原理解释对流层大气特殊的地理现象。(综合思维、地理实践力)<br><br>(3)关注雾霾问题,能够提出相应的解决措施及建议,树立正确的发展观。(人地协调观、地理实践力) |

## 【评价目标】

| 水平一 | 水平二 |
|---|---|
| 在日常生活中，了解与大气组成和垂直分层有关的现象，如雾霾、对流层气温变化等，简单分析它们与人类活动的关系。 | 了解大气的组成及其作用，了解大气垂直分层中各层大气的温度特征及大气运动的规律和成因。结合给定的大气现象（雾霾、逆温等），能够分析其成因及与人类活动的相互关系。（人地协调观，综合思维） |
| 能够辨识日常生活区域和其他区域中，大气的组成及相关成分的分布特征。（区域认知） | 能够根据给定区域的相关信息，归纳出该区域大气各组成成分的时空分布特征。（区域认知） |
| 观察雾霾天气，感受空气的质量变化。（地理实践力） | 观察雾霾天气和逆温现象，独立思考这些大气现象的成因，分析其对人类生产生活的影响，并解释其他类似的天气现象，培养求真求实的科学态度。（地理实践力） |

## 【教学重难点】

教学重点：1. 大气主要组成成分及作用；

2. 大气垂直分层特征及对人类生活的影响。

教学难点：1. 大气垂直各层特征对大气运动产生的不同影响；

2. 对流层内雾霾现象形成的原因。

## 【教学流程】

| 教学环节 | 教师活动 | 学生活动 | 教学评价 | 设计意图 |
|---|---|---|---|---|
| 新课引入 | 大气与我们的生活密切相关，我们生存其中，彼此影响。就让我们走进大气，学习"大气的组成与垂直分层"。 首先，我们来看一则长沙新闻，注意思考，这则新闻报道的是长沙怎样的天气现象呢？（雾霾天气） | 学生通过观看视频，思考教师的提问。 | 教师以《长沙雾霾天气》新闻报道导入，贴近学生生活，激发学生兴趣，引导学生关注长沙"雾霾"问题。 | 创设情境，激发兴趣，通过视频引导学生关注本节课程主题。 |

| 教学环节 | 教师活动 | 学生活动 | 教学评价 | 设计意图 |
|---|---|---|---|---|
| 过渡 | 雾霾是一种大气污染现象，它不仅仅降低了大气能见度，影响人们的出行，更重要的是，它会对人们的健康产生危害！<br><br>**20世纪部分公害事件**<br><br><br>比利时马斯河谷烟雾事件 美国多诺拉烟雾事件 洛杉矶光化学烟雾事件 伦敦雾事件<br><br>那么雾霾天气的大气物质组成到底有哪些呢？为何会造成如此大的危害？教师组织学生阅读教材66～68页及学案材料，自主学习大气的组成成分及雾霾介绍，并回答问题。 | | 通过雾霾公害事件，引出对雾霾成因的探究，推进课堂的发展。 | 通过八大公害事件介绍，点明雾霾的危害性，激发学生对雾霾原因探究的积极性，并树立正确的人地观念。 |
| 任务一 雾霾天气的大气组成 | 材料一：雾霾天气是一种大气污染状态，是大气中各种悬浮颗粒物含量超标的笼统表述，尤其是$PM_{2.5}$被认为是造成雾霾天气的"元凶"。随着空气质量的恶化，阴霾天气现象出现增多，危害加重。中国不少地区把阴霾天气现象并入雾一起作为灾害性天气预警预报，统称为"雾霾天气"。<br><br>材料二：晴朗天气与雾霾天气下的长沙湘江景观。<br><br> | | 大气的组成成分是本节的教学重点。通过自主学习阅读材料的方式，小组合作归纳雾霾大气组成成分、污染物来源，探究雾霾的形成原因，并借此引出第二部分内容。 | （1）通过介绍雾霾所产生的危害，增强学生的环保意识，提高学生的人地协调观念，激发学生对雾霾形成原因探究的积极性。 |

| 教学环节 | 教师活动 | 学生活动 | 教学评价 | 设计意图 |
|---|---|---|---|---|
| 任务一 雾霾天气的大气组成 | 材料三：作为省会城市长沙工业企业密集，餐饮业发达，建设用地众多。有色金属新材料、智能终端制造、食品制药、电力热力等企业均会在产品制作的过程排放有害气体（$SO_2$、$CO$、$NO_X$）和固体颗粒物（如硝酸盐、硫酸盐、铵盐等）。同时，城市中的餐饮排气和建设用地的裸地扬尘均会增大雾霾的可能性。<br><br>材料四：截至 2020 年底，长沙机动车保有量已达 283.3 万辆，据源解析结果显示，机动车和非道路移动机械对 $PM_{2.5}$ 的贡献率为 36%，对 $NO_X$ 的贡献率为 75.2%，长沙市民人均年承受尾气 70 kg。<br><br>（1）对比晴朗与雾霾天气下，长沙大气的组成物质及含量异同？<br>学生：晴朗天气下：干洁大气、水汽与杂质。<br>雾霾天气下：与晴朗天气下的大气组成成分类似，但造成雾霾的有害气体与固体杂质含量会大大增加。<br>教师：总结大气组成成分，简述各组成成分作用。<br><br><br><br>（2）从材料中可知，雾霾天气时大气污染物主要来自哪里？<br>学生：工厂、汽车尾气、餐饮、裸露土地扬尘。<br>教师：来自地表的人为排放。因此人类活动是会影响到我们的大气和生态环境的。如果不注意保护环境、保护大气，那么大气的污染现象就会影响到人类自己的生存。 | | | （2）通过阅读教材自学大气组成成分内容，增强学生对知识的获取、总结能力。<br><br>（3）通过阅读雾霾相关材料和辨析大气组成变化，将知识转化为应用能力，加深学生对雾霾和大气组成成分的理解，培养学生综合思维和思辨能力。 |

| 教学环节 | 教师活动 | 学生活动 | 教学评价 | 设计意图 |
|---|---|---|---|---|
| 任务一 雾霾天气的大气组成 | 过渡:工厂排污、食品制作及驾车出行,几乎每时每刻人类都在向大气中排放污染物,但是为什么有时候是晴朗的天气,有的时候却出现了雾霾天气呢? 这是因为大气的扩散条件是不一样的。 | | | |
| 任务二 大气的垂直分层 | 根据科学家的研究,大气在垂直方向上的温度变化是有规律的。<br>教师指导学生进行下列活动:<br>探究1:优良空气质量天气形成条件<br><br>在大气垂直分层图上补充大气垂直方向上的温度变化趋势曲线,并进行趋势的描述。<br>学生:对流层:温度随海拔的升高而降低;<br>平流层:温度随海拔的升高而升高。<br>即对流层上冷下热,平流层上热下冷。<br>(2)分析为什么在这种情况下,雾霾发生的情况较少?<br>学生:一方面对流层上冷下热大气不稳定,热空气密度小上升,对流旺盛,有利于污染物的扩散。<br>另一方面上升气流夹杂着水汽与杂质(凝结核)遇冷易形成降水,有利于雾霾的沉降。<br>(3)应用:夏天与冬天相比较,长沙哪个季节出现雾霾的可能性更小?<br>学生:夏季;夏季下垫面更热,对流更旺盛(对流层更厚);降水更多。 | | 环环相扣的问题链,通过合作探究,引导学生思考雾霾发生时对流层垂直方向的异常温度变化和水平方向的大气运动特点,完善雾霾成因。两个探究均设置了对知识点强化的问题,保证学生对知识的理解和应用能力。 | (1)通过补充正常情况下大气垂直方向的温度变化,检验大气垂直分层的自学情况,并将之运用在垂直温度变化对大气运动状态影响的问题解决上,并通过应用强化知识。 |

续表

| 教学环节 | 教师活动 | 学生活动 | 教学评价 | 设计意图 |
|---|---|---|---|---|
| 任务二大气的垂直分层 | 探究2：雾霾天气形成的大气运动条件<br><br>(1)结合教材P68左侧拓展的话，猜想近地面大气垂直气温发生了何种变化？图示气温的变化。<br><br>学生：逆温现象。 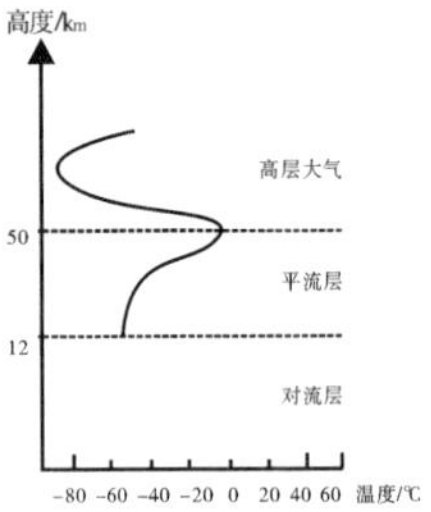 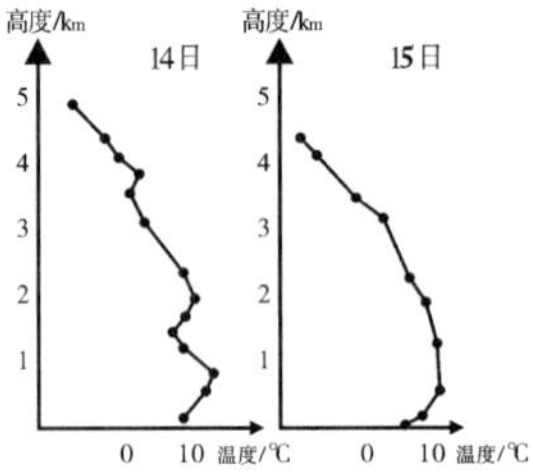<br><br><br><br>(2)观察新闻中雾霾发生时的大气垂直温度变化图，找出大气中的逆温层。<br><br>(3)结合雾霾发生周天气，还有哪些不利于污染物扩散的条件。<br><br><br>2019年12月9—15日的一周天气情况<br><br>学生：静风，不利于污染物水平方向的扩散。<br><br>(4)平流层是否有雾霾天气呢？<br><br>学生：无。虽然大气运动状态有利于雾霾形成，但无污染物来源。 | | | （2）通过引导学生阅读教材"逆温"内容，引导学生分析对流层大气可能出现的异常现象及对大气运动的影响，最后通过展示实际大气状态验证学生的分析结果。<br><br>观察天气图，补充水平方向大气运动状态对雾霾的影响，完善雾霾成因探究。 |

续表

| 教学环节 | 教师活动 | 学生活动 | 教学评价 | 设计意图 |
|---|---|---|---|---|
| 任务三蓝天保卫战 | 雾霾治理非常重要,但关于雾霾的治理,不同角色的人有不同的观点。请大家以个人、企业、政府三种角色进行分小组讨论：<br><br>(1)关于雾霾治理,你秉持着怎样的态度？(同意或不同意,原因)<br><br>(2)从自身角色出发,你可以为治理雾霾贡献怎样的力量？<br><br>(3)在这场蓝天保卫战中,你认为哪个角色起主导作用？<br><br>展示长沙政府及党中央为打赢蓝天保卫战所实施的措施及成果。<br><br>政府的具体措施：<br>①精细化监管；②优化城市布局,将污染源聚集控制；③调整产业结构,引进高科技低污染企业；④增加清洁能源使用。<br><br>成果：2022年长沙市环境公报统计,长沙城区空气质量优良天数达80%以上。 | 学生结合所学知识与教材材料汇报答案：<br>(1)个人：赞同,保护环境有利于创造良好的生活环境。<br>政府：赞同,为人民服务,绿水青山就是金山银山。<br>企业：赞同,为了可持续发展；不赞同,企业短时间内的生存需求,对社会经济、就业的冲击,产生一系列负面影响。<br>(2)个人：绿色出行、提高环保意识等。<br>政府：立法、监督、宣传、环保技术的研发与推广等,尽量减少污染物的排放；同时加强通风廊道建设,改善城市的大气运动条件。<br>企业：遵纪守法、达标后排放、加大科技研发投入、提升减排技术等。<br>(3)政府起主导作用。 | 分角色讨论,引导学生多角度分析污染物来源与生产生活关系,建立正确的发展观念(既要发展,也要保护环境,两者并重),同时根据原因探索治理措施,使学生学会解决问题的基本思路。最后展示的政府措施,画龙点睛,既是对学生提出措施的验证,也提升了学生爱国情怀。 | (1)设置多个角色,使学生能够多角度思考问题,提升综合思维和区域认知。<br>(2)不同角色提供不同治理措施。促使学生学会根据成因提供解决措施的思路,并能够认识到发展与环境的辩证关系。<br>展示政府的治理措施,引入地理信息技术,提升爱国情怀。 |

续表

| 教学环节 | 教师活动 | 学生活动 | 教学评价 | 设计意图 |
|---|---|---|---|---|
| 课堂总结 | 　今天我们通过探究长沙雾霾天气现象,了解了大气的组成和垂直分层的相关知识。掌握了雾霾大气中人为排放杂质和有害气体是造成人体健康受损的主要原因,而雾霾的产生不仅仅是由于污染物的排放,与大气的扩散条件更加息息相关,大气垂直方向的温度变化(逆温现象)和水平方向的静风都不利于污染物的扩散。所以在进行雾霾治理时,既要从源头控制减排,更要改善地区的扩散条件,如建设通风廊道、建设绿色城市、海绵城市等,减缓城市的热岛效应。 | 　学生在教师的引导下总结课堂所学内容。 | 　对本节课程思路进行整理总结,强化知识要点,深化情感,升华课堂主题。 | 　对本节课内容进行回顾,厘清课程思路,强化课程知识认知。 |

**作业设计**

1.实践型作业:

搜集雾霾新闻,学习并下载探空数据、天气数据,绘制大气垂直方向的温度变化,并进行当地雾霾成因的简要分析,从而进一步理解温度变化对大气运动的影响。

活动准备:(1)探空数据的下载网址:http://weather.uwyo.edu/wyoming/

(2)天气数据查询网址:http://www.weather.com.cn/

2.通读教材,补充课堂上未涉及的知识内容,完善知识体系。

**板书设计**

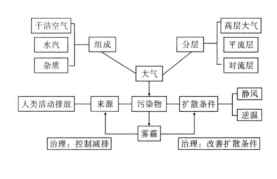

## 【教师说课】

### 一、说教材

本节内容是湘教版高中地理必修第一册第三章第一节"大气的组成与垂直分层"，主要包含两部分的内容即"大气的组成"和"大气的垂直分层"。大气是自然环境的重要组成部分和最活跃的因素，与人类活动的关系密切。教材以大气的组成与垂直分层作为学生学习大气的第一部分内容，介绍了大气的基本物理性质及随高度变化的特征，旨在为接下来学习大气的受热过程与热力环流奠定知识基础。同时，教材通过设计三处阅读和两处探究活动，着重分析了大气组成和大气各层与人类生产生活的联系，使学生认识到人类可以合理利用大气性质进行生产活动，不合理的人类活动则会导致不良结果，从而树立正确的人地协调观。教材在设计上运用了多处图表资料，通过课堂学习和探究，既能够帮助学生突破重难点，又可以有效培养学生的综合思维、地理实践力等地理学科核心素养。

### 二、说学情

本节课是学生进入高中后第一次将大气圈层作为一个独立的对象进行学习。经过初中地理学习，学生对大气已经有了初步的认知，已了解大气圈层中存在的天气现象。对于大气中的雾霾天气，学生也已有初步感性认知，对于这些现象的原因探究具有较大的兴趣和需求。初中化学课程为学生学习干洁空气的物质组成奠定了知识基础，但对于每一种组分与人类生产生活活动的联系认识不足，需要教师进行引导学习。针对高中生的理性思维较初中已发展到更高阶段，对于教材、阅读材料的知识提取、总结、分析能力已有较大提升的情况，可以运用情境探究的方式引导学生解决更为复杂的地理现象问题（如雾霾的成因），能够激发学生思考，培养学生地理学科核心素养。

但同时要注意的是，本节内容阅读材料及图表较多，对学生分析归纳总结能力要求较高。针对不同基础的学生，需要在课前做好充足的预习准备。在课堂教学中，需要根据学生的具体情况进行读图指导、知识总结、辅助板书等工作，循循善诱，引导学生分析问题，掌握地理学科的学习方法。

### 三、说教法学法

本节课运用的教学方式是情境教学法、自主学习法和合作探究法。选择贴近学生生活的情境——长沙雾霾天气，"一境到底"贯穿全堂课程。以情境为明线、知识为暗线、问题为主线，通过一系列的探究问题链促使学生学习并应用知识，深化学生对知识的理解程度,最终发展学生思维能力,指向学生地理核心素养的生成,践行"学习对生活有用的地理"的教学理念。在教学中,以长沙雾霾为主体情境,探究长沙雾霾成因及治理措施,将探究细化为雾霾物质来源、雾霾扩散条件、长沙雾霾治理及成果三部分,以问题探究推进课堂情境发展,并将大气物质组成及与人类活动关系、大气垂直分层特征及垂直方向温度变化对大气运动影响等知识包含其中;根据探究出的雾霾形成原因提出治理措施,分角色多角度提出解决方案,帮助学生学习解决问题措施的方法的同时,树立正确的人地协调观和多角度思考问题的综合实践能力。

## 四、说创新点

《普通高中地理课程标准(2017年版2020年修订)》高度重视情境教学的创设与实施,提倡将学习目标融合在各类情境中,更是在实施建议部分提出教学设计应当"避免将情境仅作为'导入'的做法",因此创新地以"一境到底"的情境教学方式推动学生学习,贴近学生生活,以解决问题为目标,激发学生学习兴趣,强化学生对知识的理解与应用能力,切实培养学生的地理学科素养;在进行大气扩散条件探究时,进行了数据的二次收集和加工,创新性地引入科研数据——探空数据和天气网天气数据,能够使学生直观观察到新闻报道的雾霾天气发生时大气的真实状态,为学生的学习搭建桥梁;在进行雾霾治理措施探究时,创新地运用角色扮演方法进行多角度讨论,使学生可以多方面思考问题,同时展示了长沙政府及中央的治理措施和成果,树立正确人地观的同时,加深学生对党对祖国的情怀,践行"为国育人为党育才"的教学目标;最后在实践作业布置中,向学生介绍了科研数据的下载与处理方法,引导学生接触地理数据,提高学生收集、处理、分析地理数据的能力,切实提高地理实践力。

## 【教学反思】

本节为湘教版地理必修第一册第三章第一节,该章以大气圈层为对象,向学生介绍大气的性质、运动及与人类生产生活的关系。本节是大气开篇第一节内容,是接下来学习"大气受热过程"与"大气热力环流"的基础,因此内容十分重要。本节教学内容主要由"大气的组成"和"大气的垂直分层"两部分组成,两部分内容联系密切。"大气的组成"主要介绍对流层大气的成分及与人类关系,"大气的垂直分层"则介绍各层随高度变化的性质对及人类产生的影响,两部分内容均涉及人类活动,因此可以选择人类活动的结果——雾霾天气作为情境推进课程开展。贴近生活的情境及问题链,推动学生思考长沙本地发生雾霾的原因,分析污染源与大气运动状态,一步步完善学生思维与认知,激发学生的兴趣与求知欲望,充分调动了学生在课堂上的积极性。单独的提问、学生上台进行图表的补充绘制、分角色多角度地分析大气污染物排放原因等活动,使得较多学生可以参与到课堂活动中来,保证课堂的活跃度与学生的持续性思考。

但是,本节课仍然存在局限性。"一境到底"的情境教学模式使学生沉浸情境之中,重点思考解决实际问题,从而使得知识变为暗线,需要直接使用知识,将知识应用于实际。这种方式下对学生的要求较高,需要学生在课前做好充足的预习工作,对知识点有一定的了解与初步印象;其次,知识作为暗线,在课堂上无法将知识点全部包含在情境内,使学生学习到的内容不够全面系统,在知识小结上也没有办法做到系统的补充;最后,"一境到底"使得情境单一,知识点的变式训练、多情境的应用在很大程度上受到了限制,因此需要在课后或下一课时中对知识体系进行总结和完善。

## 【专家点评】

这节课以"一境到底"的情境教学方式帮助学生进行深度学习,在激发学生兴趣的同时,最终达到了核心素养培育的目的。这是基于新课标情境创设与实施的教学建议下,一次非常好的尝试。作为高一年级的必修课程和大气章节的第一节,情境的选择非常重要,选择长沙雾霾成因探究作为情境是非常合适的。首先,该问题情境具有一定的挑战性,长沙雾霾天气与学生生活息息相关,是能够引发学生注意并能激发他们进行深入考虑的问题。尤其是开篇展示的八大公害事件令人震惊,在学生的印象当中,可能没有考虑到过大气污染会与如此大规模的公害事件有关,随之产生一系列的问题,与已有的认知产生冲突,激发兴趣,促使学生自主探究未知问题;其次,该问题具有较大的驱动性,能够带动整体教学的发展,甚至可以延伸至第二节大气受热过程(逆温现象产生原因的探究)、第三节热力环流(雾霾治理措施中通风廊道建设的原因)相关内容,驱动力十足;最后,该问题有较好的适宜性,学生对此方面的知识具有一定的基础,如具有一定的地理圈层结构、大气圈的位置、组成、意义等基础知识,同时又具备了读图分析能力和一定的实践能力,并且在之前的学习中养成了一定的自主探究能力,能够应用到解决问题的过程中去。

本节课以问题解决为线索,为形成学生的深度学习创造了条件,在问题解决中学习新知识,强化学生对知识的理解。在问题解决中额外介绍了地理信息技术在雾霾天气的观测、预警等方面的应用,引入了科研数据,在并树立良好的人地协调观念,树立可持续发展道路的理念的同时,使学生接触到地理数据,并能在作业中进行学习,切实提高地理实践能力。在课堂中,教师给予学生比较充足的时间进行分组讨论、绘制图片,鼓励学生,充分发挥学生的独立自主性;结合学生展示讲授新知识,教与学有明显的互动,推动学习不断深入。虽然仍存在知识体系不够完整、知识内容明确度不够等问题,但仍属于新课标下情景教学课程的一个良好的探索。

（唐泰清　长沙市第一中学）

# 第二节 大气受热过程

（祝航）

## 【内容简述】

"大气的受热过程"是湘教版高中地理教材必修第一册的内容。本节教学内容主要分为两个部分：大气对太阳辐射的削弱作用，大气对地面的保温作用。《普通高中地理课程标准(2017年版2020年修订)》中对于这部分内容的要求是"运用示意图等，说明大气的受热过程，解释相关现象"。这一节的重点教学内容是：大气对太阳辐射的削弱作用的三种形式及作用特点，大气的受热过程，大气对地面的保温作用。这几点内容都是比较抽象不易被观察的，对学生的抽象思维要求较高，需要借助如示意图、动画演示等方法帮助学生理解，必要时可以进行简单的实验。

本节课通过对大量生活现象与实例的分析展开大气受热过程的教学，让学生充分感受地理学习对生活的重要意义。设置的"如果地球失去大气层"和"了解碳中和"的两个实践型任务能够丰富学生对自然地理要素的认知，开阔思维和眼界。

## 【教学目标】

| 课程标准 | 核心素养目标 |
|---|---|
| 运用示意图，说明大气受热过程，并解释相关现象。 | (1)运用示意图，了解大气对太阳辐射的削弱作用和大气对地面的保温效应，从整体的角度，动态和系统地分析和认识大气的受热过程。（综合思维）<br>(2)通过观察和实验，理解大气的保温作用，并能运用这一原理解释相关地理现象。（地理实践力）<br>(3)根据所学知识和原理，了解温室效应对人类生产活动的积极意义，关注全球变暖问题，增强环保意识。（人地协调观） |

## 【评价目标】

| 水平一 | 水平二 |
|---|---|
| 在日常生活情境中，了解温室效应等大气现象，简单分析其与人类活动的关系。 | 解释大气对太阳辐射削弱作用的各种表现，了解大气保温效应与玻璃温室效应的区别和联系，探究人类活动导致温室效应的原理机制，树立低碳生活的理念。 |

续表

| 水平一 | 水平二 |
|---|---|
| 了解不同区域的不同下垫面与太阳辐射反射率之间的关系。 | 能够在给定区域（区域图）中,归纳出大气受热过程的时空分布特征,自主辨识给定区域大气受热状况的特征。 |
| 借助他人的帮助,使用地理工具,设计简单的模拟大气保温效应的实验。 | 能够与他人合作,设计模拟大气保温效应的实验,并进行简单的解释;尝试将实验结果合理运用到农业生产活动中。 |

## 【教学重难点】

教学重点:1.大气对太阳辐射的削弱作用类型;

2.太阳辐射在地表的分布规律。

教学难点:1.大气对太阳辐射吸收、反射和散射的区别;

2.影响地表太阳辐射分布的主要因素。

## 【教学流程】

### 第1课时　大气对太阳辐射的削弱作用

| 教学环节 | 教师活动 | 学生活动 | 教学评价 | 设计意图 |
|---|---|---|---|---|
| 新课引入 | 请同学们观察青藏地区景观及人物图片,读湘教版必修一地图册P15"我国年太阳辐射总量分布图",说出我国太阳辐射最强及最弱的地区?思考为什么暑期藏区旅游既要防晒又要保暖呢?今天我们来开启对"大气受热过程"的探索之旅。 | 读图,回答。说出我国太阳辐射最强地区在青藏高原,最弱地区在四川盆地。需要防晒是因为太阳辐射强,紫外线对皮肤伤害强;需要保暖是因为海拔高气温低。 | 学生对旅游话题表示出兴趣,能简单解释为什么需要防晒和保暖,但是会发现如果认为太阳辐射强气温应该高才对,就会出现认知上的矛盾,从而重新考虑大气的热源。 | 将生活常识与等值线图联系起来,创设情境,激发学生的学习兴趣,唤醒学生的求知欲,驱动学习动机。 |

| 教学环节 | 教师活动 | 学生活动 | 教学评价 | 设计意图 |
|---|---|---|---|---|
| 温故知新 | 展示"大气垂直分层示意图"，提问：<br><br>请同学们据图回顾大气温度的垂直分布特点。<br>大气的温度不是简单地从地表往上递增或递减。请同学们回顾大气的组成与垂直分层的知识，从大气热量来源的角度进行解释。<br><br>氧原子吸收紫外线<br>高层大气层<br>平流层<br>对流层<br>臭氧吸收紫外线<br>水汽和二氧化碳吸收红外线<br>太阳光<br>低 ———————→ 高（气温） | （1）对流层气温随高度的增加而递减；平流层气温随高度的增加而上升；高层大气气温随高度增加先递减后递增。<br>（2）对流层的直接热源是地面，因此从地面往上走气温递减；平流层主要靠臭氧吸收太阳紫外线增温，因此臭氧层所在位置温度高；高层大气电离层中的氧原子吸收太阳紫外线增温，因此电离层所在位置气温高。 | 学生能够根据图回忆起大气温度的垂直变化规律，并将思维聚焦到大气对太阳辐射的吸收作用上。 | 由上一节学过的大气组成和垂直分层入手，让学生在回顾旧知的同时，进一步思考背后的原因，形成地理逻辑体系。 |
| 大气削弱太阳辐射的三种作用 | 展示图片并提问：<br><br>大气和地面反射、散射34%<br>大气吸收19% | 学生的思考由浅入深，探究思维得到锻炼，能够比较准确完整地总结大气对太阳辐射的三种作用及其特点。 | 大气对太阳辐射的削弱作用是本节内容的重点，但是学生对吸收、反射、散射这些抽象 |

续表

| 教学环节 | 教师活动 | 学生活动 | 教学评价 | 设计意图 |
|---|---|---|---|---|
| 大气削弱太阳辐射的三种作用 | （1）吸收作用<br><br>在刚刚的讨论中,同学们多次提到大气中的一些物质可以吸收太阳辐射而使得大气增温,那么除了臭氧吸收紫外线,大气中还有哪些物质可以吸收太阳辐射能量呢?<br><br>【学生答案】大气对太阳辐射的吸收具有选择性。平流层大气中的臭氧,主要吸收太阳辐射中波长较短的紫外线;对流层大气中的水汽和二氧化碳等,主要吸收太阳辐射中波长较长的红外线;大部分可见光能够透过大气射到地面上。<br><br>（2）反射、散射作用<br><br>投射到大气上界的太阳辐射经过大气时被吸收的只有不到20%,真正到达地表的也只有不到50%,还有大约34%的太阳辐射都被大气反射和散射回宇宙空间了。请同学们总结大气中反射和散射太阳辐射的物质和作用规律。<br><br>【学生答案】<br><br>（见下表） | | | 概念的认知可能有困难,所以用了示意图增强直观性,采用表格形式理顺三者之间的关系,帮助学生理解记忆。 |

| 形式 | 参与成分 | 作用特点 | 实例 |
|---|---|---|---|
| 反射 | 云层、较大尘埃 | 无选择性,云越厚,反射作用越强 | 夏季多云白天,气温不会太高 |
| 散射 | 空气分子、细小尘埃 | 有选择性,向四面八方散射 | 晴朗天空为蔚蓝色 |
| | 颗粒较大尘埃、雾、水滴 | 无选择性 | 阴天天空为灰白色 |
| 吸收 | 臭氧、水、二氧化碳 | 选择性 | 对流层气温随高度增加降低 |

续表

| 教学环节 | 教师活动 | 学生活动 | 教学评价 | 设计意图 |
|---|---|---|---|---|
| 概念辨析 | 请同学们用大气对太阳辐射的三种削弱作用分析下列现象：<br>（1）多云的天空是阴沉且凉快的。<br>（2）美丽的彩霞总是出现在早晨或傍晚。<br>（3）汽车的雾灯用红光。 | 利用总结的表格中关于大气对太阳辐射三种削弱作用的特性对有关现象进行分析，辨别三种作用：<br>云层对太阳辐射的无条件反射。<br>斜射的阳光受到大气层的削弱作用更强，红光更不易被散射。<br>可见光中红光不易被散射。 | 学生通过回忆生活中常见的现象进行思考，将概念与地理表象结合起来。 | 结合生活中的经验感受，思考常见现象背后的原因，增强对地球保护伞——大气层的感性认识和探究意识。 |
| 拓展提升 | 太阳辐射在穿过大气层时会受到吸收、反射和散射三方面的削弱，因此到达地表的太阳辐射较之大气上界少了许多。但是万物生长靠太阳，太阳辐射是一种重要的自然资源，而且这种资源在地球上并不是均匀分布的，也因此有热带、温带、寒带之分。<br>（1）请同学们读地理图册 P15 世界年太阳辐射总量分布图，根据等值线的分布特点分析太阳辐射强度的分布规律。<br>（2）请同学们利用这节课所学的知识，尝试分析影响太阳辐射在地球表面的差异分布规律的因素。 | 对等值线图的解读锻炼了学生的地理读图技能，通过思维导图的方式让学生整理思路，简洁清晰。 |  | 在大气对太阳辐射削弱作用内容学习之后，分析地表各地太阳辐射的分布情况，一方面是拓展深化内容，另一方面锻炼了学生将地理信息与地图联系起来的能力。 |

续表

| 教学环节 | 教师活动 | 学生活动 | 教学评价 | 设计意图 |
|---|---|---|---|---|
| 拓展提升 | 【学生答案】<br><br>影响因素<br>纬度因素 → 一般太阳辐射强度从低纬向高纬度递减 → 纬度越低，正午太阳高度越大，获得的太阳辐射越多<br>昼长因素 → 一般昼长越长太阳辐射越多 → 白昼越长，日照时数越长<br>地势因素 → 一般地势越高，太阳辐射越强 → 地势越高，大气层越薄，透明度越高，日照时数越长<br>天气因素 → 晴天，太阳辐射强 → 大气削弱作用弱，日照时数长 | | | |
| 课堂总结 | 【再次提出问题】<br>通过这节课的学习，大家明白为什么去青藏高原旅游既要防晒又要保暖了吗？<br>【结语】<br>大气对太阳辐射的选择性吸收是太阳辐射无法成为大气主要热源的重要原因，而大气对太阳辐射的反射和散射作用可以保证到达地面的太阳辐射不至于太强的原因。所以大气层可以说是地球上生命重要的保护层，如果地球没有大气层，会是怎样的景象呢？请同学们展开想象，下节课我们共同来探讨这个问题。 | 能够说出，青藏高原海拔高，空气稀薄，云量小，大气洁净度高，大气对太阳辐射削弱作用弱，故太阳辐射强。思考大气层除了削弱太阳辐射，还有怎样的作用。 | 通过本节的学习，学生能够从大气的热源的角度分析青藏高原太阳辐射强却气温低这对看似矛盾的关系，回答了导入的问题。 | 通过对生活中常见问题的解决，增强学生的地理学习和实践兴趣；通过想象地球没有大气层锻炼学生的思维能力，同时为下节内容铺垫。 |
| 作业设计 |||||

实践型作业：

活动名称：想象失去大气层的地球。

活动目标：以作文或者绘画的方式描绘失去大气层的地球。

活动准备：1.查阅搜集地球大气层形成的资料；

2.了解大气层外的宇宙温度状况；

3.以小组的形式探讨失去大气层的地球会发生哪些方面的变化；

4.以小组为单位提交论文或图片。

续表

| 板书设计 |
| --- |
| 大气的受热过程<br>一、大气对太阳辐射的吸收作用<br>1.吸收作用(有选择性,紫外线红外线,可见光);<br>2.反射作用(无选择性,云越多,反射越强),例子:晒伤;<br>3.散射作用(有选择性,波长越短,越容易被散射,细小尘埃),例子:平时天空呈蓝色,日落是红色。 |

# 第2课时 大气对地面的保温作用

| 教学<br>环节 | 教师活动 | 学生活动 | 教学评价 | 设计意图 |
| --- | --- | --- | --- | --- |
| 新课<br>引入 | 【设置悬念】月球与地球距离太阳远近差别不大,但月球表面白天的温度可高达127℃上,夜晚低达−183℃。而地球表面白昼的温度比月球要低得多,夜晚则高得多。这是什么缘故呢?<br><br>【提出问题】<br>因为大气有削弱作用和保温作用,所以我们地球昼夜的温度变化维持在一个合适的范围之内,尤其是大气对地面的保温作用,使得地球夜晚的温度不会太低,那同学们能否根据教材的图文资料来分析大气是如何来实现对地面的保温作用的呢?下面我们一起来探究。 | 思考问题,回顾上节内容,说出由于月球没有大气对太阳辐射的削弱作用所以白天温度高。 | 学生在思考月球与地球的昼夜温差的鲜明对比成因的基础上,回顾大气对太阳辐射的三种削弱作用的同时思考大气对地面的保温作用。 | 与上节课后的思考作业衔接;利用真实存在的情境引发学生思考。 |

续表

| 教学环节 | 教师活动 | 学生活动 | 教学评价 | 设计意图 |
|---|---|---|---|---|
| 问题探究：大气对地面的保温作用 | | | 学生能够通过观察两幅图说出地球比月球多了哪些辐射途径；发现由于地球独有的大气逆辐射的存在才使得夜间温度不至于过低。 | 在示意图中介绍地面辐射对近地面大气的直接热源意义，通过对比体现大气逆辐射对地面保温意义。 |
| 问题探究：大气对地面的保温作用 | （1）观察图片，找出地球比月球多了哪些辐射途径？答：大气辐射、大气逆辐射。<br>（2）上述辐射途径对地球昼夜温差的有什么影响？<br>答：使地球昼夜温差不至于过大，有利于地球生命的生存与发展。<br>（3）为什么月球表面昼夜温度变化比地球表面剧烈得多？<br>答：月球没有大气，白天由于没有大气对太阳辐射的削弱作用，月面温度升得很高，夜间由于没有大气的保温作用，月球表面辐射强烈，月面温度骤降，气温很低，所以昼夜温差变化大。地球由于大气存在，减少了气温的日较差。 | | | |
| 图导思维：大气的受热过程 | 展示图片，提问：<br>阐述图中所画箭头的含义。<br>（2）说明热量在太阳、地面、大气之间的传递过程。<br> | （1）A. 大气反射<br>B. 大气散射<br>C. 大气吸收<br>D. 地面辐射<br>E. 大气逆辐射<br>（2）太阳暖大地；大地暖大气；大气还大地。 | 学生结合上节内容提到的太阳辐射穿过大气时在各层受到的削弱情况辨认出各箭头的含义，对大气的受热过程有了更完整的认识。 | 识别地气系统中的辐射环节以及具体特征。通过学生自主探究的方式培养学生提取信息、归纳总结的能力。 |

续表

| 教学环节 | 教师活动 | 学生活动 | 教学评价 | 设计意图 |
|---|---|---|---|---|
| 现象分析 | 学生思考并回答以下问题。<br>(1)为什么温室气体大量排放会导致全球变暖?<br>(2)为什么霜冻多出现在晴朗的夜晚?<br>(3)在秋冬季节,我国北方农民用人造烟幕来防御霜冻,有何作用? | (1)温室气体大量排放→大气吸收地面辐射增多→大气逆辐射增强→气温升高,全球变暖<br>(2)因为晴朗的夜晚,天空少云或无云,大气逆辐射弱,地面辐射的热量散失多,所以晚秋或寒冬晴朗的夜晚地面气温很低,容易出现霜冻。<br>(3)能增强大气逆辐射,加强对地面的保温作用,减轻作物冻害。 | 学生思考生活中的现象,学习地理知识的同时也丰富了生活经验。 | 结合生活中的经验感受,思考常见现象背后的原因,培养学生的人地协调观。 |
| 课堂总结 | 其实生活中很多现象都与我们本节课的内容有关。希望同学们在以后的地理学习中,多关注身边的地理现象,利用我们所学的地理知识和原理,分析和解决地理实际问题,不断提升地理素养。 | 学生感悟到生活中处处是地理知识。 | | 肯定和鼓励学生关注生活中的地理。 |
| 作业设计 | | | | |

实践型作业:

活动名称:什么是碳中和?

活动目标:教师引导学生查阅资料,明确碳中和的概念,认识所谓碳中和的本质即是对人类活动与大气环境之间的关系进行协调,促进学生将理论知识应用于实践,培养学生的地理实践力。

活动准备:查阅搜集关于碳中和的提出背景、目的、意义与具体措施的资料。

续表

板书设计

第二节　大气受热过程

3.大气对地面的保温作用

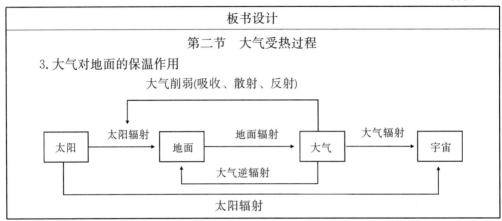

## 【教师说课】

### 一、说教材

本节教材对应的课标内容是"运用示意图,说明大气受热过程,并解释相关现象"。大气的受热过程,实际上是太阳辐射、地面辐射和大气辐射之间相互转化的过程,学生需要掌握大气的热源,以及大气受热过程。本节围绕两块相互联系的内容展开,一是大气对太阳辐射的削弱作用,教材从"霞"这一现象的观测引出散射等削弱作用,运用图示揭示了太阳辐射是如何被大气吸收、散射和反射而最终到达地面的,并采用活动的方式对地面性质与反射率的关系进行了探究;二是大气对地面的保温作用,教材利用示意图展示了太阳辐射被大气削弱到达地面后发生了怎样的变化过程,解释了大气对地面的保温作用——"太阳暖大地—大地暖大气—大气还大地"。"温室效应"及其作用与实际生活关系密切,是本节的教学重点内容之一。

### 二、说学情

本节内容比较抽象,分析大气受热过程的各个环节对学生的综合思维能力要求较高。学生刚升入高中不久,学习地理兴趣浓厚,所以一定要想方设法激起学生的学习欲望,引导学生由感知形成理论,用理论解释现象。在教学中若能将原理分析与生活中的具体现象结合起来则更容易让学生理解。

### 三、说教法学法

为突破教学中的重、难点,教师在教学过程中通过多种途径落实课标:一是用好各类示意图,尤其是教材图"到达地面的太阳辐射示意"和图"大气对地面的保温作用”，不仅要综合分析图示过程，还要让学生亲自动手绘制；二是开展实验探索，让学生利用身边的材料（如透明塑料袋、塑料薄膜、玻璃瓶等）和温度计，设计模拟温室效应的实验方案，然后根据实验过程和结果，深刻理解全球变暖原理与温室大棚中升温原理的差别。

## 四、说创新点

由于大气是学生生活中随处可以感受却又很少探究的自然地理要素。因此在本节教学过程中，设计了很多生活化案例，从学生生活实际出发，探讨大气对太阳辐射的削弱作用和对地面的保温作用；同时，既有丰富的资料，也有学生自由探讨各种教学手段的运用，既突出了本节的教学重点、突破了本节的教学难点，也提升了本节课的趣味性，培养了学生学习地理的探究热情。

针对太阳辐射、大气辐射、地面辐射、大气逆辐射等概念抽象难以理解的特点，运用动画示意图，在丰富了课堂、调动了学生视觉的同时，化抽象事物为具体，形成了直观印象，增强了教学效果。

本节教学设计主要是以学生自主学习、合作学习、探究学习、交流互评为主，将课堂主体归还给学生，教师进行引导与总结，充分体现现代学习方式，从而得以更好地培养学生动脑、动手的能力。老师的引导启发，也有助于学生全面、正确认识大气对地球的重要意义。

布置了实践型作业，想象失去大气层的地球，既有利于促进学生将理论知识应用于实践，培养学生的地理实践力，又可以使学生“异想天开”，激发他们的创新能力。了解最新的“碳中和”概念，紧跟社会时事，引导学生关注国家和社会发展的重要议题。

## 【教学反思】

本节内容是第三章地球上的大气的第二节，从自然地理要素的角度来看，这是高中地理中学生第二个进行系统学习的自然地理要素，也是对其他地理要素有着广泛而深刻影响的要素，所以其重要性不必赘述。本节的教学重点是大气对太阳辐射的削弱作用和大气对地面的保温作用，这是大气受热过程中两个密切相连的环节，学生掌握之后能更好地理解其他具体地理现象。本节的教学难点是大气保温作用的原理，这是因为学生缺少相应的物理学知识，学习障碍比较多，容易混淆概念。

从本章内容来看，这一节内容是在大气的组成与垂直分布的基础上设置的，也就是一来可以充分应用这部分知识引导学生作延伸性思考，二来需要考虑这部分内容是否足够支持学生学习大气的受热过程这一内容，如果不够的话，还需要进行一些相关知识的补充，比如太阳辐射图谱。考虑到学生在第一章太阳辐射有关内容已经进行了学习，所以没有增设。本节内容新授阶段，一开始就将生活常识与等值线图联系起来，创设情境，引起学生兴趣与探究的欲望。在处理大气对太阳辐射的削弱作用和对地面的保温作用这两个重点时，主要考虑的是紧密地去联系学生的生活实际，避免空谈过于抽象的概念，本节课选用了三种常见的生活现象让学生分析其中包含的大气对太阳辐射的削弱作用，以及温室效应、人造烟幕防霜冻的大气对地面保温作用的实例，让学生从具体的现象出发分析地理原理。同时运用形象的示意图来体现概念之间的关系，帮助学生形成理性的思维，利用表格归纳总结大气对太阳辐射削弱作用的特点，清晰明了，利于学生对比记忆。大气的保温作用是一定程度上违背学生直觉思维的，所以在学习大气的保温作用之前对大气的热源问题进行了较多的铺垫，并且将月球与地球的辐射路径进行比较，用直观的方式打破学生的固有思维，建立大气逆辐射的概念。但是学生在运用本节内容进行生活中的现象分析时，容易因为缺乏生活经验而无法理解现象，难以进行深入分析。所以需要更多地对这些现象进行补充说明，比如鼓励有实际经验的学生分享他们的亲身体验，这样一来也能够让学生有更多自主表达。

## 【专家点评】

本节课紧紧围绕大气对太阳辐射的削弱作用和大气对地面的保温作用这两方面，分析辐射、吸收、散射、反射等核心概念，创设学习情境，并且通过讲授法、观察法、合作探究学习法，让学生掌握重点，突破难点。第一，通过运用生活中常见的例子，使学生快速进入了教材设定的情境；第二，通过各类地图和示意图的深入解读，了解大气温度的垂直分布与太阳辐射在地表的水平分布，提升地理实践力；第三，通过合作探究，对影响太阳辐射强度的因素进行综合分析，提升了学生的综合思维能力。"假如地球失去了大气层"这个问题具有开放性，通过讨论，学生初步树立了人地协调观。

本节课的亮点为：针对大气对太阳辐射的削弱作用、大气逆辐射等概念抽象、难以理解的特点，情境的设计从简单到复杂，动画的运用非常到位；教学策略的运用从自主学习、合作学习到合作探究学习，充分体现了地理新课程的学习方式，更好地培养了学生对地理学习的兴趣和思维能力；设计了实践型作业，紧跟社会时事，引导学生关注国家和社会发展的重要议题。

（陈国祥　江苏省前黄高级中学）

# 第三节 大气热力环流

## 【内容简述】

在本节课的教学设计中,先对《普通高中地理课程标准(2017 年版 2020 年修订)》进行分析,根据其对"大气热力环流"这一章节的内容要求,结合个人的领悟,重新确定课程目标,凸显地理核心素养在课堂教学中的重要性。然后对教材和学情进行分析,选取学生生活中熟悉的场景,设计实验,导入课堂;从中挖掘素材,创设鲜活的情境,吸引学生的兴趣和注意力;设计层层递进的问题,引导学生分析并解决问题,用以提高课堂教学效果。以自主探究、合作探究等形式展开课堂,充分发挥学生的积极性和主动性,设计层层递进的两组问题,让学生在分析问题、解决问题中潜移默化地使"区域认知"、"综合分析"和"地理实践力"等地理核心素养得到一定程度的培养,通过简单的和复杂的情境分析,让学生深深感受到只有人类尊重自然规律才能得到自然界的更好回馈,使学生"人地协调观"这一地理核心素养得以树立。

## 【教学目标】

| 课程标准 | 核心素养目标 |
|---|---|
| 运用示意图等,说明热力环流原理,并解释相关现象。 | (1)运用简易动画,结合流程图,理解热力环流的基本原理,分析热力环流的形成过程,培养综合思维; <br> (2)根据热力环流基本知识和原理,描述和解释给定区域内的热力环流状况,分析其与人类活动的相互影响,培养学生区域认知、综合思维和人地协调观等核心素养; <br> (3)能够运用地理工具,观察、识别、描述与热力环流相关的地理现象,绘制热力环流示意图,培养学生地理实践力。 |

## 【评价目标】

| 水平一 | 水平二 |
|---|---|
| 结合日常生活和真实情境,辨识与热力环流相关的自然地理现象。(综合思维) | 根据给定情境,能够分析该地的大气热力环流现象,能够简单分析其与其他地理要素的关系,解释热力环流的时空变化过程。(综合思维) |

续表

| 水平一 | 水平二 |
|---|---|
| 根据提示,能够结合该区域中的大气热力环流状况简单分析热力环流与人类活动的相互关系。(区域认知、人地协调观) | 根据提示,能够结合该区域中的大气热力环流状况辨识人类活动影响热力环流形成的主要方式,说明人地协调发展的重要性。(区域认知、人地协调观) |
| 能够在他人引导下使用地理工具,设计简单的模拟热力环流实验。(地理实践力) | 能够与他人合作,使用地理工具,设计实验,对热力环流现象进行深入观察,调用所学知识,科学探究,分析和解决地理问题。(地理实践力) |

## 【教学重难点】

教学重点:1. 理解大气热力环流的形成过程;

　　　　　2. 能运用热力环流的相关原理解释生活中的问题。

教学难点:理解大气热力环流的形成过程。

# 教学课例 1

（陈克剑）

## 【教学流程】

| 教学环节 | 教师活动 | 学生活动 | 教学评价 | 设计意图 |
|---|---|---|---|---|
| 新课引入 | 在教室前门演示热力环流的实验,引导学生注意观察实验现象并记录。 | 观察酒精灯在门的不同位置时火焰飘动的方向并记录,思考不同现象产生的原因。 | 及时关注学生的观察、记录情况并适时进行引导。 | 通过真实、具体的实验,让学生沉浸在真实情境中,激发学生的学习兴趣、观察生活中的地理现象和探究背后深层次原因的欲望。 |

续表

| 教学环节 | | 教师活动 | 学生活动 | 教学评价 | 设计意图 |
|---|---|---|---|---|---|
| 观察图片 | | 　展示一张从平原坐火车带到青藏高原的食品包装袋，引导学生观察包装袋的异常。 | 　观察图片，思考食品包装袋出现鼓包现象的原因。 | 　及时关注学生的认知情况，了解学情。 | 　通过来源于生活中的真实图片，引发学生思考其背后的原因，引出有关"气压"的概念。 |
| 基本概念 | 气压 | 　介绍气压的概念，并引导学生思考图中 A、B 两处气压值的高低。<br><br>P2 B 高空<br>P1 A 地面 | 　理解"气压"的概念，思考并回答问题。 | 　及时关注学生参与和认知情况并适时进行引导。 | 　通过示意图回顾物理中"气压"的概念，并理解气压在垂直方向上的变化规律。 |
| | 高压与低压 | 　引导学生思考图中 A 与 B、C 与 D 的气压高低情况，并思考 A、B 之间，C、D 之间气流的流动方向。<br><br>高空 高压 B 低压<br>地面 低压 D A 高压 | 　理解"高压"和"低压"的概念，思考并回答问题。 | | 　通过示意图理解"高压"和"低压"的概念和在同一水平面上空气的流动规律。 |
| | 等压面 | 　介绍等压面的概念并引导学生思考:假设均质地面受热均匀，形成的等压面应该是水平的还是弯曲的? | 　理解"等压面"的概念，思考并回答问题。 | | 　通过示意图理解"等压面"的概念，并思考理想状况下等压面的分布情况。 |

续表

| 教学环节 | | 教师活动 | 学生活动 | 教学评价 | 设计意图 |
|---|---|---|---|---|---|
| 热力环流的形成过程 | 热力环流的形成过程 | 边提问边演示热力环流形成过程的动画<br><br>低压 F → G 600 hPa<br>800 hPa<br>高压 E ← D 1000 hPa<br>冷 热 冷 | 边思考、回答问题边观看热力环流形成过程演示动画。 | 关注学生参与和认知情况，掌握学生对基本概念和原理的理解，对于理解不到位的问题及时纠正。 | 通过演示动画以及师生问答的形式，理解热力环流的形成过程。 |
| | 想一想 | 根据幻灯片，提出下列问题，引导学生思考并回答：<br><br>F G<br>D E<br>冷 热 冷<br><br>1.请问D、E、F、G四处的气压大小关系如何？2.近地面气温和气压有什么关系？3.高空和近地面气压有何不同？4.高压处与低压处等压面的弯曲方向有何不同？ | 思考并回答问题。 | 关注全班学生的参与情况和个别学生对于具体问题回答的准确性，判定学生对于基本概念和原理的掌握情况。 | 通过"想一想"的活动，理解热力环流示意图中存在的基本规律，加强学生对于热力环流示意图的理解。 |
| 学以致用 | | 教师引导学生回顾课前实验并运用所学原理以画图的形式解释其原因。 | 回顾实验现象并运用所学原理通过画图的形式解释其原因。 | 关注学生画图的顺序，判定学生对热力环流形成过程的掌握情况；随机抽点学生，关注其语言表达、逻辑思维的准确 | 通过运用所学原理完成课前实验，能够在真实情境中发现问题、解决问题，加深学生对热力环流原理的理解，同时，通过画图的形式解决问题， |

| 教学环节 | 教师活动 | 学生活动 | 教学评价 | 设计意图 |
|---|---|---|---|---|
| 学以致用 | | | 性,判定学生对于热力环流基本术语和形成过程的掌握情况。 | 便于学生突破热力环流形成过程这一重难点问题,培养学生地理实践力。 |
| 自主探究 | 　　教师展示情境,引导学生阅读材料,自主探究回答下列问题:1.据图描述长沙市1月多日平均气温的分布特点?并试着分析此种特点产生的原因。2.据上图结论可推测城市与郊区之间的气流将如何运动,请绘制气流运动简图。3.据上图尝试分析2016年初长沙郊区出现了降雪,而市区却多以降雨的形式出现的原因。 | 　　阅读情境材料,自主探究,完成问题。 | 　　依据学习评价量表,对学生进行过程性评价。 | 　　通过引导学生在真实情境中进行自主探究,解决生活中的问题,培养学生区域认知能力和综合思维。 |
| 合作探究 | 　　教师展示情境,引导学生阅读材料,以小组为单位合作探究,回答下列问题:<br>　　1.白天,湿地公园内部与周边的居民区相比,气温哪里更高?为什么?夜晚呢?2.请尝试绘 | 　　阅读情境材料,合作探究,完成问题。 | 　　依据学习评价量表,对学生进行过程性评价。 | 　　通过引导学生在真实情境中以小组为单位进行合作学习,一方面利于培养学生发挥各自优势,相互合作,共同解决生活中复杂问题的能力;另一方面让学生 |

| 教学环节 | 教师活动 | 学生活动 | 教学评价 | 设计意图 |
|---|---|---|---|---|
| 合作探究 | 出湿地公园与周边居民区的热力环流示意图。3.请从热力环流角度，谈谈湿地公园建设热潮产生的原因。4.为了追求更高的经济效益，开发商在湿地公园周边建起大量高层居民楼。请谈谈这种做法的弊端。 | | | 结合身边具体情境探究问题，培养学生区域认知能力，综合思维能力，形成人地协调观念。 |

**作业设计**

实践型作业：

热力环流是对流层大气最简单、最基本的运动形式，在我们生活中随处可见，又对我们的生产生活产生很大的影响。请同学们通过查找资料，深入生活，找出生活中热力环流的案例，并分析说明其对人类活动的影响。

**板书设计**

### 3.3 大气热力环流

一、基本概念

1.气压

2.高压、低压

3.等压面

二、热力环流

1.热力环流的形成过程

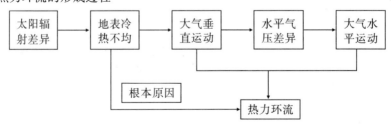

2.生活中的热力环流

## 【教师说课】

### 一、说教材

本节内容是湘教版高中地理必修第一册第三章第三节"大气热力环流"，主要呈现了大气热力环流的形成原理以及自然界的大气热力环流两部分知识。首先，教材依托于"载人热气球平稳升空"和"点蜡烛切洋葱，不流泪"这两个真实的生活情境，让学生去探流，发现其中的科学道理，培养学生在生活实践中发现问题的意识，进而引出"大气热力环流"这一重要内容。对于热力环流的形成过程这一重点内容，教材主要通过对"热力环流示意图"的分步图解阐述，逐层递进，使学生充分理解热力环流的发生发展过程，并在其中贯穿了气温、气压、气流三者之间的关系，培养学生的综合思维能力。当学生理解热力环流原理和过程后，教材过渡到自然界中常见的热力环流这一部分。教材分别通过阅读材料和主题探究活动的形式展开山谷风、海陆风和城市风这三种自然界中常见的热力环流，旨在培养学生的区域认知、地理实践力，通过主题探究活动，探讨热力环流和人类活动之间的关系，培养学生人地协调观。大气热力环流的形成过程即是本节内容的重点，也是难点，在教学过程中，教师要做好知识铺垫和知识突破。

### 二、说学情

首先，在学习本节课之前，学生已经具备一定的相关基础知识，比如气压、气压与海拔高度之间的关系、气温与气压之间的关系、物体的热胀冷缩性质、太阳辐射的纬度分布特点等，对于理解本节课的内容具有很好的铺垫作用。

其次，热力环流这节内容对于高一学生来说比较难以理解，其难点在于：一是学生虽然有了一些知识基础，但这些知识还是比较零散的，学生很难在大气这个背景下将其联系起来；二是学生的空间概念还不牢固，很难就大气这一实际问题建立起空间模型；三是大气是看不见、摸不着的，学生很难将身边的自然现象与大气建立联系。

基于上述两点可知热力环流对于学生来说，是既熟悉又陌生的。这就需要教师结合生活中的真实情境，耐心引导学生将已有的抽象的、零散的概念与具体的、复杂的自然现象相结合，理解热力环流的形成过程，并运用这一原理去解释生活中的问题。

### 三、说教法学法

本节课主要采用实验法、多媒体演绎法、自主探究法和合作探究法。实验法利用酒精灯火焰飘动方向的变化可以实现抽象的大气运动具体化,帮助学生实现大气运动的感性认识,可以充分吸引学生兴趣,调动学生学习的积极性和主动性,也为本节课留下了悬念。多媒体演绎法,快速、便捷、形象、具体地展示出知识基础和热力环流形成过程,帮助学生建立完整的逻辑线。在真实的简单情境中进行自主探究,有利于帮助学生形成"自主阅读材料,提取出关键信息,调用概念和原理,分析与归纳,得出答案"这一解决问题的逻辑线,提高学生独立、自主地分析问题、解决问题的能力。在真实的复杂情境中进行合作探究,有利于培养学生利用各自优势,相互交流,共同探讨并解决问题的能力。

## 四、说创新点

纵观本节课的教学设计,个人觉得存在以下创新亮点:

一是课堂导入新。本节课的课堂导入采用实验的形式,并且该实验就是运用简单的道具将存在于学生身边的教室内外的热力环流具体化。该实验具有简单、易于操作,现象明显、便于观察记录,取材身边、吸引力大等特点。

二是情境创设好。本节课创设了长沙市城郊雨雪差异、长沙市湿地公园热这两个来自学生身边却又与本节课内容联系紧密的案例创设情境,可以极大地调动学生运用所学知识探究问题的热情。

## 【教学反思】

大气运动部分是地理学科中的难点知识,而热力环流又是大气运动最基本的形式,所以本节课的内容对于学生来说存在一定的难度但又特别重要,起到承上启下的作用。本节课利用简单工具将学生身边的热力环流显现出来,能够极大地吸引学生的兴趣,调动学生学习积极性,对于提高课堂效率具有极大的作用。课中再通过活动的形式引导学生去探究实验现象背后的原因,可以激发学生的探究欲望,培养学生的科学精神。利用多媒体手段分步图解阐述,逐层递进的方式呈现重难点内容,利于学生快速、准确地突破重难点内容,起到事半功倍的效果。利用学生生活周边的案例创设情境,引导学生进行自主探究、合作探究,利于培养学生的区域认知、综合思维、地理实践力和人地协调等地理核心素养,让学生真真切切地感受到地理是一门来源于生活又能回归于生活的学科,培养学生对于地理学科的学习兴趣。当然,本节课也存在着诸多不足。一是课前实验是建立在理想的室内外环境下的,这将极大地影响到实验效果,同时,课堂中也未就此问题进行相关探讨,在学生科学精神的培育上存在不足。二是课堂思考、探究等活动较多,课堂容量较大,学生掌握课堂内容的难度较大。虽然课堂中通过层层递进的问题设计,试图去引导学生思考,节约课堂时间,提高课堂效率,但活动的进行需要给学生反应和适应的时间,需要对学生的思考和探究结果进行及时反馈,并留给他们充足的消化时间,而由于问题设计过多,往往难以提供给学生充足的时间,教师进行课堂观察与评价的时间也较为有限,这些都会影响到课堂效率的提高。三是针对基本概念和原理缺乏一定数量的课堂巩固练习,该方面的学生反馈和评价稍显不足。基本概念和基本原理,尤其是热力环流的形成过程,是本节课的重难点,学生对其掌握情况严重影响到后面问题的探究。如果增加一些课堂巩固练习,将更能直接反馈出学生对其掌握情况,便于及时得到反馈,提高课堂效率。因此,在后续的教学中,教师应该在课前对学生进行更多的学情分析,需要预估到教学中可能存在的困难以及学生可能会存在的学习困难,在完成教学任务、实现教学目标的前提下,实现教学形式的多样化。

## 【专家点评】

本节课利用课前实验、多媒体、生活中的情境,设计大量活动与问题探究,对于培养学生主动学习和自主学习的态度,帮助学生实现从感性思维到理性思维的转换,以及培养学生区域认知、综合思维、地理实践力以及人地协调观等地理核心素养方面都起到了重要的作用。整个教学设计是在认真研读新课标的基础上对新教材进行科学处理的结果,教学过程中教师充分发挥自己的主导性,积极引导学生进行思考、探究,发挥了学生的主体性,很符合新课改的要求。当然,本节课的教学设计和教学过程也存在着部分瑕疵,如课堂容量较大导致课堂节奏稍快,对学生的适应和反应要求很高,对教师的课堂观察与评价提出了很大挑战,希望课后能及时进行反思,扬长避短,进一步优化教学设计。

（易立文　湖南师范大学）

# 教学课例 2

（罗梓维）

## 【教学流程】

| 教学环节 | 教师活动 | 学生活动 | 教学评价 | 设计意图 |
|---|---|---|---|---|
| 新课引入 | 播放湘江风向变化的视频。11月18日是晴朗微风的一天，在湘江畔昼夜风向为什么会发生转变？让我们带着这个问题进入新课的学习。 | 学生边听边思考，回答：风向从早晨的湘江吹向陆地变成了晚上的陆地吹向湘江。 | 教师重现生活场景，在一定程度上激发学生的学习兴趣，唤醒学生的求知欲，驱动学习动机。 | 创设情境，提出问题。通过生活场景引发学生思考。 |
| 任务一：气压 | 今年暑假，我的朋友去西藏给我带了一瓶江水，瓶子在西藏时还呈现出正常的形态，但回到长沙后，瓶身却瘪了，就像有一双无形的手捏着瓶子一样，这种神秘力量是什么呢？<br><br>来自西藏的礼物<br><br>西藏　　　　长沙<br><br>教师展示图片，学生思考并回答问题。<br><br>一、基本概念<br>1、气压:单位面积上空气柱的压力。单位是百帕(hPa)<br><br>A ——①<br>B ——②<br>C ——③　近地面<br><br>对比①、②、③号空气柱，气压从大到小如何排序？<br>③>②>①<br>因此气压与海拔的关系是？<br>随海拔升高，气压降低<br>(注:前提是在同一地点) | （1）学生观察图片，思考和明晰气压的定义；结合教师描述了解气压的概念。<br><br>（2）通过教师的引导思考并明晰等压面的概念。 | 运用生活中常见的案例吸引学生注意力，激发学生兴趣，最直观地呈现出气压的存在。通过引导学生思考等压面，增强知识点的逻辑性和具象化，更有利于学生掌握基础概念。 | （1）引入案例，分析案例。直观地让学生感受到气压的存在及其影响。<br><br>（2）引导学生主动思考。讲解完气压后，引入"等压面"的概念，加强学生对抽象概念的理解。 |

续表

| 教学环节 | 教师活动 | 学生活动 | 教学评价 | 设计意图 |
|---|---|---|---|---|
| 任务一：气压 | （1）对比①、②、③号空气柱，气压从大到小如何排序？<br>（2）因此气压与海拔的关系是？ | | | |
| 任务二：大气热力环流 | 按形成过程顺序依次呈现"温度变化—体积变化—垂直运动—密度变化—水平运动"，在教师讲解的同时播放对应动画。<br><br>3.大气热力环流 | 学生总结大气热力环流的过程：中间大气相对受热，两侧大气相对遇冷，受热处大气膨胀上升，遇冷处大气收缩下沉。近地面中间空气密度减小形成低压，两侧空气密度增加形成高压，高空中间空气密度增大形成高压，两侧空气密度减小形成低压。同一水平面上产生的气压差就会引起大气的水平运动，由高压流向低压。大气的垂直运动和水平运动组合便形成了热力环流。 | 大气的热力环流过程是本节课的重点，以示意图的形式辅之以动画的形式，让学生直观地认识这一过程，进一步让学生理解和掌握。 | 进一步加强学生的基础知识点的理解，通过结合多方面因素，培养学生综合思维。 |

125

续表

| 教学环节 | 教师活动 | 学生活动 | 教学评价 | 设计意图 |
|---|---|---|---|---|
| 自主探究 | 对等压线、大气热力环流过程及其简单影响以图表的形式进行梳理巩固，强调学生的自我构建，教师呈现学生的导学案，并让学生彼此纠错释疑。 | 学生自主完成导学案的自主探究的表格，并自主讲解思维过程，在教师和其他学生的监督下更正谬误。 | 以学生为主体，教师引导与总结，让学生自己得出答案，展现地理学科特色，培养学生的地理实践力。 | 设计自主探究活动，加强学生自主学习能力和辩证思考能力，培养学生的综合思维。 |
| 学以致用 | 如我们课前视频中湘江畔的昼夜风向变化，现在我想请一位同学上台，边画边解释一下课前播放的视频里风向发生改变的原因。有自告奋勇的同学吗？ | 学生结合前面所学的大气热力环流以及气压的相关知识，回答问题。 | 学以致用，让学生将前面所学知识运用于创设情境的问题中来，并触类旁通，训练学生的思维能力，提高知识应用能力。 | 以地理的视角看待和解决生活中的问题，培养学生的区域认知和地理实践力。 |
| 合作探究 | 根据导学案材料并结合教材内容，学生思考并回答问题。（1）尝试绘制出城市与郊区间的热力环流。 | （1）学生自主绘制城郊热力环流图，在教师的示范下查漏补缺。 | 学生以小组的形式展开拓展探究，以示意图的形式让学生自己动手绘画，展现地理学科特色，培养学生的地理实践力。并通过明晰材料和强化分析，培养学生答题习惯。 | 利用小组合作机制，使学生加强团结意识，并设置竞争机制，激发学生的学习兴趣。 |

续表

| 教学环节 | 教师活动 | 学生活动 | 教学评价 | 设计意图 |
|---|---|---|---|---|
| 合作探究 | （2）分析市区温度高于郊区的原因。<br>（3）根据大气热力环流的特点,你认为有大气污染的工厂和城市绿地应该分别布局在①、②、③三地中的哪一地,并说明理由。<br>（4）假如你是一名城市规划师,请你为长沙的城市风廊给出自己的规划方案,如何顺应自然,优化环境,改造城市空间结构中现存的问题。 | （2）学生结合教材,回答城郊温度差异的原因:人口多,产业密集,排放废热多。并在教师的引导下补充原因。<br>（3）学生思考并回答污染工厂布局地点以及原因。<br>（4）在教师的引导下进行风廊的设计并解释设计原理。 | | 进一步强化大气热力环流的应用,发展学生的地理实践力和区域认知能力。 |
| 课堂总结 | 同学们,这节课我们了解了大气热力环流,学习了怎样判别气压,知道了大气环流的过程,也对我们生活中的气象现象有了更深的了解,等等。我们学习知识,是为了更好地顺应自然,了解了大气的热力环流,我们便可以更加合理地去设计和建设我们的城市,让城市不再是钢筋水泥的"怪兽",而是鸟语花香、清风拂面的家园! | 学生在教师的引导下总结课堂所学内容。 | 归纳本节内容,巩固新知,在课堂中较好地融入爱国爱家乡的情怀教育。 | 进一步升华知识并展开思考,培养学生的爱国主义精神和人地协调观。 |

续表

| 作业设计 |
| --- |
| 实践型作业：<br>活动名称：气象探秘。<br>活动目标：借助互联网和课外书籍的资料以及实践，并初步认识常见的气象气候现象。<br>活动准备：1. 查阅气象气候的基本资料；<br>　　　　　2. 收集整理有关大气热力环流的现象；<br>　　　　　3. 在校园和生活中记录相应的气象气候现象；<br>　　　　　4. 以小组的形式展开讨论，并形成调查报告。 |

| 板书设计 |
| --- |
| 3.3 大气的热力环流<br>一、大气热力环流的形成<br>1. 气压<br>2. 等压面<br>3. 大气热力环流<br>二、自然界中热力环流<br>1. 城市热岛效应<br>2. 河陆风 |

## 【教师说课】

## 一、说教材

　　该节内容在湘教版高中地理教材 2019 版中为必修第一册第三章"地球上的大气"的第三节，学生在之前已经学习了"大气的组成与垂直分层"以及"大气的受热过程"，对大气的物理学性质以及自然界大气的温度变化有了基本的了解。新教材以"热气球""切洋葱"这样生活化的案例作为引入，体现了地理生活化、情境化的特点，同时又符合学生的认知规律，因此在后续的课堂活动中，教师也尽可能地以生活化、情景化为导向补充了一些案例。在第一部分内容"大气热力环流的形成"中，正文部分以"温度变化—体积变化—垂直运动—密度变化—水平运动"的逻辑过程阐述了大气热力环流的成因，并加入了等压面及其变化这一部分内容，强调热力环流形成过程的逻辑性，因此如何让学生更好地理解这一过程以及想象抽象的等压面便是此部分教学的重难点。第二部分内容"自然界的大气热力环流"中教材的阅读材料详细地解释了山谷风的成因,与之类似的海陆风成因相对简单清晰,未做详细解读。而城市热岛环流不单单与大气的热力环流有关,还体现了人类活动对大气的影响,因此教材在此处设置了活动题,教师在其基础之上,扩充了部分问题,作为重要课堂活动加以呈现。

## 二、说学情

首先,在认知水平方面,这一节课的授课对象是高一的学生。高中阶段的学生通过初中阶段地理知识的学习,已初步掌握了学习地理的一般方法,能够根据地图和材料,初步分析所学的地理知识。但是,由于学生综合分析能力有限,空间思维能力还有待提高,不能自主归纳总结,找出规律,再加上学生的知识面有限,生活阅历较浅,对重难点的地理知识不熟悉、不了解,需要在教师的引导下,学习地理知识并提高地理思维能力、实践能力以及创新能力。

其次,进入到高中阶段,学生的身心日渐成熟,具有一定的自学能力和观察、推理能力。该年龄段的学生好奇心和求知欲也较强,对气象气候知识兴趣较浓厚,学习的动机较强,已有一定气候方面的基础知识,也懂得热胀冷缩的道理,这些都为他们学好本堂课奠定了基础。但这一年龄段的学生以感性认识为主,缺乏理性思维,不能快速地将大气知识与地理知识结合起来。因此,在教学过程中要注重引导和直观教学。

## 三、说教法学法

本节课内容抽象,且理论性极强,针对高一学生的年龄特点——感性认识、形象思维较强,而理性认识、抽象思维能力较差,教学中运用形象直观的教学,将抽象的、静态的理论知识通过多媒体手段转化为形象生动的动态画面,帮助学生理解消化。本节课的教学主要以探究活动为手段,以问题为导向,所运用到的教法学法主要是自主学习法和合作探究法,在各个环节中都充分体现学生的主体性。自主学习法强调通过自学、探索、发现来获得科学知识。本节课结合动画设计学生活动激发学习兴趣,使学生积极主动地投入到课堂中来,成为教学活动的主体。同时结合导学案和形式多样的探究活动,让学生自主观察现象、描述现象、发现问题、解决问题来获取知识、发展技能、培养能力,在"重新发现"和"重新组合"知识的过程中学习。

## 四、说创新点

本节隶属高中地理自然地理的大气章节,教学目的主要是培养学生对地理现象的分析能力。因此在本节教学过程中,既加入了体现生活现象的视频环节,也引入了形象直观体现气压差异的水瓶瓶身变化图片;既有丰富的资料,也有学生自由探讨……各种教学手段的运用,既突出了本节的教学重点、突破了本节的教学难点,也提升了本节课的趣味性,初步培养了学生学习地理的兴趣和热情。

针对大气热力环流过程以及等压面弯曲这些难以理解的知识点,运用动画和视频讲解,并逐一分析,极大地增强了知识的直观性和具象化,化繁为简,增强了效果,使学生对基础概念的理解更深刻。

本节教学设计以学生的自主学习、合作学习、探究学习、互评互助为主,充分体现学生学习的自主性,将课堂真正意义地交还给学生,符合现代化教学的理念,蕴含了现代化学习大内涵,从而更好地培养学生的核心素养,也有助于学生全方面地理解大气热力环流。

同时布置了实践型作业,收集大气热力环流的资料,记录生活中的大气热力环流的现象,并辅助以调查报告的形式,增强学生的自主学习能力和学生的地理实践力,激发学生的学习内驱力以及培养学生的创新思维。

## 【教学反思】

热力环流是重点也是难点,属于自然地理部分,需要学生具备一定的空间想象能力及逻辑思维能力。而高一学生刚从以往比较简单的初中地理跨入难度更大的高中地理学习,学习地理的方法及理解能力一下子难以应对,基础相对比较薄弱。因此,若想落实学生自主探究的新课标思想,有一定的难度,本人便采用"浅入"的方式进入本节课的教学,如从视频片段"湘江风向为什么变化了?"引入,引导学生思考,激发学生的学习热情。并通过西藏和本地的同一瓶水的变化,直观地让学生感受两地的气压差异,培养学生的综合思维和区域认知。接下来通过引导学生逐步分析大气热力环流的过程,辨析气压的变化和等压面的弯曲,让其通过直观的多媒体动画初步认识大气热力环流的过程。然后利用多媒体工具,一边讲解一边更正学生完成的热力环流的性质表格,这能帮助学生建立大气热力环流的基础概念并且避免同样的错误,更客观地理解热力环流。

在学完热力环流的基本原理和过程后,让学生学以致用,运用所学知识,解释课堂引入中湘江风向的变化问题,并讲解分析,这样学生的知识会掌握得更深刻、更牢固,并通过思维拓展,让学生学会运用地理学原理解答现实生活中的地理现象,既拓展了学生思维,又深化了对课本知识的理解。本节课的教学设计是充分调动学生的感官进行听、说、读、写等活动,引导他们通过小组探讨交流合作,自主学习。

同时这堂课也存在一定的缺陷。由于高一学生地理基础薄弱,在知识的建构上缺乏理论支撑点,如等压面弯曲的地理含义、空气垂直运动对同一水平面气压造成的影响,平时惰性使然偏于依赖老师,都比较习惯在老师的引导下被动接受知识,所以这样就容易导致课堂偏向于"老师主讲,学生单听"的误区。这就要求老师要极力地调动学生的情绪和注意力,让他们投入状态,能够台上台下地和老师进行互动,在愉悦的探讨氛围中完成学习。而这对于新教师提出了挑战,对课堂氛围的掌控能力是长时间锻炼出来的。此外,学生口头表达能力也相对比较薄弱,这就要求课堂上老师多问,学生多讲,加强锻炼学生的地理术语的表达能力。画热力环流简单示意图,有部分学生知其然,而不知其所以然,只是依葫芦画瓢。地图是地理的语言和工具,一幅简单的地图里就蕴含了所有相应的地理知识,因此让学生掌握读图、画图、记图能力至关重要。所以,在本节课后半段,安排了让学生到黑板上画出河陆风、城市风的流程的练习,目的就在于此。

## 【专家点评】

本堂课紧紧围绕大气热力环流的形成过程以及自然界中的大气热力环流现象等方面,创设学习情境,营造学习环境,打造学习小组,并且通过讲授法、观察法、合作探究法等多元的教学方法,使学生掌握重点,突破难点。首先,通过录制的湘江风向的变化视频迅速拉近知识与学生生活的距离,使学生进入学习情境;其次,通过引导学生分析大气热力环流的基本过程,培养学生综合思维;再次,通过学以致用和合作探究的模式,对生活中的大气热力环流的现象进行综合分析,提升了学生的区域认知和综合思维;最后,通过绿化设计,充分发挥学生自主性,培养学生的人地协调观和地理实践力。

面对新课程标准、新教材、新高考,如何避免遁入"经验思维"的老路,体现"以人为本"的课堂思路? 分析教材教法、分析教学案例,对教师的教学行为有着直接的指导作用。本节课的亮点为:针对大气热力环流知识抽象、难以理解的特点,"情境"的设计从简单到复杂,从生活中到生活外,视频的运用非常到位;教学策略的运用从自主学习、合作学习到合作探究学习,充分体现了地理新课程的学习方式,更好地培养了学生对地理学习的兴趣和思维能力;设计了实践型作业,引导学生自主探究,培养学生的研究能力并引发学生深入思考。

（朱拥兵　长沙市雅礼中学）

# 第四章 地球上的水

## 本章概述

（彭建锋）

### 1. 内容解读

　　水圈是自然地理环境的外部圈层之一，"水"这一要素对人类生产和生活的意义重大。本章主要由三节内容组成，分别是"水循环""海水的性质和运动""海洋与人类"。教材按照总（地球上的水体）—分（地球上最大的水体——海洋水）的体例进行编写。从总体上看，教材主要介绍了自然界中与"水"相关的基本知识内容。本章内容主要包括：地球上水的主要分布区域、基本物态、主要类型、运动过程——水循环，以及在水循环过程中所产生的洪涝灾害；地球上最主要水体——海洋水的水文特征和运动特征，以及海洋与人类的关系。

　　第一节"水循环"。教材从全球的视角，从静态和动态两个方面引导学生认识地球上的水。在静态方面，通过一些数据和事实材料，帮助学生了解地球上水的空间分布特征、陆地水的主要类型以及各种水体所占比例。在动态方面，有条件的学校可以引导学生通过实验或者通过动画进行水循环演示，重点是让学生感知水循环的各个环节和水循环的运动过程。至于水循环的意义，教师可引导学生从某一具体方面进行思考和分析，可多运用生活中一些在水循环作用下产生的自然现象作为情境素材，引发学生对现实问题的讨论和思考，从而得出结论，而不是简单地背诵教材中的内容。

　　第二节"海水的性质和运动"由两部分内容构成：第一部分从海水的温度、盐度和密度三方面，介绍了海水性质对人类活动的影响；第二部分从波浪、潮汐和洋流三方面，介绍了海水运动对人类活动的影响。教材在本节第一部分"海水的性质"中介绍海水温度、盐度和密度时，都是分别先介绍概念，再用水平和垂直分布图介绍其分布规律，并配以相关的活动。在教学中，教师可从比较不同地区的地理现象入手，如不同海域的鱼类不同、不同海域货船的吃水深度和装载量不同等，引导学生探究海水温度、盐度、密度的分布规律和影响因素。第二部分"海水的运动"主要介绍了波浪、潮汐和洋流的概念和成因，以及对人类活动的影响。这部分内容主要是引导学生探究海水运动对地理环境以及人类生产与生活的影响,教师可以多采用视频、图像等直观教学手段,引导学生分析、探究,而不要深入介绍它们的形成原因和机理。

第三节"海洋与人类"。这节内容在课程标准中没有要求,但随着陆地资源短缺、人口膨胀、环境恶化等问题的日益严峻,自 20 世纪 70 年代以来,沿海国家纷纷把目光投向海洋,加快了对海洋资源的开发和利用,并随之产生了一系列海洋问题。我们作为一个海洋大国的公民,理应了解海洋与人类的关系,因此教材前瞻性地安排了本节内容。本节主要包括两部分内容:一是从生物资源、矿产资源和空间资源三方面介绍海洋为人类提供了丰富的资源,二是介绍了人类活动对海洋的影响。教师在教学中,可采用小组合作探究的形式开展项目研究,探究海洋对人类活动的影响和在开发海洋资源过程中人类活动对海洋的影响。

## 2. 价值理念

通过本章的学习,从学生身边的情景出发,引导学生观察、分析与描述所看到的地理现象和问题,激发学生探究自然奥秘的兴趣和欲望,培养学生热爱科学的精神;通过案例,在分析处理人与自然关系的过程中,帮助学生树立正确的人地协调观。

## 3. 必备知识

(1)运用示意图,说明水循环的过程及其地理意义。

(2)运用图表等资料,说明海水性质和运动对人类活动的影响。

(3)通过分析海洋为人类提供的丰富的资源,让人类获得了丰厚的回报的同时,了解不合理的海洋开发方式,使得海洋的生态环境面临着多种威胁,在开发利用海洋的同时,意识到环境保护的重要性,并掌握海洋环境保护的措施。

## 4. 关键能力

(1)学会搜集地理资料,阅读、分析地理图表,从图表、资料中获取有效信息;如:通过使用水循环示意图,说明水循环的过程、类型、主要环节及地理意义;运用图表等资料说明海水性质对人类活动的影响。

(2)学会观察、识别与描述地理现象;如:通过本章的学习,能够观察和模拟地理事物的发展过程,能够观察、识别、描述与水循环、洋流、波浪、潮汐等相关的地理现象。

（3）通过观察动画演示和动手绘制图，加深对知识的认识，并能从地理现象中找寻其背后的规律或本质。如：通过建立水循环模型，深刻理解各种水体之间，以及水循环各个环节之间的联系。

## 5. 学科素养

（1）通过本章的学习，学生能够运用地理信息技术或其他地理工具，观察、了解、识别、描述地球上水的组成，水循环的过程，海水的性质与运动（地理实践力）；

（2）具备一定的运用考察、实验、调查等方式处理地理信息和图表的能力（地理实践力）；

（3）运用地球科学的基础知识，说明水循环与地理环境和人类活动的关系，海水的性质与运动与地理环境和人类活动的关系（综合思维）；

（4）说明人类在生产、生活活动中如何有效处理与地球上水环境之间的联系（人地协调观），并能在一定程度上合理描述和解释特定区域内的水环境（区域认知）。

## 6. 课时规划建议

| 节名 | 课时安排 | | 课时内容 |
|---|---|---|---|
| 第一节　水循环 | 2 | 第一课时 | 内容一　"水的行星"<br>内容二　自然界的水循环 |
| | | 第二课时 | 内容三　水循环的地理意义<br>内容四　洪涝灾害防治 |
| 第二节　海水的性质和运动 | 2 | 第一课时 | 内容一　海水的性质 |
| | | 第二课时 | 内容二　海水的运动 |
| 第三节　海洋与人类 | 1 | | 内容一　海洋为人类提供丰富的资源<br>内容二　人类活动对海洋的影响 |

## 7.知识导图

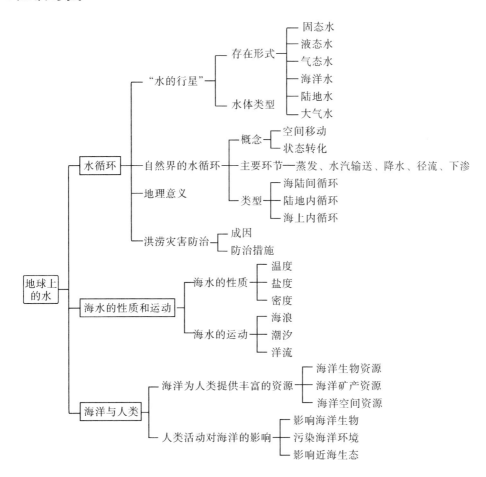

# 第一节　水循环

## 【内容简述】

在本节课的教学设计中,先对《普通高中地理课程标准(2017 年版 2020 年修订)》进行分析,根据其对"水循环"这一课时的内容要求,确定教学目标,凸显地理核心素养在课堂教学中的重要性。然后在对教材和学情进行分析的基础上,选取学生熟悉的校园环境和当前社会热点话题,从中挖掘素材,创设鲜活的情景,导入课堂,吸引学生的兴趣和注意力,设计层层递进的问题,用以提高课堂教学效果。以学生自主学习、自主探究、合作探究等形式展开课堂教学,充分发挥学生的积极性和主动性,让学生在分析问题,解决问题中潜移默化地使"区域认知"、"综合分析"和"地理实践力"等地理核心素养得到一定程度的培养,通过正反两个案例的对比,让学生深深感受到只有人类对水循环合理施加影响才能得到自然界的更好的回馈,培养学生"人地协调观"。

## 【教学目标】

| 课程标准 | 核心素养目标 |
|---|---|
| 运用示意图,说明水循环的过程及其地理意义。 | (1)结合不同具体区域,认识水循环各环节,区分水循环类型,培养学生区域认知能力;<br>(2)从地理环境的整体性角度,分析水循环的地理意义,培养学生综合思维;<br>(3)结合具体案例,分析人类活动与水循环之间相互影响的关系,形成人地协调观;<br>(4)结合具体区域,绘制不同尺度下的水循环示意图,并能简单描述水循环过程,运用水循环原理,分析具体区域洪涝灾害产生的原因,并为其防治提出合理建议,提升学生地理实践力。 |

## 【评价目标】

| 水平一 | 水平二 |
|---|---|
| 能说出地球上的水体类型,结合身边的某区域,说出该区域涉及的水循环环节和类型。(区域认知) | 根据某区域相关信息,辨识不同区域的水循环环节和类型。(区域认知) |

续表

| 水平一 | 水平二 |
|---|---|
| 　　结合给定的底图,能绘制水循环示意图,并简单描述水循环的过程和意义。（地理实践力） | 　　结合具体区域,根据自身调查,能绘制局部水循环示意图,并分析影响水循环的主要因素。（地理实践力） |
| 　　根据水循环原理,分析身边某区域洪涝灾害产生的原因。（综合思维,人地协调观） | 　　根据某区域相关信息,运用水循环原理,分析该区域洪涝灾害产生的原因和应对策略。（综合思维,人地协调观） |

## 【教学重难点】

教学重点:1.水循环过程和地理意义;

　　　　　2.洪涝灾害的原因和防治措施。

教学难点:1.水循环过程和地理意义;

　　　　　2.洪涝灾害的防治措施。

## 教学课例 1

（陈克剑）

## 【教学流程】

### 第 1 课时　水循环及其地理意义

| 教学环节 | 教师活动 | 学生活动 | 教学评价 | 设计意图 |
|---|---|---|---|---|
| 新课引入 | 　　展示材料:2018 年 8 月我们的校园内发生了一件大事——代表我校厚重历史的百年香樟枯黄了!（播放教师自制视频） | 　　阅读材料、观看视频,记录关键信息,思考下列问题:我校的百年香樟为什么会枯黄?我们该如何去破解这一难题呢? | 　　及时关注学生的阅读、观看及记录情况并适时进行引导。 | 　　通过发生在学生身边的真实案例,让学生沉浸在真实情境中,激发学生的学习兴趣、观察生活中的地理现象和探究背后深层次原因的欲望。 |

续表

| 教学环节 | 教师活动 | 学生活动 | 教学评价 | 设计意图 |
|---|---|---|---|---|
| 自主学习及反馈 | 引导学生自主学习教材P84～P87内容并回答下列问题：1.从水的存在形式来看，上图中包括哪些类型的水？2.从地理位置看，上图中包括哪些类型的水体？人类利用的淡水资源主要来源于哪些地方？3.在图中实线处加上箭头，以表示水循环过程，并写出序号所代表的水循环环节。4.上图包括海洋和陆地两大地理空间。按照地理事物分布的空间位置不同，水循环主要包括哪些基本类型？5.水循环的动力包括哪些？6.用自己的语言归纳水循环的概念。 | 阅读教材相应内容、思考并完成后面的问题（参考答案：1.液态水、气态水，可能含有固态水。2.海洋水、陆地水、大气水、生物水；陆地水中的河湖水和浅层地下水。3.略。4.海陆间循环、海上内循环和陆上内循环。5.太阳辐射能、重力能。6.略） | 及时关注学生的阅读及回答情况并适时进行引导。 | 通过教师引导下的学生自主学习，掌握教材基础内容，节约课堂时间，提高课堂效率。 |
| 动手绘图 | 展示底图，引导学生按要求绘制水循环示意图（在图中用箭头表示水循环主要环节并标注其名称）。 | 随机抽选学生上台绘图，其余学生在导学案中绘图。 | 及时关注学生参与和认知情况并适时进行引导。 | 通过绘图的形式，加深学生对于水循环过程的理解，突破重难点。 |

续表

| 教学环节 | 教师活动 | 学生活动 | 教学评价 | 设计意图 |
|---|---|---|---|---|
| 自主探究 | 引导学生阅读导学案中"自主探究"部分图文材料，自主探究，总结归纳水循环的地理意义。 | 阅读材料并完成探究题（水循环的地理意义见教材相应内容）。 | 关注全班学生的参与情况和个别学生对于具体问题回答的准确性，判定学生信息提取、总结归纳的能力。 | 通过精心设置阅读材料和探究题，引导学生进行自主探究，充分发挥学生自主能力，同时在师生对话中突破重点。 |
| 合作探究 | 引导学生阅读导学案中的图文资料，以小组为单位进行合作探究，完成探究题：<br>1.我校所在地区的气候具有怎样的特点？<br>2.我校所在地区的地形具有怎样的特点？这一特点对该地地表和地下径流产生怎样的影响？<br>3.从水循环的角度分析我校百年香樟枯黄的原因。<br>4.针对百年香樟枯黄这一难题，从水循环的角度谈一谈我们该如何破解。 | 以小组为单位进行合作探究，完成探究题。<br>（参考答案：<br>1.亚热带季风气候，夏季高温多雨，冬季低温少雨。<br>2.地处丘陵区域，具有一定的坡度；这样的地形特点导致地表和地下径流流速快。<br>3.地表和地下径流流速快，不易储水；地表被沥青覆盖，不易下渗，导致土壤中缺水、缺氧等。<br>4.将树下沥青地面改为一定面积的花坛，增加雨水下渗；修剪香樟树枝叶，以减少蒸腾作用消耗的水分；及时浇灌，增加土壤含水量等。） | 关注各个学习小组的合作情况和学生代表对于具体问题回答的准确性，判定学生调用知识、提取信息、分析和解决问题的能力。 | 通过合作探究培养学生团结协作的意识和能力；通过图文材料的设计，提高学生从图文材料中提出有效信息的能力；通过有关校园气候、地形等问题的设计，提高学生结合自身生活实际进行区域认知的能力；通过香樟树枯黄的原因分析，提高学生综合运用各方面的知识分析问题的能力，培养其综合思维；通过思考缓解香樟树枯黄的措施，提高学生解决问题的能力，培养其地理实践力；通过这一案例的前后对比，让学生在分析问题、解决问题的过程中形成人地协调观。 |

| 作业设计 |
|---|

实践型作业：

以身边某个小区域（如学校或小区）为例,绘制该区域的水循环示意图,并谈谈该区域的水循环对当地产生的影响。

| 板书设计 |
|---|

### 4.1.1 水循环及其地理意义

一、"水的行星"

1. 水的存在形式

2. 水体类型

二、自然界的水循环

1. 概念

2. 水循环类型和主要环节

三、水循环的地理意义

水体更新和水量平衡、物质迁移和能量转换、影响和塑造地表形态

四、水循环与人类活动

## 第2课时 水循环和洪涝灾害

| 教学环节 | 教师活动 | 学生活动 | 教学评价 | 设计意图 |
|---|---|---|---|---|
| 新课引入 | 展示材料:2021年7月郑州发生严重内涝,4人命丧京广路隧道。 | 阅读材料,思考下列问题:郑州京广路隧道为何会出现严重内涝?从水循环角度看,该如何破解这一城市顽疾? | 及时关注学生的阅读、观看及记录情况并适时进行引导。 | 通过年度热点话题,让学生沉浸在真实情境中,激发学生的学习兴趣,观察生活中的地理现象和探究背后深层次原因的欲望。 |
| 知识回顾 | 教师引导学生回顾上一课时内容并检测学生掌握情况。 | 学生回顾知识并回答问题。 | 及时关注学生知识掌握情况并及时进行纠正与补充。 | 通过"知识回顾"帮助学生复习已学知识,为本节课作好知识铺垫。 |

| 教学环节 | 教师活动 | 学生活动 | 教学评价 | 设计意图 |
| --- | --- | --- | --- | --- |
| 自主探究 | 展示图文资料，引导学生阅读导学案中"自主探究"部分图文材料，自主探究，完成探究题：<br><br>1. 画一画：请分别绘制雨天有绿色屋顶的屋顶水循环示意图和没有绿色屋顶的屋顶水循环示意图。<br><br>2. 比一比：请比较两幅图，说明绿色屋顶影响了屋顶水循环的哪些环节。<br><br>3. 议一议：结合上述两问，相互合作，分析绿色屋顶具有哪些功能。 | 阅读材料并完成探究题<br>参考答案：<br>1. 无绿色屋顶的水循环示意图：<br><br>绿色屋顶的水循环示意图：<br><br>2. 绿色屋顶影响了屋顶的下渗、蒸发（蒸腾）和径流的水循环环节。<br><br>3. ① 蓄积雨水。屋顶花园增大雨水的下渗率，其中的人工种植土可以大量吸收雨水并储存起来。 | 关注全班学生的参与情况和个别学生对于具体问题回答的准确性，判定学生信息提取、总结归纳的能力。 | 一是通过绘制局部地区水循环示意图，提高学生的动手能力，培养其地理实践力；二是通过对比分析两幅示意图，培养学生的读图和分析问题的能力；三是根据两幅图的差异，分析了绿色屋顶的功能，培养了学生综合分析的能力；四是通过自主探究让学生认识到人类的合理活动可以对水循环施加有利影响，培养学生的人地协调观。 |

续表

| 教学环节 | 教师活动 | 学生活动 | 教学评价 | 设计意图 |
|---|---|---|---|---|
| 自主探究 | | ②减少地表径流,减轻排水管道排水压力。屋顶花园中植被的截留和蒸腾(蒸发)作用以及种植土的吸水作用可以大大减少屋顶的径流,从而大大减轻排水管道压力。<br>③调节室内温度。屋顶花园中种植土吸收较多水分,改变了屋顶的热力性质,吸热慢,放热也慢,可以起到调节室温的作用。<br>④增强屋顶的防水作用。屋顶花园覆盖在房屋的防水层之上,能够很好地保护防水设施,增强防水作用。<br>⑤美化环境。绿色屋顶在有限的空间内,增加了校园内的绿化面积,一定程度上美化了校园环境。<br>⑥净化雨水。屋顶花园的种植土壤对雨水可以起到过滤的作用。 | | |
| 基础知识讲述 | 教师讲述洪涝相关概念。 | 学生听讲。 | 关注学生对于概念的理解。 | 通过本环节,让学生理解洪涝相关概念。 |

续表

| 教学环节 | 教师活动 | 学生活动 | 教学评价 | 设计意图 |
|---|---|---|---|---|
| 合作探究 | 引导学生阅读导学案中的图文资料，以小组为单位进行合作探究，完成探究题：1. 郑州京广路隧道为何会出现严重内涝？2. 从水循环角度看，该如何破解这一城市顽疾？ | 以小组为单位进行合作探究，完成探究题（1. 郑州突降暴雨，降雨量大，地表径流量大；京广路隧道地势低洼，容易积水；附近河流流量大增，路面雨水难以排走等。2. 增加城市绿化面积，增加雨水下渗，减少地表径流量；隧道周围设立拦水设施，较少汇入隧道的地表径流量；疏浚河道，提高附近河流的排水能力；加强预报，及时防范等。） | 关注各个学习小组的合作情况和学生代表对于具体问题回答的准确性，判定学生调用知识、提取信息、分析和解决问题的能力。 | 通过合作探究培养学生团结协作的意识和能力；通过图文材料的设计，提高学生从图文材料中提出有效信息的能力；通过问题探究培养学生区域认知、综合思维和人地协调等地理核心素养。 |
| 方法总结 | 针对前面问题的探究，对城市内涝产生的原因和防治措施进行方法总结。 | 配合教师，进行方法总结，做好笔记。 | 关注学生参与和认知情况。 | 通过方法总结，突破重难点。 |

作业设计

实践型作业：
以身边某个区域为例，查阅资料，分析其洪涝灾害的原因并提出应对策略。

板书设计

4.1.2 水循环与洪涝灾害

一、水循环与人类活动
二、洪涝灾害
1.概念
2.原因
3.防治措施

## 【教师说课】

### 一、说教材

本节内容是湘教版高中地理必修第一册第四章第一节"水循环"，主要呈现了水的行星、自然界的水循环、水循环的地理意义和洪涝灾害的防治四部分知识。这四部分内容看似相互独立，实则存在着内在联系。教材开篇以探究的形式引导学生思考地球被称为"水的行星"的原因，进而引出水的三态转化和水的空间移动等内容，非常巧妙地道出水循环这一核心概念。接下来，教材以模拟实验辅以详实的文字的形式帮助学生理解水循环的主要环节和过程，实现重难点突破，并在实验活动中试图让学生尝试简单分析影响水循环环节的影响，旨在培养学生地理实践力。在"水循环的地理意义"部分教材利用详细的文字介绍水循环三方面的地理意义并配上阅读材料"黄河输沙造陆"帮助学生理解这一重难点，且在阅读材料中试图引导学生关注人类活动在其中扮演的角色，培养学生人地协调的观念。最后教材列出了洪涝灾害的概念，并图文并茂地介绍相应的避灾、减灾措施，培养学生地理实践力，还以活动的形式引导学生从水循环的角度思考洪涝灾害的原因和防治措施，期望学生通过阅读"活动"中较为详实的图文资料和完成思考题的形式突破这一重难点问题，培养学生区域认知，综合思维和人地协调等核心素养。

### 二、说学情

高一学生对认识自然界具有浓厚的兴趣且思维活跃，这对本节课的学习意义重大，但大部分学生经历初中背记式的学习方法，导致思维被动，因此通过教师引导下的自主学习、自主探究和合作探究等方式开展课堂教学，把课堂的主动权交给学生，定能提高课堂效率。

高一学生逻辑思维有所提高，并且经过前三章自然地理知识的学习，学生已经掌握一定的读图文资料、解读并提取信息的能力，同时也掌握了一定的自然地理知识基础，能够结合图文资料探究水循环的地理意义、人类与水循环的关系、洪涝灾害等内容，但学生层次不一再加上本节内容较多，学生的探究需建立在相互合作和教师的引导之上才能更好地实现本节课的教学目标。

### 三、说教法学法

本节课主要采用自主学习法、情境式教学法、自主探究法和合作探究法。自主学习法将主动权交给学生，充分发挥学生的主动性，提高其自学能力，提高课堂效率。根据学生非常熟悉的校园，创设情境，可以充分利用学生的感性认识，帮助其上升到理性认识,激发学生学习兴趣。通过设置问题,引导学生自主探究,有利于帮助学生形成"自主阅读材料,提取出关键信息—调用概念和原理—分析与归纳—得出答案"这一解决问题的逻辑线,提高学生独立、自主地分析问题、解决问题的能力。通过创设真实的复杂情境,引导学生进行合作探究,利于培养学生合作意识和能力。

## 四、说创新点

本节课包含四个方面的内容,科学处理好教材,合理安排教学内容对于提高课堂效率尤其重要。纵观本教学设计,有以下创新点:一是大胆采用自主学习法,将基础知识教给学生,充分发挥学生主动性,教师及时进行评价,可以节约时间,提高效率。二是多处设置画图环节,培养学生地理实践力。在地理核心素养的落实方面,地理实践力的培养一直是最难以实践却又非常重要的,本节课多次利用画图的方法,突破水循环过程这一重难点,让地理实践力的培养平稳落地。三是注重探究,让学生在简单的、复杂的情境中去探究问题,培养其科学精神。

## 【教学反思】

兴趣是打开学习之门的钥匙,一堂好课,首先要能激发学生的兴趣,才能让学生真正深入其中,跟着教师的节奏去思考、分析,进而达到预期效果。为激发学生学习兴趣,提高学生课堂积极性,本节课专门创设了情境导入新课,并将情境作为课中重要话题进行探讨,让学生有话想说、有话能说,真正融入课堂。情境创设固然重要,但不能为了创设情境而创设情境,创设情境的素材需来源于学生熟悉的场景。本节课,选取学生熟悉的校园和年度热点话题为背景来创设情境,做到情境创设来源于生活实际,让学生学习对生活有用的地理。情境的创设最终是要落实到问题中的,本节课多采用探究的形式展开,处处充满科学道理。问题的探究不是天马行空,而是贯穿着地理环境的整体性这一重要原理,让整个教学具有灵魂。在所有问题的探究中,始终坚持以学生为主体,充分发挥学生的主体性,提高课堂教学效果。本节课,在重难点的处理上,采取了学生动手画图教师点评,学生根据教师给定的图文资料进行自主探究,学生根据教师创设的真实情境进行自主(合作)探究,教师引导并进行方法总结等等不同的方法,可谓是在重难点突破上做足了文章,花了较多的心思,也取得了不错的效果。当然,任何一堂课都会存在一定的瑕疵,本节课存在着以下的一些不足:一是高效课堂非常重视学生的自主性问题,而本节课自主学习部分可以引导学生在课前完成,课堂教学过程中可以直接进行评价、反馈,这样更能培养学生自主学习意识和能力,节约时间,为后面的探究留下足够的时间。二是探究型课堂要求以学生为主体、以教师为主导，这就要求教师不但要准备充分，也要求教师具有很强的临场应变能力，善于捕捉学生回答问题的闪光点，随时产生课堂生成性内容。这课堂过程中，可能存在学生交流和探索的积极性不高的情况，究其原因，很有可能是教师没能及时捕捉到闪光点，营造出课堂高潮，这很容易使教师丧失教学积极性，也影响学生继续探究的热情，但这种教学模式是一个长期训练与培养的过程，需要教师不断坚持，保持积极性，鼓励学生积极参与到活动中来。

## 【专家点评】

　　一节课如果能做到"创设地理情境，使教学有趣；联系生活实际，使教学有用；注重问题探究，使教学有理；渗透地理思想，使教学有魂；关注主体发展，使教学有效"就能算是一节好课。从本节课的教学设计来看，引用学生熟悉的校园场景和社会热点话题，创设情境，设计探究问题，引导学生从地理环境的整体性角度进行探讨，充分发挥学生主体性和教师主导性，很好地体现了"知识结构化，结构问题化，问题情境化，情境生活化"这一"五有教学思想"的教学策略。从教学实施过程来看，教师准备充分，与学生交流很多，学生思维很活跃，参与度和参与面都较高，足以说明教学设计的成功。当然，在这个过程中也存在一些瑕疵，比如，因教师临场应变不足的问题，导致课堂某些很好的生成性问题没有及时抓住，影响到课堂的丰富性。希望在后续的教学中，教师多加训练，提高课堂驾驭能力。

（汤江波　湖南省长沙市第一中学）

# 教学课例 2

（肖雨琳）

## 【教学流程】

| 教学环节 | 教师活动 | 学生活动 | 教学评价 | 设计意图 |
|---|---|---|---|---|
| 新课引入 | 《将进酒》中"君不见黄河之水天上来,奔流到海不复回",为什么李白说黄河之水从天上而来?奔流到海真的不复回了吗? | 看图片、诗句,思考,并带着问题进入水循环的学习。 | | 课件展示生活中常见的图片与诗句,创设情境,激发兴趣。 |
| 自主探究 | 一、"水的行星"<br>地球被称为"水的行星",相信大家已经完成了这部分的预习,下面老师来提几个问题检测一下。<br>提问:1.地球上的水以哪些形式存在?<br>地球上水体类型有哪些?<br>地球上淡水主体有哪些? | 学生回答问题。 | 学生能说出陆地上水体的主要类型。 | 这部分内容很简单,通过提问的形式既明确了知识,又发挥了学生的主观能动性。 |
| | 二、自然界的水循环<br>【自主探究一】水循环是指水在地理环境中空间位置的移动,以及与之相伴的运动形态和物理状态的变化。在太阳能和地球重力的作用下,水在陆地、海洋、大气之间,永无休止的循环运动。请同学们观看水循环动画,用简图绘制水循环示意图,并标出水循环中的主要环节。<br>（请学生代表上讲台画图,其余同学在下面画,并对学生绘制成果进行点评） | 自主绘制水循环示意图。 | 学生能自主绘制出"水循环示意图",完成效果较好。 | 预习巩固,并总结水循环环节与过程,促使学生对知识的归纳与提升。 |

续表

| 教学环节 | 教师活动 | 学生活动 | 教学评价 | 设计意图 |
|---|---|---|---|---|
| 自主探究 | 【自主探究二】请根据水循环的原理,回答课前老师提的问题:<br>1."黄河之水天上来",是否正确?它对应的是水循环中的哪个环节呢?<br>2.后半句"奔流到海不复回"正不正确?为什么?请用水循环的原理来解释。 | 1.回答:正确。大气降水。<br>2.回答:不正确,到海的径流又可以通过蒸发,水汽输送,大气降水回到陆地上。 | 学生能利用"水循环示意图",解释某区域水体水循环的时空变化过程。 | 呼应课堂导入的问题,将水循环的原理运用到实际生活中。 |
| 合作探究 | 三、水循环的地理意义<br>(一)水循环对自然环境的影响<br>【合作探究一】<br>1.水循环把大气圈、水圈、岩石圈和生物圈有机地联系起来,构成了一个庞大的系统,它对自然环境有哪些影响呢?请阅读老师所给材料与教材,回答下列案例体现了水循环哪些地理意义。<br>材料一:"问渠哪得清如许?为有源头活水来!"<br>材料二:舟山渔场位于长江、钱塘江的入海口,是中国最大的渔场。为什么舟山能成为我国第一大渔场呢?与水循环有关吗?<br>材料三:原本植被丰茂、地表平坦的黄土高原如今已变得千沟万壑。入海口处,由于黄河携带了大量的泥沙,每年有近16亿吨泥沙进入黄海,使得黄河三角洲面积不断增大。三角洲平均每年以2~3千米的速度向渤海推进,形成大片的新增陆地。 | 1.回答:<br>材料一:水循环使地球上各种水体处于不断更新状态;<br>材料二:水循环是海陆间联系的主要纽带,陆地径流源源不断地向海洋输送大量的泥沙、有机物和无机盐类;<br>材料三:水循环能塑造地表形态;在水循环的驱动下,形成了多姿多态的地表形态。 | 学生能举例说明水循环的地理意义。 | 引导学生联系实际真实地感受水循环的地理意义。 |

148

续表

| 教学环节 | 教师活动 | 学生活动 | 教学评价 | 设计意图 |
|---|---|---|---|---|
| 合作探究 | 材料四:黄河上游特别是龙羊峡至青铜峡河段,地形险峻,山势陡峭,峡谷绵延,水流湍急,总落差达1300多米,蕴藏着丰富的水能资源,是全国著名的水电资源富集地区。《能源发展"十三五"规划》指出,合理开发黄河上游等水电基地。　水力发电利用的是什么能量? 由此得出水循环有什么地理意义?　2.师:水循环除了以上提到的,还有哪些地理意义?　过渡:同学们回答得非常好,因为时间有限,不一一举例说明,感兴趣的同学可以课后查资料或者找老师了解。　人类对水循环的影响　过渡:生生不息的水循环给地球和人类带来了勃勃生机,而人类活动也在时时影响水循环。　提问:如果区域内植被遭受破坏,水循环哪些环节受到影响? 如何影响?　【合作探究二】举例说明人类还会如何影响水循环的下渗、地表径流。 | 材料四:利用的重力势能和动能;水循环是地球上物质迁移和能量转换的重要过程;　2.回答:　还有影响全球气候和生态;维持全球水的动态平衡;水循环缓解不同纬度热量收支不平衡的矛盾等。　学生:地表径流会增加,下渗会减少,地下径流减少,降水减少,蒸发减少(在地表径流减少这个问题上会有学生答错,可以辨析一下)　学生:水泥路影响下渗;修建水库影响地表径流等。 | 学生能利用"水循环示意图",解释某区域水体水循环的时空变化过程。 | 引导学生结合实例分析人类活动对水循环某些环节的影响,培养学生的综合思维和地理实践力。 |
| 应用拓展 | 洪涝灾害防治　【合作探究三】洪涝灾害防治——以洋湖片区内涝为例。 | | | |

续表

| 教学环节 | 教师活动 | 学生活动 | 教学评价 | 设计意图 |
|---|---|---|---|---|
| 应用拓展 | 材料一：洋湖湿地位于湖南省长沙市西南部湘江新区内，北依岳麓山、东临湘江，靳江河环绕其中，地势低洼。近年来，人类大量占用湿地进行楼盘建设，湿地面积减少一半以上。（图一中的箭头代表靳江水流方向）材料二：2017年6月22日，长沙暴雨如注。这场大雨足足下了10多天。6月30日，靳江河水位迅速高涨。7月1日，靳江河水倒灌长沙主城区，洋湖湿地公园以西的多个楼盘，水位急速走高。有的小区最深时平均积水达5米，人员出入只能靠船只。7月3日0时12分，湘江长沙站水位升至39.51米，超历史最高水位0.33米。（图二小区位于图一中圆点的位置） | 学生分组讨论。<br>1.回答：自然原因：①降水强度大，时间长；②地势低洼，排水不畅；③湘江水顶托，靳江倒灌。<br>人为原因：①湿地面积减少，蓄水能力下降；②地面硬化，影响下渗。<br>2.回答：①整治河道，提高河堤的防洪标准（加固加高河堤）；②增加更多的排水通道；③增加绿地或湿地面积；④铺设渗水砖。 | 学生能运用水循环原理，根据所提供的图文信息，分析当地洪涝灾害产生的原因，并能提出适合当地的防治措施。 | 开展对洋湖开发以后产生雨涝的探讨，并给予评价，提出解决问题的方法、途径，养成理论联系实际的习惯，引导学生观察身边的现象，培养学生的地理实践力。 |

续表

| 教学环节 | 教师活动 | 学生活动 | 教学评价 | 设计意图 |
|---|---|---|---|---|
| 应用拓展 | 结合材料,从水循环的角度分析 2017 年洋湖片区内涝的原因。<br>针对洋湖内涝可采取什么防治措施? | | | |
| 课堂总结 | 通过本课的学习,我们了解了水循环的过程和地理意义,探讨了人类活动对水循环的影响,人类活动会改变某些水循环的环节,不合理的人类活动会给水循环带来不利影响,同学们认识了水循环的运动规律,才能更好地与自然相处。 | | | |
| 作业设计 | 实践型作业:<br>活动名称:观察学校中的水循环,绘制校园水循环示意图,并设计优化方案,打造海绵校园。<br>活动目标:通过实地考察,画出水循环示意图,并设计海绵校园方案。<br>活动准备:<br>1.准备学校平面图,标出水体、绿化、硬化地面等;<br>2.设计优化方案。 | | | |
| 板书设计 | | | | |

水循环
├─ 环节
├─ 地理意义
│   ├─ 水循环对自然环境的影响
│   └─ 人类活动对水循环的影响
└─ 水循环与城市内涝
    ├─ 内涝形成原因
    └─ 内涝防治措施

## 【教师说课】

## 一、说教材

　　水是地球上最活跃的地理要素之一,也是地球上万物生长最不可缺少的宝贵自然资源。2019 湘教版必修第一册第四章一共三节,第一节讲陆地的水循环,第二、第三节讲海洋的水、海洋与人类的关系。本节课是"地球上的水"的第一节,主要探讨地球上水的概况、水循环的运动方式、水循环的地理意义和洪涝灾害的防治。

教材通过"三个水珠"体积与地球体积大小对比，来说明地球上的淡水资源储量并不多，而人类大量取用它，引出"水的行星"其实淡水资源并不丰富，并在第一个内容中加以阐释，目的是让同学们形成节约水资源的紧迫感。在"自然界的水循环"这个内容中，教材设计了一个实验活动来模拟并让学生推测自然界水循环的主要环节，以及影响各环节的因素，并在后续教材中给对环节进行详细的阐释，通过本节的学习，学生能够绘制出水循环运动示意图。

第三个内容是"水循环的地理意义"。水循环把地球上各个圈层有机地联系起来，具有重要的地理意义，教材采用直接描述的方式通过三个段落明确了水循环具有以下地理意义：维持全球水量平衡和更新、影响全球气候的变化、联系海陆的纽带和塑造地表形态。

教材第四个内容是"洪涝灾害的防治"，讨论水循环中某些环节的强弱带来的对人类活动的影响：比如降水过多或雨水下渗遇阻带来的洪水和雨涝，并在教材中介绍了一些防灾措施和避灾自救的举措。

## 二、说学情

我们上课的对象是高一的学生，他们在八年级中国地理内容中学过"水资源"，知道水是宝贵的有限的资源，知道我国的水资源时空分布特点，以及相应的解决途径，对于水循环的知识储备比较少，但是具有水的三态变化原理的物理基础，水循环的环节中，蒸发、降水、下渗等环节都是日常生活中接触过的，地表径流、地下径流这些名词虽然陌生但是很容易理解，所以水循环示意图应该稍加点拨就能绘制出来。

学生这个年龄的提取信息能力、逻辑推理能力都足以理解水循环的地理意义；在人类活动对水循环影响的讲授中，通过生活实例的解释，也是比较容易举一反三；最后，洪涝灾害的原因和防治措施这个内容，因为我国洪涝灾害多发，各类新闻报道中，很多洪涝相关知识耳濡目染，因此学生直接就能说出一部分原因和措施，教师只需要将知识补全就好。

## 三、说教法学法

本节课用到讲授法、多媒体展示法、当堂黑板展示法、案例分析法、启发教学法。本节课的教学主要以案例探究为主，所运用到的案例分析法和启发教学法，充分发挥学生的主体性。在本课的教学中，教师注重引导和点拨，鼓励学生充分参与课堂。教师还通过发生在身边的洋湖湿地内涝相关资料的补充，引导学生通过对图文信息的提取和分析,挖掘有用的信息,构建知识框架,总结出影响内涝的因素和解决措施,提高课堂效率。本课立足于学生,以教师的引导为辅,着眼于学生思维能力、分析、解决问题的能力的培养。

## 四、说创新点

本堂课将信息技术和地理学科相融合,运用了遥感地图和图文资料,发掘学生亲身经历过的洋湖雨涝作为素材,将人类活动对水循环的影响这个内容渗透其中,深度分析雨涝的原因和防治措施,不仅能运用水循环原理,说明洋湖雨涝的原因和防治,更锻炼了他们结合图文材料提取地理信息的能力,引导学生观察身边的现象,锻炼他们的综合思维和地理实践力。

## 【教学反思】

这堂课整体上,通过有效地组织学生活动,落实重点、突破难点,合理创设情境,给学生"搭梯子",帮助学生实现了知识点的落实和能力的提升。

教材中的"水循环主要环节模拟实验"意在展现水循环的基本原理,但不能反映水循环的全过程和所有环节,且这部分比较简单,学生一点就会的部分不必要浪费太多时间,因此我将它替换为叫学生自主绘制"水循环示意图",请一位同学上黑板绘制,并讲解,也能起到比较好的作用。在有一个班上课的时候,叫上黑板绘图的同学没能绘出正确的水循环示意图,我就让下面同学帮忙纠错,并加以详细讲解,强调各环节的表述,起到了生生互动的效果。

"水循环的地理意义"这一内容采用的是合作探究的模式,分析材料所展示的是水循环的什么地理意义,因为教材罗列了好几点地理意义,探究的模式让学生能理解并辨别现实生活中的水循环意义,而不是死记硬背,提升了地理素养和应用实践的能力。

教材直接进入第四个内容"洪涝灾害的防治",我觉得有点突兀,缺少衔接,所以在教学中增加了人类活动对水循环的影响,将人类活动对水循环的影响,细化到对具体环节的影响,学生通过平时观察生活的积累,加上分析讨论进一步总结提升,层层递进,能举出很多的例子,效果很好,这一内容也为引入下一个内容——"洪涝灾害的防治"提供了知识基础。

在"洪涝灾害的防治"这一内容中,教材中讨论水循环中某些环节的强弱带来的对人类活动的影响:比如降水过多或雨水下渗遇阻带来的洪涝和雨涝,我选取了2017年的洋湖地区的内涝素材作为案例。在案例的呈现过程中,如何将搜集到的大量素材以图文并茂的方式呈现?我在网络地图中截取了遥感图,并在图上标识出道路、河流和住宅，以便让学生一眼就能辨认，将遥感图与现实对应，再辅以文字材料，提出的两个问题分别从内涝的原因和内涝的防治措施来落实"运用资料，说明常见自然灾害的成因，了解避灾、防灾的措施"这一课标要求。这个尝试取得了比较好的效果。

本节课也有值得改进的地方。可以再放开一些，让学生去搜集长沙的洪涝灾害的资料，这样不仅可以提高他们的积极性，还能培养学生搜集资料的能力、总结归纳的能力，培养地理实践力。另外，在上课的过程中，因为时间的关系，没有充分回应学生的生成性问题，应下课后再找到学生充分答疑。

## 【专家点评】

1. 师生素质高。学生答题时思路清晰，心态淡定，语言简洁，实为平时训练有素；教师课堂驾驭能力强，综合素养高，教材处理恰到好处，教师心中有课标，眼中有学生；2. 内容上，本课主要讲水循环，前面较简单的基础部分充分发挥学生的主体，采用提问、自主绘图的方式加以落实；后半部分的探究案例，从生活中离我们很近的洋湖片区雨涝举例，深入探讨了它的开发中的问题，雨涝的原因和解决措施。用地理的视角来观察自然和人文地理环境。所选素材源自生活，教学服务生活，让学生有话说，有所感；材料来自教材外，答案却在教材内，真正培养学生地理实践力，区域综合思维及辩证思维的能力；这堂课选材有新意，设计有线索，教学有情境，问题有梯度，是一堂符合高考改革要求的优质课，是一堂融合核心素养落到实处的优质课。美中不足的是个别学生的回答点评不到位；课堂时间把握欠精准。

（向超　湖南师范大学附属中学）

# 第二节 海水的性质与运动

（陈柳逸）

## 【内容简述】

"海水的性质与运动"是湘教版高中地理教材必修一第四章的内容。本节教学内容主要分为两个部分：海水的性质以及海水的运动。《普通高中地理课程标准(2017年版2020年修订)》中对于这部分内容的要求是"运用图表，说明海水性质和海水运动对人类活动的影响"。以"海水的性质"为例，在说明海水性质对人类的影响这一知识前，学生必须要建立对海水性质的概念、影响因素及分布规律等方面的知识体系。在学习海水盐度和密度的概念时，可以通过图表资料分析海水盐度和密度的空间分布特点，总结主要影响因素，最后掌握海水性质对人类生产生活的影响以及人类对它们的应用。

本节课主要通过案例探究法、图示教学法等方法，引导学生发散思维，勇于表达自己的观点，总结提炼课堂的知识点。通过分析各类海水性质的分布图（如海水表层温度示意图、海水表层盐度示意图等），了解海水性质的分布规律，提升区域认知；通过红海和波罗的海的盐度差异、钱塘江大潮壮观景观这类生活中具体案例的分析，提升综合思维能力；通过同一纬度大陆两岸的温度差异、哥伦布航行过程中耗时差异等案例进行探究分析，明白海洋对人类生存的重要意义，增强海洋保护的意识，树立人地协调观。

## 【教学目标】

| 课程标准 | 核心素养目标 |
|---|---|
| 运用图表，说明海水性质和海水运动对人类活动的影响。 | （1）通过图表资料，分析海水的性质及其影响因素、海水运动的分布规律，说明相关的自然现象的变化过程。（综合思维）<br>（2）能说出不同海域的海水运动和海水性质对人类生产活动的影响。（区域认知）<br>（3）根据所学知识和原理，了解海洋对人类的重要意义，通过分析海水运动对海洋污染产生的影响，增强保护海洋环境的意识。（人地协调观）<br>（4）通过收集相关资料，了解特定海域的海水性质、人类活动方案，并能运用相关原理分析、解释这些现象，具备一定的科学探究的意识和能力。（地理实践力） |

## 【评价目标】

| 水平一 | 水平二 |
|---|---|
| 结合生活常识,能说出海水性质的主要内容及影响因素。 | 根据世界海洋表层温度、盐度、密度分布图,能描述海水表层温度、盐度、密度的变化规律和影响因素;理解海水温度、盐度、密度的概念内涵。 |
| 结合自己熟悉的海区,能说出海水运动和海水性质对人类生产活动的影响。 | 根据图表资料,能说明给定海域海水温度、盐度、密度的分布特点,以及对人类活动的影响。 |
| 结合海边旅行经历,能说出一种以上海水运动的形式及对人类活动的影响。能够从地理遥感影像中,识别海水运动的变化。 | 根据材料,能说明给定海域海水运动的主要形式及对人类生产生活的影响;能够利用地理信息技术,获取海水性质或运动的图像,并进行探究。 |

## 【教学重难点】

教学重点:1.不同海水性质在全球范围内的分布;

2.不同海水性质对人类的影响。

教学难点:1.海水的温度、盐度和密度的分布规律与影响因素;

2.洋流对自然环境及人类活动的影响。

## 【教学流程】

### 第1课时　海水的性质

| 教学环节 | 教师活动 | 学生活动 | 教学评价 | 设计意图 |
|---|---|---|---|---|
| 新课引入 | 播放视频《海中断崖》(视频介绍了海军372潜艇遇到海中断崖化险为夷的故事)。同学们,你知道视频中的"海中断崖"是怎么回事吗?这一现象涉及海水的温度、盐度以及密度等性质。让我们通过本节课的学习,一起来探究这个问题。 | 学生阅读材料,认真听讲,带着问题进入新课的学习。 | 教师以视频《海中断崖》的内容开篇,唤醒学生的求知欲,驱动学习动机。 | 观看视频,提出问题。通过我国海军372潜艇的英雄事迹引发学生思考。 |

| 教学环节 | 教师活动 | 学生活动 | 教学评价 | 设计意图 |
|---|---|---|---|---|
| 任务一 海水的温度 | 海水温度是海水最重要的性质，它取决于海洋热量的收支情况，不同海域、不同深度的海水温度有什么不同呢？教师展示教材图4-11"8月份世界海洋表层水温分布"以及图4-12"太平洋170°W附近三个观测站海水温度随深度的变化"。<br>小组合作探究，学生思考并回答以下几个问题。<br>(1)表层海水水温分布有什么特点？<br>(2)海水温度的垂向变化有什么特点？<br>教师归纳总结并阐述海水温度对地理环境的影响。 | 学生合作探究，结合教师讲授，请不同的小组回答：<br>(1)表层海水水温具有以下特点：<br>①不同海区，从低纬度向高纬度水温逐渐递减；<br>②同一海区，夏季水温高，冬季水温低；<br>③同纬度海区，暖流流经海域水温高，寒流流经海域水温低。<br>(2)海水水温垂向变化上具有以下特点：<br>①呈不均匀递减；<br>②表层海水温度随深度的增加而显著递减；<br>③1000米以内变化明显，1000～2000米变化较小，2000米以下保持低温状态。 | 教师结合图示教学法、合作探究以及归纳教学的方式，组织学生自主读图，合作讨论，引导学生掌握大洋表层水温以及海水温度垂直变化规律，充分激发学生的主观能动性。 | 依据图文材料，全方位分析海水温度分布规律，培养学生的读图、识图能力，提升学生的区域认知能力。 |

续表

| 教学环节 | 教师活动 | 学生活动 | 教学评价 | 设计意图 |
|---|---|---|---|---|
| 任务二 海水的盐度 | 去过海边的同学肯定都知道海水是又苦又咸的,这是为什么呢? 学习了海水温度的分布规律及对地理环境的影响,接下来我们学习海水的盐度。海水的盐度是指溶解于海水中盐类物质与海水质量的比值。<br><br>教师展示教材图 4 - 13"8 月份世界海洋表层盐度分布",学生思考世界海洋表层盐度的特点,并总结原因。<br><br>教师指导学生阅读课本材料归纳海水盐度在垂直上的差异。 | (1)世界海洋表层盐度的特点:世界海洋表层盐度自南北半球的副热带海区向两侧的高纬度、低纬度海区递减。<br>(2)学生结合影响海水温度的因素,根据教师讲授,绘制影响海水盐度的因素关系图:<br><br>(3)垂直上的变化:①呈不均匀递减;②表层海水温度随深度的增加而显著递减;③1000 米以内变化明显,1000—2000 米变化较小,2000 米以下保持低温状态。 | 依据学情,教师先简述海水盐度的概念,有助于学生理解海水盐度的分布规律。引导学生结合图文资料,总结并动手绘制关系图,培养学生的信息获取能力,提高学生的地理实践力。 | 依据图文信息,归纳总结海洋表层盐度分布规律及影响因素。 |

续表

| 教学环节 | 教师活动 | 学生活动 | 教学评价 | 设计意图 |
|---|---|---|---|---|
| 活学活用 | 红海是世界上盐度最高的海区,盐度超过40‰;波罗的海是世界上盐度最低的海区,盐度低于10‰。<br><br>小组讨论,试从纬度位置、气候特点、淡水注入情况、海区形状等角度,分析二者盐度差异显著的原因。 | 小组1:红海纬度低,气温较高,蒸发强烈;波罗的海纬度高,气温较低,海水蒸发量小。<br>小组2:红海附近是热带沙漠气候,降水少;波罗的海位于温带海洋性气候区附近,降水多。<br>小组3:红海周围河流较少,淡水注入较少;波罗的海周围河流众多,淡水汇入较多…… | 结合现实生活中的具体案例,学生基于所学进行两地盐分差异的对比分析。培养学生的问题意识、思辨能力,积极有效落实学生发展核心素养。 | （1）了解学生对于海水盐度内容的掌握程度,为课后的巩固做好准备,注重学生综合思维能力的培养。<br>（2）分析对比红海和波罗的海的盐度状况以及成因,深入理解海水盐度的影响因素,培养学生的综合思维。 |
| 任务三海水的密度 | 海军372潜艇为什么会遇到"海中断崖"呢? 这是海水的密度异常所导致的,如果经过海区密度突然变小,那么潜艇的浮力也会变小,就有可能掉到安全深度以下,从而艇毁人亡。<br><br>教师展示图片,请各位同学结合图片思考以下问题。 | 学生结合所学知识与教材材料汇报答案:<br>（1）①最主要影响因素:海水温度。 | 结合导入问题引出海水密度分布规律,回答潜艇遭遇"海中断崖"的原因,使学生将所学的知识运用到具体的生活实际问题的解决中,培养学生的知识迁移能力。 | 依托大西洋表层海水密度、温度和盐度随纬度的分布示意图,使学生通过自主探究的方式归纳总结海水密度的变化规律,培养学生的综合思维。 |

续表

| 教学环节 | 教师活动 | 学生活动 | 教学评价 | 设计意图 |
|---|---|---|---|---|
| 任务三 海水的密度 | （1）读教材图4-19"大西洋表层海水密度、温度和盐度随纬度的分布示意"，指出影响海水密度的最主要因素并说出海洋表层海水密度随纬度变化的特点及原因。<br>（2）读教材图4-20"不同纬度海区海水密度随深度的变化示意"，说出不同纬度海水密度随深度变化的特点，并简要分析其原因。<br>教师归纳总结学生的观点。 | ②海洋表层海水密度特点：由赤道向两极，密度逐渐变大，两极地区密度最大。<br>原因：海水密度的变化主要取决于海水温度的变化。由赤道到两极，海水温度逐渐降低。<br>（2）变化特点：在中低纬度海区，一定深度内海水密度基本均匀，一般至1000米深海水密度随深度增加而迅速增加，再往下海水密度随深度的变化很小；在高纬度海区，海水密度随深变化较小。<br>原因：海水导热率低随着深度增加，水温迅速降低，海水密度也迅速增加。 | | |

续表

| 教学环节 | 教师活动 | 学生活动 | 教学评价 | 设计意图 |
|---|---|---|---|---|
| 课堂总结 | 同学们,这节课我们一起探索了海洋的奥秘,学习了海水的温度、盐度以及密度,掌握了海水各类性质的变化特点及原因等。海洋是宽广而神秘的,仍然有许许多多的奥秘值得我们去探索。海洋对我们的生活还会带来哪些方面的影响呢? 欢迎同学们在课后收集相关资料并积极分享。 | 学生在教师的引导下,总结课堂所学内容并思考老师所留下的问题。 | 总结课程内容,引导学生了解更多的海洋知识,为海水的运动这一知识的讲解奠定基础。 | 进一步了解海水的运动,深化课堂知识。 |

**作业设计**

实践型作业:

活动名称:海水的盐类物质来自何方。

活动目标:海水的盐类物质来源是多方面的。教师引导学生查阅相关资料,结合自身的思考,总结盐类物质的可能来源范围,促进学生的综合思维,培养学生的地理实践力。

活动准备:查阅搜集海水的盐类物质的来源。

**板书设计**

| 海水性质 | 影响因素 | 分布规律 | | 对人类活动的影响 |
|---|---|---|---|---|
| | | 水平方向 | 垂直方向 | |
| 温度 | | | | |
| 盐度 | | | | |
| 密度 | | | | |

## 第 2 课时　海水的运动

| 教学环节 | 教师活动 | 学生活动 | 教学评价 | 设计意图 |
|---|---|---|---|---|
| 新课引入 | 　　1492 年,哥伦布第一次横渡大西洋到美洲,是从北部航行到美国的,共花了 37 天的时间。1493 年哥伦布第二次去美洲,是从南部航行到美洲,结果只花了 20 天。为什么哥伦布两次抵达美洲的时长差距如此之大呢?<br>　　要解答这个问题,就让我们共同学习本节课的内容——海水的性质。 | 　　学生阅读材料,认真听讲,带着问题进入新课的学习。 | 　　通过材料的方式展示哥伦布发现新大陆的旅行时间差异,激发学生的学习海水运动知识的学习兴趣。 | 　　以问题为导向引入课堂,激发学生的求知欲和探索欲。 |
| 任务一海浪的成因、分类、影响 | 　　海水的表现形式是复杂多样的。表层海水最基本的运动形式有海浪、潮汐以及洋流。我们先来看一看什么是海浪,组织学生阅读教材,回答下列问题。<br>　　(1)海浪有什么特点? 海浪有哪些类型?<br><br>表格如下:<br>类型 / 形成原因<br>风浪: 直接由风的作用形成,随着风速的增加、风吹时间的延长、风作用距离的加长而同步增强<br>涌浪: 风浪传到无风的海区,或风停止以后的余波<br>近岸浪: 风浪或涌浪传至浅水区,受到海底的摩擦作用,海浪的能量很快衰减,出现破碎和倾倒,形成近岸浪<br>　　(2)海浪的成因是什么?<br>　　风吹过海面并将能量传递给水体时形成。风越大,波浪也就越大。<br>　　(3)海浪对环境有哪些影响?<br>　　①摧毁港口建筑,影响航运、船只停泊、渔业捕捞、海洋勘探等;<br>　　②海啸、风暴潮,给沿岸地区带来灾难性后果; | | 　　依据学情,让学生自主学习,掌握海浪运动的主要形式及对人类生产生活的影响,培养其综合思维。 | 　　使学生通过对课本文字信息的归纳与判定得出知识要点,培养学生的综合分析能力。 |

| 教学环节 | 教师活动 | 学生活动 | 教学评价 | 设计意图 |
|---|---|---|---|---|
| 任务一 海浪的成因、分类、影响 | ③塑造海岸地貌的形成；<br>④具有利用价值：利用波浪开展体育项目、发电等。<br>　学习了海浪，接下来让我们学习另外一种海水运动的形式——潮汐。首先我们先明确一个概念，潮汐是什么？<br>　教师展示潮汐的视频，组织学生阅读教材，分组思考下列问题。<br>　(1)潮汐有哪些类型？<br>　(2)潮汐的规律是什么？<br>　(2)潮汐带来哪些影响？<br>　学生在汇报学习成果时，教师根据学生的答案来板书。<br>　教师总结：完整的潮汐科学，其研究对象应将地潮、海潮和气潮作为一个统一的整体，但由于海潮现象十分明显，且与人们的生产生活关系密切，因而习惯上将潮汐一词狭义理解为海洋潮汐，如钱塘江大潮已经成为著名的旅游景观。 | 　潮汐是沿海地区的一种自然现象，是指海水在天体引潮力（主要是月球和太阳）作用下所产生的周期性运动。<br>　学生自主阅读教材，合作讨论后，提出自己的见解。<br>　(1)白天的涨潮我们称为"潮"，晚上的称为"汐"。<br>　(2)农历每月的初一和十五前后，潮汐现象最为明显，潮水涨得最高，落得最低，为大潮。农历初七和二十三前后，高潮不高，低潮不低，潮差最小。<br>　(3)①潮汐发电；②潮间带采集、养殖活动；③沿海港口建设、航运…… | 　让学生在小组合作学习中，找出潮汐概念、周期、成因。在阅读概念后，寻找到关键词，并在课本用标记落实，引导学生对所得的信息进而分析整理。 | 　让学生自主阅读，结合教师精讲，了解潮汐的成因，理解潮汐的基本运动规律，掌握其对地理环境的影响，培养学生的综合思维。 |

续表

| 教学环节 | 教师活动 | 学生活动 | 教学评价 | 设计意图 |
|---|---|---|---|---|
| 活学活用 | "八月十八潮，壮观天下无"这是大诗人苏东坡咏赞钱塘江大潮的千古名句。为什么这个时间钱塘江大潮潮涌最大？ | 学生自主思考，提出自己的见解。天文因素：此时为天文大潮时间；地形因素：杭州湾为喇叭状河口，潮波从外传到内，能量高度集中；气象因素：秋季盛行东南风，与潮头流向相同，风助潮势；水文因素：此时钱塘江水量大，江水与海水相顶托。 | 让学生在解决问题中获得新知，落实学生的学习情况，培养学生的区域认知。 | 回顾课堂知识，解决实际生活中的具体问题。培养学生的区域认知，锻炼学生的知识迁移、总结归纳能力。 |
| 任务三洋流 | 讲述 1992 年 1 月 10 日，货船在太平洋东部海域遭遇暴风雨，装着 2.9 万只玩具的箱子坠入海中，玩具鸭漂洋过海的故事。引导学生回顾已有的洋流知识，结合案例讲解洋流的影响。案例一：鲸湾港附近有本格拉寒流经过，伊尼扬巴内附近有暖流经过。两地虽地处同一纬度，但无论冬夏，鲸湾港的气温都比伊尼扬巴内的气温低。 | （1）回顾旧知：①洋流：海洋中的海水，常年比较稳定地沿着一定方向作大规模的流动，叫作洋流。②暖流：从水温高的海区流向水温低的海区； | 设置案例探究，首尾呼应，有助于学生学以致用，将原理运用于其他科学探索中来，培养学生的综合思维与地理实践力。 | 学以致用，使学生的思维活动从实践升华到理论。创设学习新情景，解决生活问题，感受成功喜悦。 |

| 教学环节 | 教师活动 | 学生活动 | 教学评价 | 设计意图 |
|---|---|---|---|---|
| 任务三 洋流 | 案例二:世界四大渔场分布简图<br><br>北海渔场　纽芬兰渔场<br>北海道渔场<br>秘鲁渔场所<br><br>案例三:哥伦布航行用时变化<br><br>北大西洋暖流<br>1492年　加那利寒流<br>1493年<br>北赤道暖流<br><br>教师总结洋流的其他影响。 | 寒流:从水温低的海区流向水温高的海区。<br>　(2)洋流对地理环境的影响:<br>　①案例一:暖流增温增湿,寒流降温减湿。<br>　②案例二:寒暖流交汇处,海水受到扰动,将下层营养盐带到表层,利于浮游生物繁殖,为鱼类提供饵料,促进渔场的形成。<br>　③案例三:洋流影响航行,海轮顺洋流航行,其航行速度要比逆洋流航行快得多,有利于缩短航行时间、节省燃料。<br>……… | | |
| 课堂总结 | 　通过本节学习,我们了解到海浪、潮汐和洋流,体会到海水的运动对人类活动和自然地理环境所带来的影响。知道了地理影响我们生活的方方面面,例如钱塘江大潮产生的原因、洋流对航运的影响等等。随着人类对海洋探索的深入,海洋活动日益频繁,海洋资源的开发也愈发广泛。请大家自主探究海洋的渔业资源,学有余力的同学可以探究多种资源的分布和开采情况。 | 　进行课程内容总结,思考教师的课外问题。 | 　总结课程内容,引导学生了解更多的海洋知识,对拓宽学生视野有所帮助。 | 　进一步了解海水的运动,深化课堂知识,培养学生的知识链条。 |

续表

| 教学环节 | 教师活动 | 学生活动 | 教学评价 | 设计意图 |
|---|---|---|---|---|
| 作业设计 | | | | |

实践型作业：

活动名称：世界四大渔场。

活动目标：明确渔场的分布和渔场的形成条件。

活动准备：1.搜集世界上四大渔场的分布地区；

2.查阅图文资料,分析四大渔场分布的异同点,总结海洋渔业资源分布广泛地区的共同点。

**板书设计**

$$
海水的运动
\begin{cases}
海浪 \\
潮汐 \\
洋流
\end{cases}
成因、分类、影响
$$

## 【教师说课】

### 一、说教材

海洋是水圈的主体,对人类的生活和生产影响巨大。认识海洋、了解海洋,对人类利用和保护海洋资源十分重要。本节内容是湘教版高中地理必修第一册第四章第二节"海水的性质与运动",课程内容主要包括"海水的性质"以及"海水的运动"两大部分。教材中第一部分"海水的性质"主要介绍了海水的温度、盐度、密度的概念,以及它们水平、垂直分布规律和对人类活动的影响。重点是要抓住引导学生分析影响海水温度、盐度分布的主要因素。在教学过程中,教师可以从比较不同地区的地理现象入手,充分利用教材以及课外的各类地图和视频,引导学生说出温度、盐度的分布规律和影响因素,提高学生的读图能力和区域认知素养。第二部分"海水的运动"主要内容是海水运动三种形式——海浪、潮汐、洋流以及它们分别对人类活动的影响。教材的呈现方式为文字叙述搭配景观图片,穿插案例分析并一一列举海浪、潮汐及洋流的概念、运动规律和影响了人类生活的哪些方面。教师可以通过真实的教学情境,将海水运动的三种方式巧妙地融入情境当中,以问题探究的方式层层递进,结合示意图和模拟实验,引导学生对三种运动方式的概念、分类、规律进行探究学习,提高学生的分析和归纳能力,进而分别揭示出三种海水运动对人类活动的影响。让学生能够体悟到自然有自然的法则,人有人的需求,深刻地理解海水运动的规律才能正确引导人类与海洋和谐相处。

## 二、说学情

海水的理化性质与人类生产生活联系十分密切。本节内容学习海水的性质,学生对本节内容的相关知识储备很少,接触不多,知识层面仅仅停留在海水是咸的等基础层面上。而本节知识又比较抽象,从学生预习的情况看,学生对波浪、潮汐和洋流的地理概念及原理的把握不是很清晰,接受起来比较困难。教学设计上需要由浅入深,多借助图片和影视资料来加强学生的认知。但教学内容贴近生活,学生的学习热情和兴趣较高。

## 三、说教法学法

本节课的教学主要以案例探究、图示分析为手段,以任务驱动为导向,适时引导学生自主学习、合作学习完成教学内容。其中情境教学法是强调教师有目的地引入或创设具有一定特色的场景,引发学生一定的态度体验,从而帮助学生理解教材,并使学生的心理机能能得到发展的教学方法。在教学的各个环节中都充分体现了学生的主体性,学生通过自主学习法提取图表中的地理信息获得科学知识;在自主阅读材料的过程中,自我归纳和自主总结,得出答案。

## 四、说创新点

本节教学过程中教学方法多样,以视频《海中断崖》展开教学,激发学生的学习兴趣。在具体地理知识的阐述过程中,以世界大洋表层海水温度分布图和海水温度垂直分布图为基础,设置了层层递进的问题,引导学生在绘图、读图中探究各类海水性质的分布规律。根据具体问题,创设了一系列的生活情境,引导在学生合作学习中探究海水性质的相关内容,在解决问题的同时,自主建构知识体系。课堂教学中贯穿海洋对人类生存环境的影响,潜移默化地帮助学生树立正确的人地关系价值观,让学生明白蓝色海洋文明的序章需要人类用智慧来继续书写。

## 【教学反思】

本节内容授课教师利用视频《海中断崖》创设学习情境,激发学生的求知欲,快速融入课堂学习。在课堂教学中,教师运用大量的图表内容和文字信息,充分利用世界海洋表层海水温度分布图、海水温度随深度变化图等地理图像,学生自主学习,自主归纳海水的温度、盐度和密度在水平方向和垂直方向上的变化特征,培养了学生的读图析图的能力。采取自主学习、小组讨论、教师讲解等方式帮助学生掌握海水温度的水平及垂直分布规律,充分培养学生的地理实践力。通过任务驱动的方式,引导学生利用已掌握的地理知识,解决现实生活中的地理问题。此过程训练了学生对区域自然地理要素的分析能力,促使他们掌握其时空分布规律,培养了学生的综合思维。

由于本节内容涉及的内容复杂,在教学内容的安排上趣味性相对较少,在教学过程中需要关注学生的学习情况。基于需要背记的知识点体量较大,在课程结束后要及时跟进学生知识点的落实情况,做到课前引导、课中指导、课后督导,全面培养学生的问题意识、思辨能力、探究习惯,积极有效落实学生发展核心素养。这节课的教学,希望学生不仅能够纯熟地解释海水性质特点以及海水运动规律,更要明白,人类研究海水性质以及海水运动规律的目的:在遵循海水的性质特点以及运动规律的前提下,能够更恰当地让它们产生的能量为人类服务。当然,深蓝的秘密深厚悠远,需要我们人类不断地对它进行探索。虽然自然有自然的法则,人也有人的需求,但是守护好大自然赐予人类的这片深蓝也是我们人类义不容辞的一份责任。

## 【专家点评】

本节课紧紧围绕海水的性质和海水的运动两个内容展开,教师合理运用图示分析法、案例探究法、情境教学法展开教学,适时引导学生自主学习、合作学习掌握本节课的重难点知识。本节课的设计具有以下特点,一是教学目标明确,依据本节课主题"海水的性质与运动"设计相应的知识达成目标,通过带领学生分析多样的典型图像,培养和提升学生获取解读地理信息的能力。二是教学内容丰富充实,通过活动设计,引领学生积极参与课堂学习活动,例如绘制影响海水盐度的因素关系图并分析探讨、得出结论,在此过程中培养学生地理实践力。三是教学过程逻辑性强,通过真实情境的创设,例如红海和波罗的海的盐度对比、钱塘江大潮八月十八壮观天下的原因。结合真实案例,促使学生发现问题并解决问题,帮助学生深入理解海水的性质和海水的运动对人类活动的影响,在学习过程中进一步提升人地协调观等学科核心素养。

教师在教学策略和方法上可以再精细一些。一是教学过程中在海水各类性质的空间变化规律分析上可以进行结构化的总结,同时结合不同班级学情差异,注意把握节奏,适当调整教学内容和实施方式。二是各个内容的课堂小结可以交由学生完成,给予学生自主评估的空间,也促使学生自主反馈课堂学习效果,及时发现问题并加以弥补。三是教师可根据教学内容运用学生自身的海洋知识、海边旅游、参观海洋馆的经历等形式拓展教学素材,激励学生在社会实践活动中用心去经历、用心去体验,从而丰富他们的内心世界,在生活中树立自己正确的是非观念、善恶观念,达到知、情、意、行的目的。

（段玉山　华东师范大学）

# 第五章　地球上的植被与土壤

## 本章概述

（杨夏）

### 1. 内容解读

植被和土壤是重要的自然地理要素。本章主要内容包括：植被和土壤的概念，森林、草原、荒漠等陆地主要植被，自然地理要素对植被的影响及植被对地理环境的影响，土壤的主要形成因素等。本章内容引导学生对人类生产生活密切相关的植被和土壤进行观察、识别、描述、解释，从而培养他们认识自然、欣赏自然的意识和能力，也为选择地理科目的同学后续学习自然地理环境的整体性和差异性打下基础。

第一节"主要植被与自然环境"对应的课程标准内容为"通过野外观察或运用视频、图像，识别主要植被，说明其与自然环境的关系。"教材中以内蒙古自治区植被景观差异引入，激发学生探究区域植被差异的兴趣。接着，教材第一部分，介绍了植被的概念和主要的植被类型。教材中植被类型除了文字介绍，配以大量图片，让学生能够直观地观察到各种植被类型的特征和差异。并且，在活动设计中以猴面包树和纺锤树为例，引导学生探究植被形态与环境之间的关系。第二部分，深入探讨植被与环境的关系，呈现出大尺度的气候、中尺度的地形、小尺度的区域特征对植被的影响，体现了地理空间的概念。

第二节"土壤的形成"对应的课程标准内容为"通过野外观察或运用土壤标本，说明土壤形成的主要因素"。教材以寻乌民居为情境引入，引出了寻乌富硒土壤的形成。然后介绍了成土因素：成土母质、气候、生物、其他因素。接着，教材介绍了土壤剖面，通过图文材料，详细展示了上壤剖面的土层垂直序列，并通过阅读材料，展示了森林土壤和草原土壤的剖面。最后在活动中引导学生探究海南岛土壤分布及原因，将土壤与地理环境的相互影响进行了应用。充分体现了自然地理要素之间的相互联系和相互影响。

## 2. 价值理念

让学生通过本章的学习,辩证地认识环境各要素之间、地理环境与人类活动之间的关系,形成正确的环境观和人地观,从而树立世界是普遍联系的观点和辩证唯物主义思想;激发学生探究自然奥秘的兴趣和强烈欲望,养成学生自主探究和与他人合作的学习习惯,培养学生崇尚和热爱科学的精神。

## 3. 必备知识

(1)通过野外观察或运用视频、图像,识别主要植被,说明其与自然环境的关系。

(2)通过野外观察或运用土壤标本,说明土壤的主要形成因素。

## 4. 关键能力

学会搜集地理资料和阅读、分析地理图表,从资料、图表中获取知识。通过阅读教材、观看标本和视频、听教师讲解、图片分析等方式,了解和掌握知识。通过野外观察和动手绘制图表,加深对知识的认识,并初步学会运用知识分析身边的植被与土壤现象。

## 5. 学科素养

(1)在具体的情境中,能够辨识土壤、植被,简单分析土壤、植被与其他地理要素的相互关系,及其与人类活动的相互影响(人地协调观、综合思维)。

(2)能够辨识特定区域的土壤、植被特征,并能说出给定区域影响植被和土壤的主要因素(区域认知)。

(3)能够使用遥感影像等地理信息技术手段和其他地理工具,对土壤、植被进行观察,并设计简单的实验;能够在地理实践中理解和接受不同的想法,表现出合作的意识、求真的态度与应用知识的能力(地理实践力)。

## 6. 课时规划建议

| 节名 | 课时安排 | | 课时内容 |
| --- | --- | --- | --- |
| 第一节　主要植被与自然植被 | 2 | 第一课时 | 内容一　主要植被 |
| | | 第二课时 | 内容二　植被与环境 |

续表

| 节名 | 课时安排 | | 课时内容 |
|---|---|---|---|
| 第三节　地球的圈层结构 | 2 | 第一课时 | 内容一　成土因素 |
| | | 第二课时 | 内容二　土壤剖面 |

## 7. 知识导图

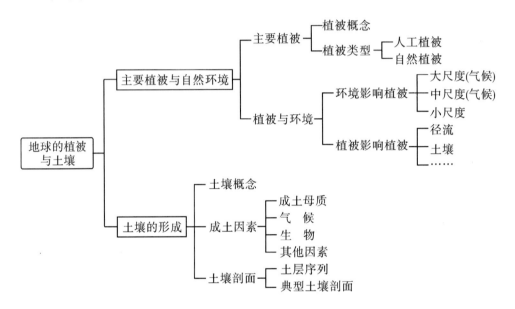

# 第一节 主要植被与自然环境

（向超 陈媛）

## 【内容简述】

本课为新教材湘教版必修第一册第五章第一节内容,本节有两级知识结构,初级是识别植被类型,高级是植被与环境的相互关系。以落地课程标准为目标,以"身边地理"为素材,在多种植被类型中,挑选了群落结构复杂的森林植被作为案例进行分析,从所处的典型南方森林植被——亚热带常绿阔叶林入手,对比分析北方森林植被温带落叶阔叶林、亚寒带针叶林,理解大尺度下,气候对植被的影响。针对中尺度地形对于植被的影响设计了博格达峰垂直自然带的合作探究,层层深入引导学生分析植被与自然环境的相互关系,促进学生理解自然环境的整体性,最终渗透国家战略——"碳中和"目标,培养科学的人地协调观。

## 【教学目标】

| 课程标准 | 核心素养目标 |
|---|---|
| 通过野外观察或运用视频、图像,识别主要植被,说明其与自然环境的关系。 | (1)观察校园里的植物,识别植被类型并辨别其特征。(地理实践力)<br>(2)结合区域图或植被类型图,了解不同区域的植被类型和特点。(区域认知)<br>(3)结合具体案例,分析植被与自然环境之间相互影响、相互作用的关系。(人地协调观、综合思维) |

## 【评价目标】

| 水平一 | 水平二 |
|---|---|
| 能够简单识别两种森林植被,并说出其特征; | 能够准确识别两种植被,分析其特征; |
| 参与小组讨论,并简单分析植被对周围自然环境的影响。 | 参与小组讨论,利用整体性思路说明植被与环境的相互影响与作用。 |

## 【教学重难点】

教学重点:结合实例,分析植被与自然环境之间相互影响、相互作用的关系。

教学难点:以森林植被为例,分析植被的结构与特征。

## 【教学流程】

| 教学环节 | 教师活动 | 学生活动 | 教学评价 | 设计意图 |
|---|---|---|---|---|
| 新课引入 | 展示校园里的樟树叶片和银杏叶片,观察后说出两片叶子的区别。 | 观察、触发思考,发表意见。 | 及时关注学生的认知情况,适时引导。 | 从熟悉的校园出发,调动学生的触觉、视觉,创造真实情境,激发学习兴趣,培养"关注身边地理"的意识。 |
| 自主学习 | 阅读课本找出植被、种群和群落的概念以及常见植被的类型。将三幅校园景观图与三个概念进行连线匹配。 | 学生回答:在一定区域内,同种植物的全部个体形成种群;同一时间内生活在一定区域中各种植物种群的集合,构成群落;一个地区的各类植物群落的总称,为植被。 | 关注全班学生参与度以及个别学生完成题目的准确度。 | 让学生通过阅读课文的文本信息,了解植被、种群和群落的概念以及常见植被的类型,锻炼学生获取信息的能力。 |

续表

| 教学环节 | 教师活动 | 学生活动 | 教学评价 | 设计意图 |
|---|---|---|---|---|
| | 小结：植被可分为森林、草原、荒漠。今天重点分析森林植被。 | | | |
| 探究 | 　　校园里两片树叶代表南北方典型森林植被，结合长沙、北京两地的气温—降水图，分析两种植被的类型、分布以及特征。<br>　　追问：两种植被在特征方面的异同点。 | 　　独立思考，认真分析回答：樟树叶，叶片常绿，质地较硬，蜡质，是南方常绿阔叶林典型代表；银杏叶，叶片柔软，纸质，是北方落叶阔叶林典型植被。 | 　　关注关键信息：亚热带常绿阔叶林，分布在亚热带季风湿润气候，以亚热带常绿阔叶树为主，无明显的季相变化；温带落叶阔叶林分布于温带季风气候区、温带海洋性气候区，以温带落叶阔叶树为主，有明显的季相变化。<br>　　共同点：都为阔叶；不同点：常绿与落叶。 | 　　选择代表性森林植被，对比分析大尺度下气候与植被的关系。将抽象的大概念具象为身边熟悉的地理环境，培养学生的区域认知能力、地理实践力。 |
| | 小结：从宏观尺度来说，气候深刻影响植被的类型。植被是环境的一面镜子，除了气候要素，还有哪些要素会影响植被类型呢？ | | | |
| 合作探究 | 　　结合新疆维吾尔自治区天山东麓最高峰博格达峰的垂直自然带谱图、地形雨示意图提出系列问题：<br>　　（1）为什么不同海拔植被不同？<br>　　（2）山麓植被为什么是温带荒漠？<br>　　（3）北坡山麓植被为什么变成了针叶林？ | 　　独立思考后内部成员交换意见，形成文字记录。必要时积极主动与教师进行交流。<br>　　（1）地形会影响气温以及降水；<br>　　（2）深居内陆，降水较少，地势较低，不易 | 　　问题链虽然较多，但层层递进，有梯度，保证每一位同学都有参与、都能参与。关注学生是否可聚焦到关键表达上。 | 　　本节课的重点所在，在具体区域中分析植被分布。（1）—（4）是围绕同一材料设计利用的知识性问题链，（5）是在基础知识分析的基 |

续表

| 教学环节 | 教师活动 | 学生活动 | 教学评价 | 设计意图 |
|---|---|---|---|---|
| 合作探究 | （4）南坡为什么没有针叶林？<br>（5）博格达峰被列入世界自然遗产,有何价值？<br>（6）在我们身边,也有各种被列入世界自然遗产的山峰,如:张家界武陵源。展示张家界山的植被并追问:悬崖上的植被为什么稀疏且矮小？<br><br> | 形成地形雨,山麓植被与当地维度的地带性植被一致;<br>（3）—（4）北坡是大西洋暖湿气流的迎风坡,水分充足,植被为森林,但由于海拔高、温度低,叶片退化成针叶,最终表现为山地针叶林;<br>（5）科研价值、经济价值;<br>（6）悬崖上的土壤贫瘠,水分不易保存。 | | 础上进行的情感价值提升,（6）是引导学生回归落地"生活中的地理",在训练区域认知能力、综合分析能力的同时,渗透热爱自然、热爱家乡的情感态度价值观。 |

小结:综上,影响植被的自然因素分别有:气候（包括光照、热量、降水、风等）、地形（包括海拔、坡向、坡度）、水源、土壤以及生物。它们共同决定了一个地区的植被类型。反之,植被也影响着自然界的其他要素。

| 教学环节 | 教师活动 | 学生活动 | 教学评价 | 设计意图 |
|---|---|---|---|---|
| 自主探究 | 教师展示材料与问题：<br>材料一：某研究显示我国西南地区和东北地区占中国整体陆地"碳汇"的35%多一点（碳汇，指通过植树造林、植被恢复等措施，吸收大气中的二氧化碳，从而减少温室气体在大气中浓度的过程、活动或机制）。西南地区的陆地生物已成为中国最大的碳汇，约占31.5%。东北地区的生物圈则具有季节性，约占4.5%，虽然它是我国最大的森林区。<br>材料二：2020年9月22日，习近平主席在第七十五届联合国大会一般性辩论上发表重要讲话："应对气候变化《巴黎协定》代表了全球绿色低碳转型的大方向，是保护地球家园需要采取的最低限度行动，各国必须迈出决定性步伐。中国将提高国家自主贡献力度，采取更加有力的政策和措施，二氧化碳排放力争于2030年前达到峰值，努力争取2060年前实现碳中和。"<br>1. 东北林区的碳汇量为什么比西南林区的少？<br>2. 为什么同时亚热带常绿阔叶林的西南林区和东南林区，碳汇量差距这么大？<br>3. 除了植树造林，实现碳中和还有哪些可行性措施？ | 根据所给材料分析问题。<br>学生：东北的森林主要以落叶林为主，到了秋冬季节，叶片掉落，光合作用大大减弱，所以碳汇量不及西南林区。<br>学生：西南和东南虽然都是以常绿林为主，但西南林区大部分是原始森林，东南林区为次生林，功能作用比不上西南林区。 | 及时总结，在对话过程中帮助凝练表达，并对学生进行过程性评价。 | 在真实情境中探究植被对环境的影响。碳中和、碳达峰是国家重点战略目标，简要讨论措施，是地理学渗透国家战略的主动作为，也是更新地理教学内容、创新教学方式的重要途径，从而培养科学的人地协调观。 |

续表

| 教学环节 | 教师活动 | 学生活动 | 教学评价 | 设计意图 |
|---|---|---|---|---|

小结:全球气候变暖是世界共同面临的严重的环境问题,除了植树造林,增加二氧化碳的吸收,更要注意减排。节能减排最重要的产业集中在工业,可是工业是衡量一个国家实力的重要指标,真正行动起来就变得比较艰难。因此,不同的国家根据实际国情就有了不同的决议。其中,部分发达地区2050年率先实现碳中和。作为发展中国家的中国,争取2060年前实现碳中和。然而,一些大国却没有表现出率先垂范的大国风范,甚至宣布退出这一协定。可见,我们的祖国,有大国担当、是高度负责任的大国!

| 课堂总结 | 同学们,除了上课分析的这两种植被类型,世界上还有很多植被类型,它们共同保护着我们的地球家园,为我们的地球家园做出了无与伦比的贡献,爱护环境,人人有责。 |
|---|---|

## 作业设计

实践型作业

活动名称:识别植被。活动目标:识别校园中或者生活场地的植被,了解身边的典型植被。

活动准备:1.下载 APP"识万物";

2.准备记录本并制作植物标本;

3.小组交流。

## 板书设计

### 5.1 主要植被与自然环境

一、主要植被

1.概念

2.主要植被

| 类型 | 分布 | 特征 | 原因 |
|---|---|---|---|
| 亚热带常绿落叶林 | 亚热带季风气候区等 | 以亚热带常绿落叶树为主;无季相变化 | 雨热同期;冬季温度较高 |
| 温带落叶阔叶林 | 温带季风气候区、温带海洋气候区等 | 以温带落叶阔叶为主;有季相变化 | 雨热同期;冬季温度较低 |

二、植被与自然环境

1.大尺度 植物的分布主要取决于气候条件

2.中尺度 受地形影响比较深刻

## 【教师说课】

### 一、说教材

本课为高中地理新教材湘教版必修第一册第五章第一节内容,本节有两级知识结构,初级是识别植被类型,包括植被、种群和群落的概念区分以及常见植被的类型;高级是植被与环境的相互关系。不同的植被都是在特定的自然环境下形成和演化的,也是反映自然地理环境的一面镜子。当植被发生变化时,势必会导致自然地理环境的其他要素乃至整个环境都发生变化。本节教材正文部分全面详细地呈现多种植被类型,探究活动设计了内蒙古自治区自东向西随着水分条件的变化使得植被呈现出森林、草原和荒漠的转变规律。课后活动设计了纬度变化规律和非地带性规律。新教材虽然没有呈现专业的地理术语"经度地带分异规律"、"纬度地带分异规律"、"垂直地带分异规律"、"非地带性分异规律",但通过活动全部一一呈现。

### 二、说学情

初中地理与生物学科对不同类型的森林有一定的认识。经过高中阶段对"气候要素""地形要素""水文要素"的学习,学生们初步具有了逻辑推理能力、空间思维能力、整合材料以及迁移知识的能力。他们对于生活中的自然现象充满兴趣,但缺乏运用地理知识、技能和思维解释生活中习以为常的地理知识。

### 三、说教法学法

1. 教法

情境教学法,挖掘身边的地理情境和遥远但典型的地理情境,精心设计问题链,层层深入、循序渐进,尝试引发学生更有深度的思考。

2. 学法

合作学习:在给定的情境中,调用基础知识与地理技能,积极思考、交流与讨论,尽量形成逻辑合理、表达专业的见解。

### 四、说创新点

适当调整教材顺序。教材在内容方面,首先安排将三种植被类型,即森林、草原、荒漠全部展示并一一介绍,然后从大尺度到中尺度分析"植被与环境"的关系,可谓全面详细。为了调动学生的积极性,为更大程度发挥学生的主体性,在第一课时中,笔者直接大胆地挑选了最复杂的"森林植被"着重分析,从类型、特征到植被与环境的关系,一气呵成,主线明晰,充分展示学习路径后,放手让学生利用所学,自主建构相对简单的"草原与荒漠"植被。

## 【教学反思】

1.教学设计注重整体性。本节共两课时,本堂展示的是第一课时。为了搭建学习的整体框架,执教者对教材内容进行适当的整合与取舍后,最终选取植物群落最为复杂的森林植被为主线,从身处的典型南方森林植被——亚热带常绿阔叶林入手,对比分析北方森林植被温带落叶阔叶林、亚寒带针叶林,设计贴合生活实际的情境并有梯度的问题链,更好的落实新课程指出的地理学科素养。

2.重视生成性问题。教学设计大都是提前预设好的,教师基本按照"剧本"表演即可。但是,真正考量一个教师功底的往往是课堂中生成性的问题。如何对待教学过程中生成性的问题、如何引导、如何处理,考验着教师的教学智慧。比如,学生问"为什么长沙也种温带落叶阔叶林的树种? 北方能种植亚热带植被吗?"我充分尊重、聆听学生们的声音,积极互动、让同学们有话可讲、勇于表达。

3.探究问题主次分明。推动整堂课的是 3 个探究活动,共设置了 11 个问题。但由于时间的限制性,3 个探究活动不可能做到时间平均分配。因此,参考课程标准等综合考量,最终执教者将第 2 个合作探究设置为本节课的主要环节,给足学生时间进行思考、知识迁移运用,充分调动知识与技能,处理结构不良的问题。最终,通过不断变化条件的问题链引领下,学生理解了影响植被的因素以及与自然环境整体性的相互作用。

4.重视情感价值引领。森林被誉为"地球之肺",为了应对全球气候变暖,中国作为世界大国义不容辞,积极作为。碳中和、碳达峰是国家重点战略目标,地理学主动渗透国家战略,是更新地理教学内容、创新教学方式的重要途径。基于此,设置了探究活动"东北林区和西南林区的碳汇量对比、西南林区和东南林区碳汇量对比",在宏观层面探究植被与环境相互关系,从而培养学生的爱国热情、扩大学生的眼界格局。

5.基本功需要进一步提升。一堂合格的地理课,不仅要传授地理知识,还要承担起德育、美育责任。整齐漂亮的板书、板图是传达美育的重要载体,"说好中国话,写好中国字"格外重要。因此,任重道远,教师还需继续努力。

## 【专家点评】

课堂教学重要的传授方法,而不是重复地教授类似的知识,因此案例教学是新课程积极倡导的教学方式。本节课的课程标准内容要求是:通过野外观察和运用视频、图像，识别主要植被，说明其与自然环境的关系。教材将地球上的主要植被类型都进行了介绍，那么课堂上是否都要讲呢？应该没有必要。本节课教师大胆取舍，选择了我国南方和北方地区的代表植被——常绿阔叶林和落叶阔叶林，运用比较的方法，教会学生学会识别植被特征并能分析植被与自然环境的关系。课堂上老师主要是讲透并总结方法，其他植被让学生课后去自学和举一反三。除了这个亮点外，本节课还有以下几个亮点：1.运用树叶实物、植被照片等直观方式引导学生仔细观察植被的特征；2.注重情境问题的设计，由浅入深，环环相扣，充分体现了问题教学的特点；3.注重联系国内外重点问题，引导学生从地理视角去观察、思考，强化人地协调观念，实现立德树人。

（石振欢　长沙市长郡中学）

# 第二节　土壤的形成

（祝航）

## 【内容简述】

《土壤的形成》是湘教版高中地理教材必修第一册的内容。本节教学内容主要分为三个部分：主要成土因素、典型土壤类型、土壤剖面。《普通高中地理课程标准（2017 年版 2020 年修订）》中对于这部分内容的要求是"通过野外观察或应用土壤标本，说明土壤的主要形成因素"。这一节的重点内容是成土因素，土壤作为多种自然地理环境要素综合作用形成的产物，其形成因素涉及自然地理环境的各个要素。本节的教学难点是土壤剖面的解读，可以采用更多直观的图片或视频的方式，或者开展野外考察，丰富学生对土壤剖面感性认识。

本节课主要通过讲授法、观察法、合作探究学习法等方法，突出重点，突破难点。通过对特定土壤剖面的观察（如森林土壤、草原土壤等），了解土层序列，提升地理实践力；通过对土壤形成因素的探究，综合分析土壤物理化学性质的成因，提升综合思维能力；通过了解土壤对人类生存的重要意义，与人类生产生活的广泛联系，树立人地协调观。

## 【教学目标】

| 课程标准 | 核心素养目标 |
| --- | --- |
| 通过野外观察或应用土壤标本，说明土壤的主要形成因素。 | （1）能够结合区域图文材料、土壤标本，知道影响土壤形成的因素及土壤特征。（综合思维）<br>（2）结合材料，分析不同地区土壤的形成因素。（区域认知）<br>（3）结合图文材料，识别土壤的颜色、质地、剖面构造和类型。（地理实践力）<br>（4）结合具体的土壤类型，分析如何合理利用土壤，进行土壤养护。（人地协调观） |

## 【评价目标】

| 水平一 | 水平二 |
| --- | --- |
| 了解土壤的形成过程，在日常生活情境中，能够简单对比不同土壤的性质差别，说出土壤对当地人类活动的影响。 | 能够说出土壤的形成过程；能够对比不同类型土壤的差异，举例分析不同社会经济条件下人类活动对土壤的有利或不利影响。 |

续表

| 水平一 | 水平二 |
|---|---|
| 能够辨识日常生活区域中的土壤类型，并简单分析土壤与当地环境的关系；能说出当地土壤与农业生产的关系。 | 根据给定区域的相关信息，判断其土壤类型；能够归纳出不同气候条件下的土壤类型；能根据当地土壤状况，分析说明农业生产是否合理。 |
| 对土壤剖面进行观察，指出不同的土层。 | 观察土壤剖面，并根据观察结果思考土壤形成过程与环境的关系；能够分析生物、气候等因素对土壤的影响。 |

## 【教学重难点】

教学重点：1.认识主要的成土因素，掌握综合分析土壤的成土过程的方法；

2.思考人类活动与土壤的关系，树立正确的土壤观。

教学难点：1.识别典型的土壤剖面特征；

2.分析不同土壤类型的成土因素的差异。

## 【教学流程】

### 第 1 课时 土壤的形成因素

| 教学环节 | 教师活动 | 学生活动 | 教学评价 | 设计意图 |
|---|---|---|---|---|
| 新课引入 | "湖南永州的江永香米曾被历代封建王朝定为贡品，此稻花开，香气袭人，煮饭熬粥馥溢四邻，堪称'米中一奇'；但是香稻仅产于江永县源口乡富源村的48丘田内，异地试种没过两年香味消失，均告失败。" | 学生阅读材料，认真听讲，思考问题：江永香米的"香"源于何处？为什么在异地试种产出的稻米逐渐失去香味？ | 学生能从身边地理知识出发导入课程学习，对新的内容表现出了浓厚的兴趣。 | 通过介绍湖南"江永香米"的独特之处，引发学生对不同地区土壤差异的思考，锻炼学生的区域认知思维。 |

续表

| 教学环节 | 教师活动 | 学生活动 | 教学评价 | 设计意图 |
|---|---|---|---|---|
| 明确概念 | 既然异地之异主要在于土壤的差异,那么究竟什么是土壤? 土壤最本质的特征是什么? 土壤为植物提供哪些生长条件? | 在教材中找出土壤的定义是:陆地表面具有一定肥力,能够生长植物的疏松表层。 | 学生明确了土壤概念,从土壤的本质特征出发,思考土壤对人类的意义。 | 通过讲解土壤的概念和作用,学生了解了土壤对人类的重要性,为后面土壤的学习做好铺垫。 |
| 建立分析框架 | 现在我们知道土壤能够为植物的生长提供水、肥、气、热等方面的条件。那么湖南永州的土壤有什么特别之处? 为了回答这个问题,我们首先需要了解影响土壤的地理因素有哪些,以它们对土壤的性质有怎样的影响。<br>请同学们读教材图5-18"土壤与其他自然地理要素的关系示意",思考以下问题:<br>1. 图中涉及的自然地理要素包括哪些?<br>2. 土壤的主要组成是什么? | 阅读教材,初步了解五大成土因素包括成土母质、气候、生物、地形和时间。了解土壤的主要成分包括矿物颗粒、水分、空气和有机物。 | 学生通过建立土壤与其他自然地理要素的联系图像,意识到土壤的形成过程中涉及多种因素的共同作用。 | 学生通过观察自然界中的土壤与其他自然地理要素的联系,对成土因素形成全面、初步的认识。 |
| 合作探究:成土因素对土壤的影响 | 我们现在不仅知道了土壤由矿物颗粒、水分、空气和有机质组成,还知道了土壤的形成与许多地理要素相关。接下来要进一步思考的问题是这些自然地理要素主要影响的是土壤的哪些成分,从而使得土壤表现出怎样的性质? 请同学们按照成土母质、气候、生物、地形、时间五个角度来分小组展开探讨。 | 阅读教材,与组内成员共同分析、探讨、总结成土因素对土壤的影响。 | 学生能够通过合作讨论在教材中找出各成土因素,了解影响土壤形成过程中各自然地理要素的参与情况。 | 按照成土因素如何影响土壤成分和性质这个思路来重新组织教材内容,锻炼学生从文字材料中提取地理信息的能力以及合作探究能力。 |

| 教学环节 | 教师活动 | 学生活动 | 教学评价 | 设计意图 |
|---|---|---|---|---|
| 知识小结 | 成土母质 — 粒度:影响土壤质地 / 化学成分:影响土壤矿物养分<br>生物 — 土壤有机质的来源,土壤形成过程最活跃的因素<br>气候 — 温度:影响微生物分解速度 / 降水:影响淋溶作用强度<br>地形 — 坡度:影响物质迁移速度<br>时间 — 发育时间影响土壤成熟度 | | 学生能够根据教材比较完整地完成表格的填写,整体认识土壤的主要形成因素。 | 归纳总结成土因素对土壤的影响,发展学生系统认识土壤的思维和素养水平。 |
| 解开悬念 | 在学习了土壤的形成因素之后,同学们能否推测湖南永州的土壤独特之处在于哪个部分呢?是矿物质、水、空气还是有机质?说一说你的猜想。<br>谜底揭晓:由于地质作用,江永县源口乡富源村的岩石富含硒、锌、锰、镧、钛、钒、钴、锶等微量元素,外力作用使岩石风化,由此形成的成土母质及其相应的土壤也就含有这些微量元素,甚至地下水也如此,稻种在这种特殊环境下产生"浓香"异地则不得。这是经湖南省土肥研究所、湖南省地质研究所5年研究揭晓的。 | 思考并开展讨论,得出永州土壤的特色可能在于其矿物质含有独特的化学元素。了解土壤研究的不易之处以及重要意义,认识湖南省土肥研究所、地质研究所。 | 学生认识了湖南省土肥研究所、湖南省地质研究所,对土壤的研究表示出浓厚的兴趣。 | 解开最开始的悬念,将成土理论知识进一步落实到实际现象当中,让学生体验理论联系实际的过程;介绍关于江永香米的研究,鼓励学生多观察生活,发现地理问题,思考地理原理。 |

续表

| 教学环节 | 教师活动 | 学生活动 | 教学评价 | 设计意图 |
|---|---|---|---|---|
| 主题升华 | 经过这节课的学习，如果你能大概猜到这个方向，说明你很可能具有成为一名土壤研究员的潜质。但是任何的科学猜想都是需要经历持续的验证才能得出严谨的结论，对于土壤我们不能仅看表面，我们一起期待下节课，认识土壤剖面。 | 学生在学习这节内容之后对土壤有了比较理性的认识，开始思考土壤对人类活动的影响。 | | 激发学生对地理知识的好奇与探究欲望，为下一课时的内容铺垫。 |

| 作业设计 |
|---|
| 在下列实践任务中任选一个：<br>1. 地理信息收集：了解我国的五色土，找到他们的景观图和剖面图。<br>2. 地理野外实践：观察家乡的土壤，描述其颜色、质地、肥力状况，从成土因素的角度分析成因。 |

| 板书设计 |
|---|
| 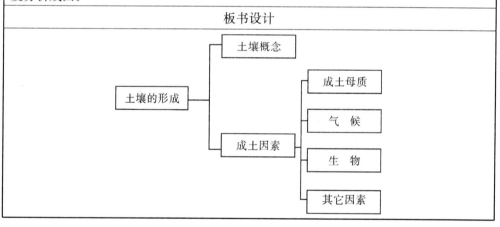 |

## 第2课时 土壤剖面

| 教学环节 | 教师活动 | 学生活动 | 教学评价 | 设计意图 |
|---|---|---|---|---|
| 观察土壤 | 从大家搜集的五色土的图像当中，我们选取了具有代表性的图像，请同学们一起观察不同地区的土壤有哪些方面的差异：<br>土壤颜色<br>土壤质地<br>土壤剖面构造 | 课上观察这些图像，与同伴讨论观察到了不同土壤的哪些差异：<br>土壤质地可以分为砂土、壤土、黏土。 | 学生自主独立查找学习资料，并采取共同评选的方式，表现出了更高的积极性和课堂参与意愿。 | 在观察、比较的过程中锻炼学生的地理观察力、地理信息筛选能力和地理审美能力。 |

续表

| 教学环节 | 教师活动 | 学生活动 | 教学评价 | 设计意图 |
|---|---|---|---|---|
| 认识土层 | 【教师引导】可以看到除了表层土壤的颜色及质地上的差异,不同类型的土壤在垂直剖面上也呈现不同的构造。<br>请同学们在书上找出土壤剖面的定义,并概括总结各个土层的关键特征。<br>【学生活动】观察土壤剖面,结合教材文字部分总结各土层的关键特征。<br>【图文总结】<br><br>枯枝落叶层 有机层:以分解和半分解的有机质为主。<br>部分分解的有机碎屑层<br>腐殖质层:腐殖质积累,颜色较深,呈灰黑色或黑色。<br>淋溶层:由于溶解于水的矿物质随水的下渗向下运移,本层矿物质淋失,颜色较浅。<br>淀积层:上层土壤淋失的物质在此沉淀、积累,质地黏重、紧实,呈棕色或红棕色。<br>母质层:疏松的风化碎屑物质。<br>母岩层:坚硬的岩石。 | 学生在观察一般的土壤剖面时也在比较他们之前搜集的图片的土壤垂直分层有怎样的特点。 | | 让学生对土壤剖面的认识由感性的形象转向理性的思维,能够通过土层的核心特征简单划分土壤剖面构造。 |
| 任务一:认识两种森林土壤 | 请同学们观察我国棕壤、红壤的分布及其土壤剖面。<br>提问:1.结合教材"土壤剖面的土层垂直序列",说一说你在这两幅图中看到了哪些土层?(主要是有机层、腐殖质层、淋溶层、淀积层)<br>2.对比棕壤和红壤的土壤剖面,你观察到了哪些差异?(土壤颜色、土壤质地、土层结构,重点对比有机层和腐殖质层)<br>3.思考这样的差异是如何形成的?(主要从气候、植被的角度考虑) | 学生能够找到思考问题的切入点,跟随教师的引导逐步深入思考。 | | 从认识一般的土壤剖面结构到具体的典型土壤剖面,让学生将抽象概念落实到具体的土壤剖面中;运用成土因素分析土壤剖面的发育,锻炼学生的综合思维。 |

续表

| 教学环节 | 教师活动 | 学生活动 | 教学评价 | 设计意图 |
|---|---|---|---|---|
| 任务一：认识两种森林土壤 | 4.有人认为，热带地区的土壤比温带和寒带地区的要深厚，土壤有机质也要丰富。这种说法有道理吗？说明你的判断理由。 | | | |
| 总结过渡 | 总结：通过对比观察棕壤和红壤的土壤剖面，我们发现土壤剖面的腐殖质层的形成与分解主要和当地水热条件有关。<br>在湿润或半湿润地区，多生长着森林植被，土壤的有机质来源主要是枯枝落叶，腐殖质层明显地集中在土壤表层。<br>再根据腐殖质层的厚度区分，一般腐殖质层薄或少，肥力较低的土壤是在湿热气候条件下形成的；土层较厚，表层有机质含量高，自然肥力较高的土壤是在气温较低，降水不很多的半湿润气候条件下形成的。<br>过渡：<br>在不同气候条件下生长着的两种森林植被，其下的土壤发育也有着明显的差异，那么草原植被下发育的土壤又会有怎样的独特之处呢？ | | 通过教师总结，学生进一步认识到土壤剖面之间的差异实际上反映了其成土因素之间的差异。 | 通过总结两种森林土壤的相同之处与区别方法，指出气候与植被对于土壤形成的关键意义；强调土壤腐殖质层和有机层的重要性；将对比的思想过渡到草原土壤的学习中。 |
| 任务二：比较森林土壤和草原土壤 | 1.划分黑土与黑钙土的土层结构<br>土壤中有钙积层，可以判断这种土壤形成因素中的气候比较干旱。腐殖质层厚度较大，土层呈弱碱性反应，说明是在降水稍多的半干旱地区气候条件下森林草原或典型草原植被下形成的；腐殖质层厚度较薄且少，土壤呈碱性反应，说明是在降水少的半干旱边缘地区或干旱地区气候条件下、荒漠草原和草原化荒漠植被下形成的。 | | 学生通过反复辨认土层，在课堂上实现了基础知识与能力的掌握；在读图环节还需要进一步的指导。 | 三种土壤有机质含量的横向对比突出不同植被下的土壤差异，指出常见的认识误区，产生情理之中意料之外的反差，激发学生思考。 |

续表

| 教学环节 | 教师活动 | 学生活动 | 教学评价 | 设计意图 |
|---|---|---|---|---|
| 任务二：比较森林土壤和草原土壤 | 2.选出表示草原土壤有机质含量垂直分布的曲线。<br><br>有机质的质量百分比%<br>0 2 4 6 8 10<br>Ⅱ<br>20<br>40<br>60 Ⅰ<br>80<br>100<br>土壤剖面深度/cm<br><br>3.思考为什么草原土壤的腐殖质层比森林土壤的更厚？表层有机质含量最高的是森林土壤，因为其上枯枝落叶的更新速度快；而腐殖质层更深厚的是草原土壤，由于草本植物一岁一枯荣的生长周期，其深入土壤的根系可以作为土壤有机质的主要来源。 | | | |
| 任务三：认识人类活动对土壤的影响 | 不论是森林土壤、草原土壤或是荒漠土，都是天然植被下发育的。在地球土壤漫长的演化历程中，有一种土壤是因为人类活动才慢慢发育形成的，同学们知道是哪种土吗？<br>1.人为土分布图：主要分布在尼罗河、两河流域、中国等；为什么只有这些地方有？受到人类活动影响的土壤应该不止这些？（成土因素中的时间因素）<br>2.播放哈尼梯田视频材料。 | 观看视频，思考人类活动通过影响哪些成土因素对土壤进行了改造。（耕耘：改变土壤结构、保水性、通气性；灌溉：改变土壤水分；施肥：归还土壤的部分有机质剥夺；收获：影响土壤有机质累积） | 在观看视频时，学生对梯田有了感性的认识，一些学生讲到了他们见到过的农耕景象，真切地感受到了耕作对于土地的改造。 | 通过了解人为土的分布情况，让学生思考人类活动对土壤形成影响的重要性和有限性；以哈尼梯田作为案例，具体地分析人类对土壤的影响。 |

续表

| 教学环节 | 教师活动 | 学生活动 | 教学评价 | 设计意图 |
|---|---|---|---|---|
| 课堂总结 | 　　同学们,土壤是在多种因素作用下形成的,土壤剖面又可以让我们看出各自然地理要素之间的相互联系和相互影响,共同构成土壤这个有机整体。土壤最本质的特征——土壤肥力更是需要经历漫长积累形成,人类的农业生产活动更是深深依赖着土壤肥力,认识土壤就是认识地理环境整体,保护土壤就是保护人类自己。关于土壤,还有更多内容值得大家去探索! | 　　学生进一步认识到土壤的重要意义,学会关注脚下的自然地理环境要素。 | | 　　强调土壤作为自然地理环境要素的综合体现,说明着自然地理环境的整体性;落实人地协调观。 |

**作业设计**

在下列实践任务中任选一个:
1. 查找资料:盐碱地的特征、成因与改造措施。
2. 采访调查:当地农业种植人员对土壤的改良措施。

**板书设计**

## 【教师说课】

### 一、说教材

本节内容由"成土因素"和"土壤剖面"两部分内容组成。教材以位于江西东南边陲的寻乌作为课程导入的情境材料。那里虽然群山环抱、交通闭塞，但由于土壤的特殊性，在农耕时期吸引了一批批山外百姓的移入。由于情境中的材料与学生的认知产生巨大的反差，极大地提高了学生对土壤的认知诉求和探究欲望。教材在介绍了土壤的概念后，以"土壤与其他自然地理要素的关系示意图"引出"成土因素"这部分内容，接着分别介绍了成土母质、气候、生物和其他因素对土壤形成的影响，重点说明各自然要素在土壤形成过程中所起的作用。在"土壤剖面"部分，教材以正文和实物照片对照的形式，直观地说明了土壤剖面的土层分布序列和结构构成，并在阅读中利用分布图和实物照片，对比介绍森林和草原不同的土壤剖面情况。这两部分内容均配有相应的活动，旨在加深学生对相关内容的理解，培养学生综合思维和区域认知的核心素养，并特别注重培养学生的地理实践力和人地协调观。

### 二、说学情

首先，从地理知识基础分析。土壤的形成这一节内容是必修第一册的最后一节内容，学生已经对前面所学的自然地理要素有了比较全面完整的认识，较好地掌握了自然地理的基本知识框架，可以从更全面的角度对土壤的形成因素进行分析。

其次，从地理学习技能分析，经过前期的地理技能的学习，学生已经具有一定的地理读图、识图、鉴图能力，可以提供更多地图资料作为学习工具，也可以给他们布置一些搜集地理图片的任务，检验其地理信息的识别能力。

最后，从地理认知思维分析，学生的各地理要素综合应用思维还需要更多的锻炼，所以需要思维过程方面进行更多的指导。比如在增加更多感性认识的基础上开展理性的总结，从现象的观察维度到原理的分析逻辑开展指导。

### 三、说教法学法

第一课时，在学生已经学习过地球的圈层结构、地貌、大气受热过程、水循环等知识的基础上，课前让学生分组先阅读课文，所有学生归纳土壤的主要形成因素有哪些，教师对各组进行点评，并总结土壤的主要形成因素和土壤的一般形成过程，落实人地协调观，提高学生的地理实践力。并在最后提出某区域土壤形成的问题,锻炼学生的综合分析能力。

第二课时,学生在学习了土壤的主要形成因素后,通过学习了解和运用土壤剖面标本反向论证和分析某区域土壤的主要形成因素,并通过问题活动对某区域土壤及其主要形成因素进行综合分析和说明。

## 四、说创新亮点

在课前导入部分选取了湖南永州的江永香米这一案例,属于本土的事例,又是学生生活中接触得比较多的大米,能够迅速引起学生的兴趣,启发学生由生活现象思考地理原理。

对于土壤成土因素这一教学重点,一方面选取了不同区域的土壤景观引入新课,以激发学生的学习兴趣。同时,结合当地的土壤类型和气候特征开展探究活动,让学生明确土壤与气候的关系。另一方面通过对比不同区域的气候类型、植被状况等,来引导学生推测不同地区土壤的性质差异,从而加深他们对教材内容的理解。

对于土壤剖面这一教学难点。因高中学生的地理实践机会较少,他们可能对这部分知识缺乏了解,在教学中利用丰富的视频、图片、图表等资料增加学生的感性认识。

## 【教学反思】

由于这是必修第一册的最后一节内容,是在前面许多知识的基础上展开的。土壤作为自然地理要素的综合体,分析某地土壤的形成因素的本质也就是分析当地的自然地理的整体特征,因此本节课的主要教学目的应是适当回顾前面所学内容,锻炼学生综合思维;另一方面,土壤看似是生活中处处可见的自然地理要素,但是学生往往缺乏对土壤的感性认知,也很少关注深层土壤的剖面形态,因此如何吸引学生了解和关注土壤是一个需要着重考虑的问题;从人地协调观素养来看,这一节是具有关键意义的,只有尽可能多地让学生认识到土壤与人类生产生活的密切关系才可能让学生真正明白土壤的意义。首先确定这节课的课型为新授课,课时安排为两个课时,第一课时教学内容为"土壤的形成因素",第二课时教学内容为"土壤剖面"。从教学内容上看,第一节内容为第二节内容的基础,因此,在教学设计时,要考虑两节课时内容之间的联系,要做到相互关联且逻辑清晰。其次,将教学环节分为引入新课、讲授新课以及巩固小结三个环节,其中重点在于讲清楚主要的成土因素,土壤垂直序列和典型的土壤剖面识别。在教学手段的应用上,本节课运用了大量的图片资料,也引入了当地的土壤背景素材。让学生通过读图、阅读资料与课本材料来自学,设计大量活动与问题探究,对于培养学生主动学习和自主学习的态度,以及帮助学生实现从感性思维到理性思维的转换都是具有重要作用的。但是,本节课仍然存在不少缺陷。比如,给学生提供的土壤标本实物有限,没有能够给学生更为真实的土壤观察环境,只能让学生在今后的地理野外实践活动中再进行实地考察与探究。虽然让学生在网上搜集了土壤景观图和剖面图,但是对于土壤的质地还是不能简单地通过眼睛的观察认识,应该增加学生对土壤的直接感知,带学生感受身边的土壤。在教学中应避免空泛地与学生探讨土壤肥力、土层等概念,要引导学生关注土壤与人类活动的关系,将这些内容提升到人地关系的维度并以此为基础引导学生关注土壤环境,探究土壤对人类生产生活更广泛的影响,树立认识土壤、保护土壤的观念。

## 【专家点评】

本节课划分了土壤成土因素和土壤剖面的判读两个重点内容,在教学过程中运用了湖南永州的江永香米和我国的五色土作为情境导入,均能较好地引起学生的兴趣,利用对江永香米之“香”的探究引导学生深入思考土壤有关的内容,有利于形成学生的地理事件探究的思维,锻炼解决地理实际问题的能力。对于土壤形成因素这个教学重点内容,设计了分小组进行合作探究的环节,避免因单调的文字阅读导致的学习乏味,同时用图表将各因素对土壤形成的影响展示出来,引导学生利用这一知识框架进行问题的探讨,将地理原理落实到具体的地理现象中,锻炼学生的综合思维。布置的可供选择的实践探究活动都是本节知识的应用或者拓展,能够有效地引导学生探究实际的地理问题,更多地关注我们的土壤环境。

（田文新　长沙市长郡中学）

# 必修 第二册

# 第一章 人口与地理环境

## 本章概述

（肖雨琳）

### 1. 内容解读

本章内容涉及的课标是"2.1 运用资料，描述人口分布、迁移的特点及其影响因素，并结合实例，解释区域资源环境承载力、人口合理容量"。

人口问题是当今世界的热点问题，人口的爆炸式增长，引发了资源、环境、社会等各方面的问题。本章设计了人口分布、人口迁移、人口容量这三个内容，这三个内容都与自然和人文地理环境息息相关。教材通过大量的案例和探究活动，从不同的尺度，从时间和空间两个维度，分析了人口的分布与迁移、人口容量的特点和影响因素，引发学生对人口与地理环境相互关系的思考，建立正确的人口观，逐步提高学生的地理核心素养。

第一节"人口分布"。教材引入真实情境：印度尼西亚的人口情况，引导学生思考爪哇岛人口密度大的原因，并进一步讨论影响人口分布的因素。接着，第一个内容是介绍世界人口分布情况，从全球的尺度，用世界人口分布图、2016 年人口超过 1 亿的国家及其占世界总人口的比例图、人类大陆图来说明世界人口的分布规律：陆地上 10%的土地上居住着世界 90%的人口、亚洲以 30%的面积分布了世界 60%左右的人口、13 个国家约占世界总人口的 62.47%。在了解了分布情况之后，探讨影响人口分布的因素，从自然地理条件和人文地理环节两个方面来讨论，最后，用三个活动让学生从国家的尺度来巩固练习，三个活动材料都是与我国的人口有关的，从身边出发，提高学生的地理核心素养。

第二节"人口迁移"。教材用经纬家人的活动设计探究案，让学生判断这些属于人口流动还是人口迁移，进而引出人口迁移的概念，再通过学生自己家人迁移故事的讲述，归纳影响人口迁移因素，从生活中的例子出发，既能提高学生的参与度,又能加强学生对知识的理解。接下来通过阅读和探究等多样的活动来加强对人口迁移概念和影响因素的理解。接着,教材从空间和时间尺度展开分析了国际人口迁移和国内人口迁移的特点,最后以活动的形式讨论人口迁移对迁入地和迁出地各有什么积极和消极影响,形成了关于人口迁移的完整的知识框架。

第三节"人口容量"。教材用"天然池塘生态系统中,鱼的数量与承载力及限制因素之间的关系"类比地球上的环境承载力,举例贴切、自然。接着从时间的维度讲解了历史上的人口的增长,用两个活动分别讨论了世界人口增长和我国的人口增长特点和原因。接着,教材指出了资源环境的限制性,进而引入人口容量、人口合理容量的概念和影响因素,接着引导学生,人类社会的可持续发展,不能超过人口容量,应该追求接近人口合理容量,构建一个人地协调发展的理想世界。

## 2. 价值理念

地理环境是人类赖以生存和发展的载体,人类和一切生物都不可能脱离环境而生存。通过本章学习,帮助学生了解世界人口发展历程,理解地球村的人口持续增长,以及引发的人口与资源、环境、发展之间的尖锐矛盾,从而树立人地和谐观念。

## 3. 必备知识

(1)结合案例,掌握世界人口分布特点和人口分布的影响因素。

(2)结合图文材料,说明人口分布与自然地理环境、人文地理环境的关系。

(3)通过案例,说明影响人口迁移的因素,学会综合分析地理环境对人口分布的影响。

(4)结合实例,解释区域资源环境承载力、人口合理容量。

(5)比较环境人口容量和人口合理容量,学会分析其影响因素。

## 4. 关键能力

学会从图表中获取地理信息;运用综合分析法,分析人口分布、人口迁移与自然环境、人文环境的关系;能够结合自己家乡的具体情况,分析人口与环境的关系,加深人地协调观念。

## 5. 学科素养

(1)通过本章学习,掌握世界人口分布、区域人口合理容量的估计方法、国际人口迁移和国内人口迁移的情况、特点和影响因素并会分析人口迁移所带来的影

响。（区域认知）

（2）能够用各种事例说明影响人口分布的因素,并会综合分析地理环境对人口分布的影响。（综合思维）

（3）能够根据自己的知识积累,分析相关资料,掌握世界人口分布的特点、分析迁移的原因和所带来的影响,培养学生对地理问题的综合探究能力。（综合思维）

（4）深刻理解人口分布、人口迁移、环境承载力与自然环境、人文环境的关系,从而实现人地协调发展。（人地协调观）

## 6. 课时规划建议

| 节名 | 课时安排 | 课时内容 | |
|---|---|---|---|
| 第一节　人口分布 | 2 | 第一课时 | 内容一　世界人口分布 |
| | | 第二课时 | 内容二　影响人口分布的因素 |
| 第二节　人口迁移 | 2 | 第一课时 | 内容一　人口迁移及其影响因素 |
| | | 第二课时 | 内容二　国际人口迁移<br>内容三　我国人口迁移 |
| 第三节　人口容量 | 2 | 第一课时 | 内容一　人口增长<br>内容二　资源环境的限制性 |
| | | 第二课时 | 内容三　人口合理容量 |

## 7. 知识导图

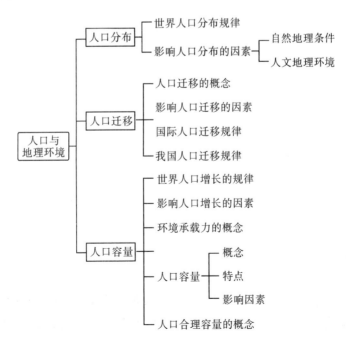

# 第二节 人口迁移

（杨夏）

## 【内容简述】

人口迁移会引起人口空间分布状况的变化,也会导致区域人口增长情况的变化。人口迁移现象具有区域性和时代性特征。为了让学生能将人口迁移与地理环境特征联系起来,深入探究其影响因素及带来的影响,本课例选择东北地区人口迁移作为线索,探究历史上"闯关东"和当前东北人口流出现象产生的原因和影响。在案例探究中落实地理基本概念和基本原理,并结合区域特征辩证分析,培养学生的区域认知、综合思维、人地协调观。

## 【教学目标】

| 课程标准 | 核心素养目标 |
|---|---|
| 运用资料,描述人口迁移的特点及其影响因素。 | (1)明确人口迁移的概念,判断人口流动行为是否属于人口迁移。(地理实践力)<br>(2)根据人口迁移案例信息,描述人口迁移的特点并结合区域特分析导致人口迁移的主要因素。(综合思维、区域认知)<br>(3)根据人口迁移案例信息,探究人口迁移对迁入地和迁出地产生的影响。(综合思维、人地协调观) |

## 【评价目标】

| 水平一 | 水平二 |
|---|---|
| 根据实例信息,辨识人口迁移和人口流动,并能根据相关信息简单描述人口迁移的特点及影响因素。(区域认知、综合思维) | 能结合现实中人口移动的案例,区分人口迁移和人口流动行为。归纳给定的具体区域的人口迁移特点,并完整地分析影响其人口迁移的因素。(区域认知、综合思维) |
| 结合实例,分析人口迁移对迁入地和迁出地的影响。(人地协调观) | 根据给定的材料,从利弊两方面分析人口迁移行为对迁入地和迁出地产生的影响。(人地协调观) |

续表

| 水平一 | 水平二 |
| --- | --- |
| 通过查阅人口资料,初步了解本地人口迁移情况。(地理实践力) | 深入调查本地人口情况,描述本地人口迁移特点并探寻原因。(地理实践力) |

## 【教学重难点】

教学重点:1.人口迁移的概念;

　　　　　2.不同时期我国及世界人口迁移的特点。

教学难点:影响人口迁移的因素。

## 【教学流程】

| 教学环节 | 教师活动 | 学生活动 | 教学评价 | 设计意图 |
| --- | --- | --- | --- | --- |
| 新课引入 | 播放电视剧《闯关东》片段:该片段内容为主角之间讨论为什么要去关东。<br>提问:传文一家去关东是否属于人口迁移行为?<br>他们为什么要去关东? | 观看视频,思考问题。 | 学生对视频内容感兴趣。能够以通俗的语言回答课前的问题,但对地理概念的认识和表达不清晰。 | 创设情境,提出问题。视频能够吸引学生注意力,激发学生兴趣,同时最直观地呈现出一次人口迁移行为的影响因素。通过视频案例引发学生思考。 |
| 自主学习:判断人口迁移的行为和类别 | 引导提问:<br>1.人口迁移行为需要满足哪些条件?<br>2.人口迁移可以分为哪些类型?<br>知识应用:<br>下列人口流动行为哪些属于人口迁移?<br>①外出度假、旅游。 | 阅读教材内容,进行总结归纳。<br>1.时间属性:长期行为;空间属性:跨越某种行政区界线。<br>2.国际迁移和国内迁移。 | 学生基本能准确地把握教材内容,找出对应的概念。<br>知识应用部分,由于对时间长短、距离远近的理解不准确,人口迁移行为的判断易出现错误。 | 判断人口迁移行为是学习人口迁移的基本前提,教材中对概念有清晰的表述,由学生自主阅读完成概念辨析,加深对概念的理解,有利于培养理解地理信息的能力。 |

续表

| 教学环节 | 教师活动 | 学生活动 | 教学评价 | 设计意图 |
|---|---|---|---|---|
| 自主学习：判断人口迁移的行为和类别 | ②张成高中毕业考取大学去外省读书。<br>③王艳从甲县A中学转到乙县B中学读书。<br>④2015年在德国难民营生活的叙利亚难民。<br>下列人口迁移事件中,哪些属于国际迁移,哪些属于国内迁移?<br>①北宋末年,由于战争引起的中原人口大规模南迁。<br>②19世纪,俄国向西伯利亚流放犯人。<br>③明清时期,我国广东、福建等省的人民移居东南亚。<br>④改革开放以来,大批农村剩余劳动力前往大城市和沿海经济发达地区工作并定居。<br>3.传文一家去关东是否属于人口迁移行为? | 思考并回答问题:<br>②、③、④为人口迁移行为。<br>①、②、④为国内迁移,③为国际迁移。<br>3.是人口迁移行为。 | | |

续表

| 教学环节 | 教师活动 | 学生活动 | 教学评价 | 设计意图 |
|---|---|---|---|---|
| 合作学习：探究朱传文一家去东北的原因 | 再次播放视频:根据视频内容完成下表<br><br>表头：对白 \| 去关东的原因<br>你家有粮食了?<br>让俺一家去关东找他<br>好地有的是,种都种不完<br>一马平川<br>土地是黑色的,肥得流油<br>好东西多的是:关东三件宝,棒打狍子瓢舀鱼<br>俺要跟你一块去<br><br>在这些理由中,哪些是属于迁出地的?哪些是属于迁入地的? | 观看视频,完成表格<br><br>去关东的原因<br>自然灾害——饥荒<br>家庭——团聚、方便生活<br>地广人稀——发展空间大<br>地形——平原<br>土壤——肥沃<br>资源——物产丰富<br>婚姻——跟随爱人<br><br>饥荒是迁出地的因素,其他因素是迁入地的。 | 概念落实之后,学生能准确地找出朱传文一家去关东的原因。 | 影响人口迁移的因素及人口迁移推拉理论是本节的重难点内容。根据实际案例,通过视频呈现,激发学生的兴趣,引导学生快速找到影响人口迁移的因素并掌握推拉理论,将复杂的理论形象化处理。 |

续表

| 教学环节 | 教师活动 | 学生活动 | 教学评价 | 设计意图 |
|---|---|---|---|---|
| 阶段小结 | 小结人口迁移的影响因素及推拉力理论<br> | 学生认真做笔记，并认同了教师的归纳总结。且对之前未涉及的因素提出疑问。 | | 归纳知识点，引导学生整理知识框架，将零散的知识建构成知识体系，利于学生理解地理基本概念和基本原理。 |
| 合作学习：国际和我国人口迁移 | 展示国际主要人口迁移事件，提问：引起人口迁移主要因素是什么？<br>1.15世纪发现新大陆，欧洲与非洲人口迁往美洲。<br>2.印度和巴基斯坦两国分治，引发两国之间人口迁移。<br>3.20世纪70年代后，亚洲移民迁入美国。<br>4.西晋"永嘉丧乱"、唐代"安史之乱"、北宋"靖康之难"，中原人口大规模南迁。<br>5.1942年中原大饥荒，中原人口大规模向西南、西北迁移。<br>6.改革开放以来，中西部农村剩余劳动力前往沿海经济发达地区工作并定居。 | 学生小组合作，讨论相关问题，并回答。<br>1.资源<br>2.宗教<br>3.经济<br>4.战争<br>5.饥荒<br>6.经济 | 学生热烈讨论，回答较为准确。但对部分历史事件不熟悉。 | 通过合作学习分析国际和我国的人口迁移案例，让学生了解人口迁移的历史，并进一步运用影响人口迁移的因素这一知识点，实现了学以致用。 |

续表

| 教学环节 | 教师活动 | 学生活动 | 教学评价 | 设计意图 |
|---|---|---|---|---|
| 探究学习：现代东北地区的人口迁移情况 | 　　闯关东的关东就在现在的东北地区，当时包括朱传文家在内的大量人口迁入，现在东北的人口现状又是怎样的呢？<br>　　展示东北地区第七次人口普查数据（单位：万人），其中户籍人口是指依法在某地公安户籍管理机关登记了户口的人口，常住人口是指实际居住在某地一定时间（半年以上）的人口。<br><br>　　提问：<br>　　1.东北三省常住人口和户籍人口有什么差异？<br>　　2.常住人口和户籍人口的差异反映了东北地区人口迁移状况是怎样的？<br>　　3.东北地区为什么会有大量人口迁出？<br>　　4.推测迁出的人口主要去了哪些地区。<br>　　5.人口迁出对东北地区会产生什么影响？<br>　　6.人口迁入对经济发达地区会产生什么影响？ | 　　学生阅读东北地区相关资料，回答问题。<br>　　1.常住人口数量小于户籍人口数量。<br>　　2.东北地区人口迁移是以人口迁出为主。<br>　　3.因为东北地区经济增长缓慢、就业机会少……<br>　　4.前往经济发达的地区，如北京、上海、广州、深圳等。<br>　　5.不利影响：东北地区劳动力短缺、经济发展放缓、人口老龄化加剧。有利影响：缓解当地人地矛盾；加强对外联系。<br>　　6.有利影响：提供充足劳动力，促进经济发展，调整年龄结构，增加城市活力。不利影响：加剧城市负担（住房紧张、交通拥堵）、管理困难，影响治安等。 | 　　学生对探究当代东北人口迁移情况表现出极大的兴趣。<br>　　首先部分同学没能理解常住人口和户籍人口差距所反映的人口迁移状况。<br>　　人口迁移产生的影响回答语言不够精准。 | 　　通过真实的人口数据，让学生分析数据背后的地理现象及原理，在认识东北地区人口迁移的情况的同时，落实人口数据的分析能力及教材内容人口迁移的影响。 |

续表

| 教学环节 | 教师活动 | 学生活动 | 教学评价 | 设计意图 |
|---|---|---|---|---|
| 课堂总结 | 通过本节课的学习,我们认识了人口迁移的概念、类型、影响因素、国际和国内人口迁移的情况、对迁入地迁出地的影响。人口迁移就发生在我们身边,是一种重要的地理现象,研究人口迁移可以帮助我们了解区域人口资源情况,为区域发展做决策提供支持。 | 学生完成相关作业。 | 认真听讲。 | 总结升华,帮助学生认识到研究人口迁移的意义,体现人地关系。 |

作业设计

实践性作业:

活动名称:调查我们身边的人口迁移。

活动目标:学生通过对自己家庭或在所在省市人口迁移状况进行调查、分析,促进学生将理论知识应用于实践,培养学生的地理实践力。

活动准备:通过访谈或者查找相关数据资料,调查身边的人口迁移状况,总结人口迁移产生的原因及影响。

板书设计

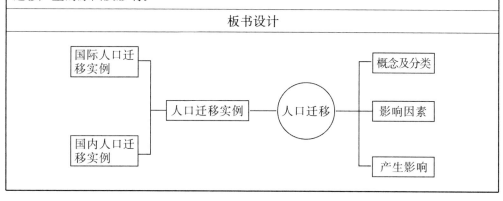

## 【教师说课】

### 一、说教材

本节内容对应的课程标准为"地理2—2.1 运用资料,描述人口分布、迁移的特点及其影响因素,并结合实例,解释区域资源环境承载力、人口合理容量"。在教材中为本章的第二节,第一节为人口分布,第三节为人口容量。一方面它是人口分布的发展和深入,人口迁移又会引起人口分布状况的变化。同时,人口迁移又会影响人口增长情况,涉及人地协调发展的问题,联系人口合理容量。所以,这部分内容在"人口与地理环境"这一章中起到承前启后的作用。本节内容,在教材中由"人口迁移及其影响因素""国际人口迁移""我国人口迁移"三部分内容组成。三部分内容具体涉的核心知识有人口迁移的概念、人口迁移的分类、人口迁移的影响因素、人口迁移产生的影响。教材中通过大量人口迁移的实际案例,将核心知识融入其中,教材没有直接告诉学生结论,而是需要自己分析出来,培养了学生具体问题具体分析的能力,同时也让学生对人口迁移的主要内容有更深入的了解。

## 二、说学情

本节内容在高一第二学期开展教学,面对的是还没有进行选科的高一学生。学生此时通过初中和高一上学期的学习,对中国区域、世界区域和自然地理的基本原理有了认识。因此具备了分析地理问题的能力,可以开展案例教学、问题教学。

人口迁移行为发生在学生的生活中。高一的学生身心日渐成熟,对身边的各种事物关注更多,想法也更多。学生可能观察到过生活中的人口迁移行为,但是对此缺乏理性的认识,难以全面地进行思考和分析。因此,需要教师进行耐心引导,帮助学生实现思维的转换,从感性认知上升至理性思维。

## 三、说教法学法

情境教学法:创设教学情境,激发学生学习兴趣,提高学生的内驱力,切实提高课堂教学效率。

主题探究法:设计探究问题,引导学生合作探究,落实课标要求,培养地理核心素养。

问题教学法:通过设计问题链,引导学生由易到难,由浅到深地探究人口迁移问题,在问题的解决过程中不断运用所学地理知识,落实地理核心概念和主干内容。

## 四、说创新点

本节内容在教材中涉及很多人口迁移的案例,不同的案例帮助学生落实不同的知识。本节课对教材中的案例进行筛选,选取部分经典案例,并补充我国东北地区人口迁移的案例,以东北地区人口迁移案例贯穿整节课,实现一个案例深入探究,保证了整节课的完整性和连贯性。东北地区的人口迁移有丰富的视频和文字素材,多样化的材料能够激发学生的兴趣。东北地区对于学生而言,也是较为熟悉的区域,从熟悉的区域入手,让学生解决身边的地理问题,落实了地理生活化的观念。

本节课设置了大量问题链,通过问题教学,引导学生一步一步去探究人口迁移问题。教师创设问题情境,组织学生探究,并通过合作学习的组织形式,为学生提供交流、合作、探索、发展机会,让学生在解决问题的过程中感受知识,学会思考、学会学习。

布置了实践型作业,培养学生的地理实践力,引导学生将所学知识运用于生活中,主动去寻找生活中的地理问题。

## 【教学反思】

本节内容旨在希望通过探究案例情境,引导学生分析地理问题,总结地理原理。在探究问题的过程中有自主学习和合作学习两种形式,充分调动了学生的积极性。同时,情境材料多样性,有视频、数据、文字等多种形式,学生需要从材料中提取信息,解决问题,有利于地理关键能力的培养。并且在课堂中突出了教师的主导作用,学生的主体作用。教师设问,引导学生学习。学生具有主观能动性,在探究的过程中,他们带着自己的知识、经验去思考,成为课堂教学主体部分,使课堂教学呈现出丰富性、多变性和复杂性。在课堂上,教师重视师生对话,关注课堂生成问题,及时抓住了学生思维的亮点,适当点拨、精巧引导,让课堂不仅是预设,更充满了生成。例如,学生课堂上提出问题:"是否有人从经济更发达的城市迁移到农村?"教师抓住学生的提问,引导学生进一步思考:"如果是你,你会因为什么选择离开城市到农村? 城市的推力是什么? 农村的拉力又是什么?"学生在教师的引导下,不断思考,讨论出可能由于城市环境污染、住房紧张、生活节奏快,农村住房改善、交通改善等原因导致人口从城市前往农村。虽然答案并没有很全面,但是探究问题的思路已经很清晰了。这样的生成问题,体现了学生的深入思考,反映出课堂的活力,也为后续学习逆城市化打下了基础。

根据经验,本节课的内容应该比较简单。但是学生在完成教材中人口迁移行为的判断过程中,仍然出现一些问题。在具体问题中,对人口迁移概念中的时间属性和空间属性还是把握不准。教师需进一步明确时间的长度,空间的距离,通过课后练习,帮助学生落实概念。

本节课探究活动多,设计的问题也多,并且部分问题具有一定难度。教师应该要注意课堂时间把握，在规定的时间内完成活动。根据课堂的实际情况适当增减，调整，有些简单的问题可以减少讨论的时间。而一些较难的问题，如现代东北地区人口迁移问题，学生对户籍人口和常住人口不太理解，因此，要分析出户籍人口和常住人口数据差异后反映的人口迁移问题存在一定难度。教师在学生探究前应对此进行适当的解释，帮助学生理解新概念，提高课堂的效率。

## 【专家点评】

教师备课的重点应该是研究如何使用科学方法，让学生理解基础知识，让学生去运用地理知识。教师在课堂中要引导学生用地理的视角去看世界。本节课，教师通过案例探究，以闯关东等案例，调动了学生的积极性，引导学生用地理视角去探究这些问题。教师基本上做到了用教材而不是教教材。精心设计的问题，让学生关注到案例背后的地理原理，很好地激发了学生探究地理问题的兴趣。学生通过回答问题，大量输出自己的想法，课堂上不是教师对学生进行单向信息输入，这让课堂充满挑战，也让学生对知识的掌握更深刻。课堂设计将以学生为主体的思路贯穿了整节课。

课堂以问题线索来探究地理问题，对教师的能力要求非常高。教师对学生反馈很及时，但是还要注意引导学生回到核心问题，避免在讨论过程中过于分散，进一步提升课堂效率。

（杨帆　湖南师范大学附属中学）

# 第三节 人口容量

（朱丰年）

## 【内容简述】

本课时主要涉及三大内容,一是人口增长,二是环境承载力(资源环境的限制性),三是人口合理容量。因为人口增长受资源环境的限制性制约,一个国家人口必须控制在某个数值区间范围。人口增长比较简单,仅要求学生会计算、描述区域的人口变化,会从不同角度分析影响其人口变化的因素,定量和定性认识和理解地区人口增长。资源的限制性尤其是自然资源的限制对区域人口容量有决定性的影响,人为地打破这种限制可能引发资源短缺、生态破坏、环境污染等生态环境问题,从而影响区域可持续发展。人口合理容量不仅要考虑人口再生产带来的人口增长,同时更多地从客观角度探讨资源环境对人口增长存在限制性,从而帮助学生树立人地协调观。人口合理容量是本节的重点和难点,需要结合具体任务和案例帮助学生理解。

## 【教学目标】

| 课程标准 | 核心素养目标 |
| --- | --- |
| 运用资料并结合实例,解释区域资源环境承载力,人口合理容量。 | 1.通过读图说出中国人口自然增长的基本特征,对世界人口自然增长的区域认知。(区域认知)<br>2.通过区域图、统计图,培养学生的形象思维能力;通过探究影响人口自然增长率以及环境承载力的因素,培养学生的抽象思维能力。(综合思维)<br>3.通过活动探究,尽可能地引导学生将课堂知识与现实生活相联系,去分析实际生活中的地理问题与现象。(地理实践力)<br>4.通过案例教学,激发出学生对自己所生活的环境的热爱。(人地协调观) |

## 【评价目标】

| 水平一 | 水平二 |
| --- | --- |
| 了解当前我国人口增长的基本事实,初步理解资源、环境与人口增长之间的关系。 | 能掌握人口曲线图的绘制方法,会根据曲线进行基本的分析;能认识目前人口、资源和环境问题的严重性,谋求人地协调发展。 |

续表

| 水平一 | 水平二 |
|---|---|
| 　　明确环境人口容量与人口合理容量概念的联系与区别。 | 　　能结合具体的区域案例,理解和综合分析影响人口环境容量的因素。能具体理解人口合理容量对国家人口政策和区域可持续发展的意义。 |

## 【教学重难点】

　　教学重点:区域环境承载力、人口容量、人口合理容量的含义及人口合理容量
　　　　　　的影响因素。

　　教学难点:区域环境承载力、人口容量、人口合理容量概念的关系及限制性
　　　　　　因素。

## 【教学流程】

### 第1课时　人口容量

| 教学环节 | 教师活动 | 学生活动 | 教学评价 | 设计意图 |
|---|---|---|---|---|
| 新课引入 | 　　【材料呈现】1850年,清代人口仅4.3亿,当时的学者汪士铎惊呼:"人多之害,山顶已植黍稷,江中已有洲田,川中已辟老林,苗洞已开深菁,犹不足养……"而今天的中国,不但养活了13亿人,人们的生活水平比那个时代还提高了许多。为什么人口增加到3倍,国民的生活水平还提高了许多?人们美好生活的实现是否不需要再考虑人口容量?今天这节课我们就来讨论这个问题。<br>　　【提问】请同学们预习教材相关内容,从地理的角度思考材料中描述了关于人口的哪些方面的问题。 | 　　预习教材相关内容,根据老师提问要求,提出材料中涉及的如下问题:<br>　　1.人口的自然增长问题。<br>　　2.影响人口自然增长的因素。<br>　　3.人口自然增长与地理环境的关系问题。 | 　　选取材料历史与现实的结合,凸出材料的现实价值。激发学生的学习兴趣,唤醒学生的求知欲,驱动学习动机。 | 　　创设情境,提出问题。 |

续表

| 教学环节 | 教师活动 | 学生活动 | 教学评价 | 设计意图 |
|---|---|---|---|---|
| 探究一：人口自然增长及其影响因素 | 【教材知识呈现】不仅中国,从世界范围看,人口发展的总趋势也是在增长,而且世界人口整体上仍处于快速增长阶段。如何理解和分析影响人口自然增长的因素?<br>1.人口自然增长率＝人口出生率－人口死亡率<br>2.人口数量自然变化与人口自然增长率的关系:正增长、负增长、零增长。<br>3.分析影响人口自然增长的因素(通过影响出生率和死亡率来综合分析):生产力水平、国家人口政策、社会福利、自然环境、文化观念、宗教信仰等。 | 【活动】(教材相关内容)<br>1.参照我国历次人口普查资料,根据人口出生率、人口死亡率和人口自然增长率变化的数据完成表格,并绘制曲线图。<br>2.结合我国人口自然增长变化特征,任选一个方面分析其对我国人口自然增长的影响。 | 培养学生自己动手能力,在绘制曲线图过程中感受和思考人口增长问题。运用所学知识,深度思考现象背后的成因。 | 培养学生探究问题的能力和方法;培养综合分析地理问题的能力。 |
| 探究二：环境承载力与环境人口容量 | 【承转】:一个区域的人口数量是否合理,不仅取决于人口的自然增长,还与区域环境承载力分不开。<br>1.环境承载力:环境承载力指自然环境中某一资源能持续供养的人口数量。<br>2.环境资源的重要性及限制性。<br>【小组合作探究】<br>根据班级分组或本学科分组要求,以组长为中心展开合作探究。 | 1.结合老师提供的A—D组资料,说一说环境资源利用中的主要问题。<br>2.举例说一说环境承载力与环境自然资源的关系。 | 教师有引导,学生能有效进行知识迁移。学生能在老师引导下,辩证地看待环境自然资源的重要性与限制性。 | 明晰地理核心概念,培养学生举一反三的能力。 |

续表

| 教学环节 | 教师活动 | 学生活动 | 教学评价 | 设计意图 |
|---|---|---|---|---|

环境资源的重要性及限制性【小结】

| 资源 | 重要性 | 利用中的问题 |
|---|---|---|
| A组：土地资源 | 土地是人类生产生活的主要空间场所，是不可替代的自然资源。 | 世界人口的急剧增长 → 人均土地拥有量大幅度下降，使土地承受着越来越大的压力 / 人类对土地的不合理利用，导致耕地面积显著缩小 → 人类生存的空间越来越小 |
| B组：矿产资源 | 矿产资源是重要的自然资源，是人类进行现代化生产和提高生活水平的物质基础。 | 人口增长　科技发展 → 人类的需求量不断增长 → 矿产资源大量消耗 → 资源短缺，甚至枯竭 |
| C组：水资源 | 人类的生存和发展离不开水。 | 水污染增重　水资源浪费　人口数量增加　生产、生活耗水增多 → 供水量减少　需求量增多 → 水资源出现供需矛盾：水资源短缺 |
| D组：森林资源 | 具有美化环境、吸烟滞尘、减弱噪声、涵养水源、保持水土、防风固沙、调节气候、保护生物多样性等作用。 | 人类不合理的垦殖活动 → 毁坏大面积森林 → 大气污染加剧／气候反常事件增多／水土流失加剧 → 人类生存环境恶化；水土流失加剧 → 土壤肥力下降　耕地沙化 |

续表

| 教学环节 | 教师活动 | 学生活动 | 教学评价 | 设计意图 |
|---|---|---|---|---|
| 探究二：环境承载力与环境人口容量 | 【承转】环境承载力通过具体的环境资源来考察和评估,最终体现在人口数量这一指标。<br><br>3.环境人口容量:指环境能容纳的最大人口数量,即环境最多能养活多少人。<br><br>4.木桶效益:一个木桶的容量是由组成这个木桶的所有板块中最短的那块木板的长度所决定的。环境人口容量是由环境中所有资源中环境承载力最小的那个资源所能承载的人口数量所决定的。<br><br><br>土地资源<br>淡水资源<br>森林资源<br>能源<br>矿产资源<br>……<br><br>【参考答案】<br>影响我国清代到目前人口增长3倍的决定性因素是科技的发展和进步。 | 【小结】<br>影响环境人口容量的因素主要有以下六个方面:<br><br>| 影响因素 | 资源 | 正相关 |<br>| | 科技 | 正相关 |<br>| | 经济 | 正相关 |<br>| | 文化水平 | 正相关 |<br>| | 开放程度 | 正相关 |<br>| | 消费水平 | 负相关 |<br><br>结合新课引入材料,运用木桶效益,具体环境因素与环境人口容量之间的相关性。 | 引导学生预习教材,运用教材所学知识,在新情境中进行知识运用,呼应新课引入的问题。 | 培养学生的地理综合思维能力。 |

续表

| 教学环节 | 教师活动 | 学生活动 | 教学评价 | 设计意图 |
|---|---|---|---|---|

<table>
<tr><td colspan="3" align="center">人口容量的影响因素【小结】</td></tr>
<tr><td>制约因素</td><td>相关性</td><td>影响</td></tr>
<tr><td>资源丰富程度</td><td>呈正相关</td><td>资源越丰富，人口容量越大；资源越贫乏，人口容量越小。</td></tr>
<tr><td>科技发展水平</td><td>呈正相关</td><td>科技发展水平越高，人口容量越大；科技发展水平越低，人口容量越小。</td></tr>
<tr><td>地区开放程度</td><td>呈正相关</td><td>地区对外开放的程度越高，人口容量越大；地区对外开放的程度越低，人口容量越小。</td></tr>
<tr><td>人口的生活消费水平</td><td>呈负相关</td><td>消费水平越高，人口容量越小；消费水平越低，人口容量越大。</td></tr>
<tr><td colspan="3">人类的生存条件在很大程度上取决于资源状况，因此资源是制约人口容量的主要因素。</td></tr>
</table>

| 教学环节 | 教师活动 | 学生活动 | 教学评价 | 设计意图 |
|---|---|---|---|---|
| 探究三：人口合理容量 | 【承转】环境人口容量仅仅给出了区域人口的最大值，它回答了地球上最多能养活多少人的问题，显然这不是我们需要的理想人口容量。那么地球上最适宜养活多少人？<br>1.人口合理容量：人口合理容量则是指按照合理的生活方式、保障健康的生活水平，同时又不妨碍未来人口生活质量的前提下，一个国家或地区最适宜的人口数量。 | 【小组合作探究】阅读下列材料，小组合作探究完成相关任务。（教材相关内容）(1)分析占里侗寨人口长期保持在700人左右的原因。(2)分析占里侗寨寨规规定一对夫妇最多只能生育两个孩子的理由。(3)随着人口不断增加，我国必须进行人口合理容量的估计，为什么？ | 合理利用和挖掘教材资源，探究中小地理尺度区域人口状况，帮助学生理解人口合理容量及其影响因素。 | 明晰核心概念；能将地理概念和原理运用到具体的区域实践中。 |

续表

| 教学环节 | 教师活动 | 学生活动 | 教学评价 | 设计意图 |
|---|---|---|---|---|
| 探究三：人口合理容量 | 2. 人口合理容量与环境人口容量的区别：<br><br>环境承载力 ➡ 某种资源养活的人数<br><br>环境人口容量 ➡ 最多能养活的人口数量<br><br>合理人口容景 ➡ 适宜养活的人口数量<br><br>数量关系：<br>①环境人口容量＝最小的环境承载力<br>②环境人口容量≥人口合理容量<br><br>3. 人口合理容量的特点：<br>①临界性。如果某地人口数量与人口合理容量相当，表明人口与其赖以生存的物质资源基本协调。②相对性。相同面积的土地在不同地区、不同自然条件和科学技术水平下，人口合理容量是不同的。即使是同一地区，在不同的历史时期，其人口合理容量也是不相同的。③警戒性。人口合理容量并不是一个国家或地区需要达到的人口数量，人口控制目标应低于人口合理容量，并以此作为人口控制的警戒线。 | 【参考答案】(1)当地的生产力水平低，经济落后，人口自然增长率低。(2)该区域自然资源有限，技术水平低下，对外封闭；生育习俗主要是为了控制人口过快增长，减轻因为人口过多造成的生态环境问题和生存问题，其目的是实现人口—区域的可持续性发展。(3)为制定人口政策和产业政策，促进人口—经济区域可持续发展提供决策依据。 | | |

续表

| 教学环节 | 教师活动 | 学生活动 | 教学评价 | 设计意图 |
|---|---|---|---|---|
| 活学活用 | 【课堂探究】<br><br>　　人口容量是指一个地区在一定时期能够容纳的享有合理生活水平的人口数量。由于地理位置与自然地理条件的差异，不同区域的人口容量也不同。兰州市地处黄土高原、蒙新高原、青藏高原三大高原的交界处，位于两山中间，黄河穿城而过。下表为兰州市人口容量总结表(单位:万人)。根据材料和下表,完成1～2题。<br><br>| 测算方法 | 适度人口容量 | 最大人口容量 |<br>|---|---|---|<br>| 基于国内生产总值 | 311 | 338 |<br>| 基于人均建设用地指标 | 207 | 344 |<br>| 基于生态环境标准 | 227 | 345 |<br><br>　　1.综合各种测算方法,兰州市适宜人口容量(万人)和最大人口容量(万人)分别是　　　　(　　)<br>　　　A.311,345　　　　B.207,344<br>　　　C.227,338　　　　D.207,338<br>　　2.为增大人口容量,兰州市可采取的最有效措施是　　　　　　　　　　　(　　)<br><br>　　A.挖掘土地潜力,提高容积率<br>　　B.治理污染,改善环境质量<br>　　C.跳出河谷,开发新的城市用地<br>　　D.发展科技,提高开放程度<br>【参考答案】1.D　　2.C<br>　　1.根据"短板"原理,兰州市适宜人口容量和最大人口容量分别是各测算方法的最小值。<br>　　2.兰州市人口数量已远远超过最大人口容量,主城区已无潜力可挖;因而跳出河谷是兰州市未来发展的主要战略。 | | 学以致用,将前面所学知识运用于解决问题中来,引导学生从材料中提取关键信息,训练学生的答题思维,提高解题能力。达到了重点突出,难点突破的课堂效果。 | 以地理的眼光看待生活中的问题,培养学生地理思维和分析解决问题的能力。 |

续表

| 教学环节 | 教师活动 | 学生活动 | 教学评价 | 设计意图 |
|---|---|---|---|---|
| 课堂总结 | 1.结合板书,引导学生进行课堂总结,回顾核心概念,构建思维导图。<br>2.点拨提高:我国是世界第一人口大国,为世界人口的发展做出了重要贡献,也极大地促进了世界的经济发展,但同时养活养好这么多人,也给环境、资源带来了巨大的压力。面对这样的地理国情,我们实施"控制人口数量,提高人口素质"的基本国策,努力提高科技水平,提高资源的利用效率和对资源的管理水平,使人口增长与资源利用、环境保护相协调,不断谋求人地关系的和谐和区域可持续发展。 | 1.检查落实笔记,完善本节思维导图;<br>2.根据今天所学知识,结合实际调查,思考你的家乡人口容量是否合理,提出促进人口容量合理的具体途径。 | 归纳本节内容,巩固新知。同时提出进一步的要求,给部分学生课后探索提供条件。 | 培养学生系统、综合掌握"人口容量"相关知识的能力。 |

**作业设计**

实践型作业:

请结合自己所居住的社区实际,设计一个调查方案。要求反映你所在社区的人口数量、人口结构、近十年来人口的变化、资源环境现状和条件,在此基础上分析社区人口容量并提出你的看法。

**板书设计**

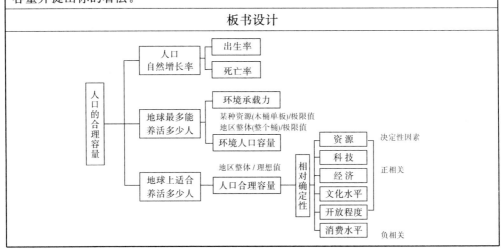

## 【教师说课】

### 一、说教材

本课时是必修第二册第一章"人口与地理环境"的第三节，是对一个国家或地区人口数量的进一步理解，通过学习人口增长与环境资源的关系，为区域制定合理的人口战略和人口政策提供理论支撑。地区资源环境的限制性反映要素之间的相互关系，人口容量受多因素影响，具有较强的综合思维。相对于高一学生的认知水平，人口容量比较抽象，需要结合具体区域加以体验学习，通过具体、鲜活的案例，理解相关核心概念，激发学生学习兴趣，提升地理实践力。

### 二、说学情

高一学生好奇心和求知欲也较强，但大多数学生仍然还是以感性思维为主，但缺乏较强的理性认识和综合思维能力，难以全面、辩证地思考和分析问题。因此，需要教师在处理抽象的地理概念时，化繁为简，结合具体案例，以任务的方式，层层推进，帮助学生在掌握课堂知识的同时，逐步提高分析和解决问题的能力，享受学习的乐趣。

### 三、说教法学法

本节课的教学主要以小组合作探究为基本手段，以问题为导向，通过师生对话，在各个环节中都充分体现学生的主体性和教师的首席地位。

### 四、说创新点

以建构主义理论作指导，以学生自主学习、小组合作探究、交流互评为主，将课堂主体归还给学生，营造活泼、高效的课堂氛围。

## 【教学反思】

需要更充分挖掘和运用好教材，引导和指导学生有效阅读教材；需要结合学业水平考试要求和高一学生的学习能力，把握好难度；需要更好地处理知识传授与知识生成之间的关系；需要更好处理理论知识与地理实践之间的关系。

大多数学生能积极参与教学，能树立正确的人口观、资源观、环境观。通过阅读、计算等合作探究和师生互动，激发学生探究地理问题的兴趣和动机，养成求真、求实的科学态度，提高地理审美情趣，增强关心和爱护环境的社会责任感，养成良好的行为规范。但本次课理解内容多，课堂以合作探究的形式精选几个关联的问题，突出重点、突破难点，达到了预期的教学效果。通过本课的教学实际和学

生的反馈,有几点反思:

第一:需要进一步熟悉教材,包括教材中的内容、本节教材的结构、教材设计的意图。只有熟悉教材、走进教材,才能跳出教材。事后再读教材发现有的内容没有处理好,如人口合理容量的意义。

第二:需要进一步熟悉课程标准,尤其是课表的学生评价。实际教学中会时不时出现忽略学生评价环节,滑入传统教学思维模式的问题。如对学生回答的问题评价不够,不善于听取学生对问题的回答,不能很好利用师生互动、交流形成新生成的问题。因而不能很好发挥学生的主动性和积极性。如在影响环境人口容量的因素教学中,教师总结过多。

第三:需要加大对学情的了解和把握。高一的新生,随着教育环境的变化,学习内容的加深,思维要求提高,往往难以适应这个阶段的学习。导致学生衔接不好的主要问题有新教材课程内容容量增加,内容加深,难度加大,不少学生不能很好地完成老师布置的预习任务。所以课堂上表现出学到相关问题与教材联系不上。老师需要掌握好课堂节奏,留足相应的时间给学生阅读和思考。

第四:需要加大对学生的关注力度,充分体现出学生的主体地位和教师的主导地位。通过难易不同层次问题的设计,照顾到不同水平和层次的学生,让每一位学生都有不同程度的收益。

## 【专家点评】

本节课围绕“人口容量”,将相关概念有机联系,重点突出,难点分散,把握比较准确。通过讲授、课堂探究、师生交流讨论,学生比较容易进入老师提供的情境;“情境”的设计与相关内容贴切,设问层次推进,符合地理学科特点和学生认知规律,不仅激发了学生的地理学习兴趣,同时逐步提高了学生的区域认知、地理综合思维能力;最后对家乡问题的思考彰显了学以致用的地理学科特色。

（朱拥兵 长沙市雅礼中学）

# 第二章　城镇和乡村

## 本章概述

（杨夏）

## 1. 内容解读

本章内容详细地探讨了城乡空间结构、地域文化与城乡景观、城镇化进程及其影响。人们在聚落中进行生产和生活。生产生活具体的活动根据聚落的区位条件展开，不同的区位条件影响了聚落的发展与功能，形成乡村和城镇两种不同的聚落。在聚落内部又产生空间差异，造成空间结构和景观的差别。乡村聚落的人口和产业集聚到较大规模后，就形成了城镇，两者之间具有密切的联系。本章内容旨在引导学生形成对城乡两种聚落的形态、内涵和发展差异的认识，培养学生对聚落进行观察、描述、比较、分析的能力。

本章按照课标和教材的先后顺序依次进行教学，内容逐渐深入，教学过程中要注意知识点的衔接，以及对学生学科能力和学科素养的培养。

第一节"城乡空间结构"，对应课程标准中"结合实例，解释城镇和乡村内部的空间结构，说明合理利用城乡空间的意义"。教材以不同类型的聚落景观作为引入，让学生直观地观察城乡空间结构的差异。然后进入土地利用部分内容，详细介绍了城镇土地利用和乡村土地利用。在土地开发利用过程中，人口和产业会在空间上相对集聚，形成对应的功能区。由此，过渡到城乡空间结构，并结合实例，介绍了典型的城乡空间结构。教材中还强调了合理利用城乡空间结构的意义，落实了课标的要求。最后，教材中引入区位的概念，这是高中地理第一次介绍区位。区位是地理学研究的重点内容。教材中从宏观区位角度分析了不同聚落选址的指向类型。

第二节"地域文化与城乡景观"，对应课程标准中"结合实例，说明地域文化在城乡景观上的体现"。地域文化是在一定的地理环境中形成的长期的，具有区域特色的文化传统。教材中首先介绍了地域文化的内涵。然后从民居、城市格局、建筑风格三个方面结合具体实例，展示了地域文化在城乡景观上的体现，引导学生掌握分析景观与地域文化关系的方法。

第三节"城镇化过程及其影响",对应课程标准"运用资料,说明不同地区城镇化的过程和特点,以及城镇化的利弊。"教材从城镇化的概念和动力出发,介绍了不同地区城镇化的差别,重点介绍了中国城镇化的特点。探讨了城镇化对地理环境影响,引导学生思考如何让城镇走上健康、持续、绿色、高效的发展之路。

## 2. 价值理念

通过本章的学习,让学生理论联系实际,学习生活中的地理,深刻领悟人与环境协调发展的重要意义;通过参与教学探究活动激发学生探究地理问题的兴趣和动机;在收集、整理、分析资料的过程中,学生会更加了解生活的城市和乡村,由此培养热爱家乡、建设家乡的思想感情和社会责任感;提高学生对城乡发展的认识,增强社会责任感和时代感;让学生树立合理开发利用和保护地域文化的观念;能用全面的、辩证的、发展的观点来看待城镇化进程及其影响。

## 3. 必备知识

(1)结合实例,解释城镇和乡村内部的空间结构,说明合理利用城乡空间的意义。

(2)结合实例,说明地域文化在城乡景观上的体现。

(3)运用资料,说明不同地区城镇化的过程和特点,以及城镇化的利弊。

## 4. 关键能力

通过分析地图和联系当地实际,了解城乡的土地利用及其集聚而形成的功能区,培养学生读图、析图的能力;通过认识城乡的区位,培养学生描述和分析城乡区位特征及辨别主导区位的能力;通过收集和呈现城镇与乡村相关的人文地理数据、图表和地图,解读文字、数据和图表中的信息并合理应用,培养学生查找地理信息,探究地理问题的能力。

## 5. 学科素养

(1)通过本章的学习,学生能够运用地理信息技术或其他地理工具,收集和呈现城镇与乡村相关的人文地理数据、图表和地图。(地理实践力)

(2)能够描述乡村和城市发展的变化,解释不同地方的城镇与乡村发展的特点和原因。(综合思维、区域认知)

(3)能够判断不同区域中,城乡土地利用的差异、功能区的特点、地域文化的

特点、城镇化发展条件及影响,理解城乡建设和发展与地理环境之间的关系。（人地协调观）

## 6. 课时规划建议

| 节名 | 课时安排 | | 课时内容 |
|---|---|---|---|
| 第一节　城乡空间结构 | 2 | 第一课时 | 内容一　城乡土地利用<br>内容二　城乡空间结构 |
| | | 第二课时 | 内容三　城乡区位分析 |
| 第二节　地域文化与<br>城乡景观 | 1 | | 内容一　地域文化和城乡景观的内涵<br>内容二　地域文化在城乡景观上的体现 |
| 第三节　城镇化进程及<br>其影响 | 2 | 第一课时 | 内容一　城镇化<br>内容二　城镇化的地域差异 |
| | | 第二课时 | 内容三　城镇化对地理环境的影响 |

## 7. 知识导图

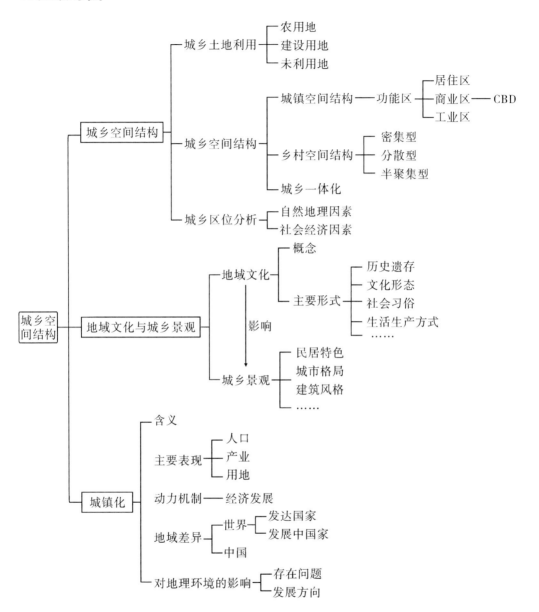

# 第二节　地域文化与城乡景观

（张琳）

## 【内容简述】

"地域文化与城乡景观"是湘教版高中地理教材必修第二册的内容。本节教学内容主要分为两个部分：地域文化与城乡景观、地域文化在城乡景观上的体现。《普通高中地理课程标准（2017年版2020年修订）》中对于这部分内容的要求是"结合实例，说明地域文化在城乡景观上的体现"。根据课程标准，确定本节课的重点内容是地理环境对地域文化的影响、地域文化对城乡景观的影响。由于地域文化较为抽象，且地域文化对城乡景观的影响是长期的、浸润式的，结合学生实际情况，确定本节课的教学难点是地域文化的内涵、地域文化对城乡景观的影响。

本节课主要通过主题探究法和情境教学法，突出重点，突破难点。通过例举长沙的地域文化表现形式，理解地域文化的内涵，增强学生的区域认知；通过探究湖南人爱吃辣的原因，理解地理环境对地域文化形成的重要意义，提升综合思维能力；通过探究长沙城市布局的成因，认识地域文化在城乡景观上的体现，使学生树立人地协调观。

## 【教学目标】

| 课程标准 | 核心素养目标 |
|---|---|
| 结合实例，说明地域文化在城乡景观上的体现。 | （1）通过探究"湖南人爱吃辣的原因"，分析地理环境对地域文化形成的影响，增强区域认知和综合思维；<br>（2）通过探究"长沙民居特色成因""长沙城市布局成因"，说明其所反映的地域文化特点，分析地域文化对城乡景观的影响，增强区域认知和综合思维；<br>（3）调查某地的城乡景观和地域文化，评价其开发利用程度和方向，为当地协调现代化建设与地域文化保护提出合理建议。 |

## 【评价目标】

| 水平一 | 水平二 |
| --- | --- |
| 对于给定的简单情境,能够说明城乡景观与环境的关系。 | 对于给定的复杂情境,探究城乡景观与地理环境的关系,指出某一人造景观与自然地理环境或者地域文化不相符之处。 |
| 对于给定的简单情境,能够指出地域文化的特点。 | 对于给定的复杂情境,能够从自然环境的角度综合分析地域文化的特点及成因。 |
| 利用城乡景观图片,说明景观特点,并简要说明地域文化对城乡景观的影响。 | 调查探究家乡城乡景观特点,及地域文化与城乡景观的关系。为家乡地域文化开发与保护提供合理建议。 |

## 【教学重难点】

教学重点:1.地理环境对地域文化的影响;

　　　　　2.地域文化对城乡景观的影响。

教学难点:1.地域文化的内涵;

　　　　　2.地域文化对城乡景观的影响。

## 【教学流程】

### 第1课时　地域文化与城乡景观的内涵

| 教学环节 | 教师活动 | 学生活动 | 教学评价 | 设计意图 |
| --- | --- | --- | --- | --- |
| 新课引入 | 教师表述:钱基博先生在《近百年湖南学风》中说:"罔不有独立自由之思想,有坚强不磨之志节……义以淑群,行必厉己,以开一代之风气,盖地理使之然也。"意思是湖南人有独立自由的思想,有坚强不磨的志节,大概是地理环境造就的。 | | | 通过名人的描述,引发学生对地理环境和地域文化关系的思考。 |
| | 【承转】教师表述:地理环境到底是如何影响一个地区的地域文化的呢? 让我们带着这个问题,学习本节课程。 | | | |

续表

| 教学环节 | 教师活动 | 学生活动 | 教学评价 | 设计意图 |
|---|---|---|---|---|
| 任务一：地域文化内涵 | 教师表述:地域文化是指在一定的地理环境中成长起来、独具特色、传承至今仍发挥作用的文化传统。你们知道哪些长沙的地域文化？<br>学生回答:望城剪纸、浏阳花鼓戏……<br>教师表述:地域文化有哪些表现形式呢？<br>教师展示部分长沙地域文化图片。<br><br>学生回答:物质文化,如建筑、服饰、饮食等;非物质文化,如习俗、文字、艺术等。 | | 学生能列举体现长沙地域文化的例子,并能通过所给材料分析出地域文化的分类。 | 通过列举学生生活中熟知的天心阁、望城剪纸等长沙地域文化的体现,加深学生对地域文化的理解,并说明地域文化的表现形式,有利于增强亲切感,激发学生的学习兴趣。 |
| 任务二：地域文化与地理环境 | 【承转】教师表述:中国饮食,博大精深,风味流派众多,川、鲁、粤、苏、浙、闽、湘、徽,各领风骚。在众多的风味体系中,湘菜的辣味独树一帜,就连不尚辛辣的琼、闽、粤、台人也深有感慨:"湘菜辣得有味、辣得有劲、辣得过瘾。"湘菜的辣给广大饕餮食客留下了难以忘怀的印象。为什么湘菜偏辣呢？ | | | |
| | 教师表述:请大家阅读材料,回答以下问题:<br>1.结合当地气候特征,为什么湖南人爱吃辣？<br>2.为什么湘江流域和洞庭湖地区会产生除纯辣以外的其他辣味？<br>3.为什么湘西山区侧重纯辣？ | | | |

224

续表

| 教学环节 | 教师活动 | 学生活动 | 教学评价 | 设计意图 |
|---|---|---|---|---|
| 任务二：地域文化与地理环境 | 教师展示材料：<br>材料一：湖南属于典型的夏热冬冷气候区域，夏季酷暑炎热，最高气温一般在38℃以上，且空气湿度大、风小，闷热天气持续时间长；春秋气温虽很适中，但降水频繁充足；冬季温度不太低，但由于潮湿，给人以湿冷的感觉。<br>材料二：不同地区喜爱的辣味类型不同。以长沙、衡阳和湘潭为中心的湘江流域的辣注重酸辣，洞庭湖区注重咸辣，而经济落后、交通不便、位居山区的湘西侧重纯辣。<br>材料三：辣椒含有丰富的丙种维生素，其种子所含的番椒油，是药用的有效成分，为驱除风寒的药物，具有兴奋神经作用，对由于消化不良所引起的肠脏充气，腹部胀满症候，有治疗及预防的功效。而有辣味的辣椒，既能发汗，又能调整或促进人体的排水机能。辣椒具有增进食欲、杀菌消毒等功能，可以替代食盐等。 | 学生阅读材料，并小组讨论。<br>学生回答：<br>1. 湖南夏季闷热，冬季湿冷，而辣椒具有驱寒除湿、促进食欲、兴奋神经等功能。<br>2. 湘江流域和洞庭湖地区临近水域，河运、湖运条件优越，便于将外界的各类调味品运输进来，为了改善单纯辣味的单调性，实现去鱼类腥味等功效，逐渐形成了其他辣味。<br>3. 湘西、怀化一带经济较为落后，加之地形的复杂、地势的险峻导致交通发展缓慢，外界物资运入成本高。 | 学生能充分运用材料，从自然和人文两个方面解释湖南爱吃辣的原因以及湖南不同地区辣味类型不同的原因，且逻辑清晰、表述完整。 | 结合生活中的地理现象——饮食文化的差异，以湖南人爱吃辣、湖南省内不同地区辣味不同为情境，探究自然地理环境和人文地理环境对地域文化的影响，点燃学生的学习热情，让学生感受到地理是一门生活科学。 |

【小结】教师表述：湖南的气候条件使得湖南人爱吃辣，而湖南省内不同区域的交通条件、经济水平、调味需求等条件不同，导致不同地区喜爱的辣味类型不同。

| 教学环节 | 教师活动 | 学生活动 | 教学评价 | 设计意图 |
|---|---|---|---|---|
| | 【承转】教师表述:地理环境中的气候、地形、交通、经济等因素影响着地域文化的形成,地域文化反作用于地理环境,造就了特色各异的城乡景观。 | | | |
| 任务三:城乡景观特征 | 教师表述:城乡景观既包括聚落整体,又包括聚落内的建筑、道路等,是人们适应自然、改造自然的结果,能够在很大程度上反映不同地域的文化内涵、价值观、审美观。城市和乡村的景观各有什么特点? 为什么城市和乡村的景观会存在差异?<br><br>教师展示城市和乡村的景观图片。<br>学生回答:<br>1. 景观:乡村以农田为主,房屋稀疏;城市高楼林立,交通网络纵横交错。<br>建筑物:乡村低矮稀疏;城市高大密集。<br>公共设施:乡村类型少、数量少、不够便利;城市类型多、数量多、非常便利。<br>人口:乡村人口数量多、人口密度小、农民;城市人口数量少、人口密度大、工人。<br>2. 主要原因是劳动生产方式的差异。乡村是人口规模不大,主要从事农业生产活动的居民聚居地。城市是人口达到一定规模,主要从事非农业生产活动的居民聚居地。 | 学生能从景观、人口、建筑物等多角度说明城乡景观的差异,并正确解释其原因。 | 展示城市景观和乡村景观图片,对比强烈,有利于学生直观地感受城乡景观的差异。通过观察、对比城乡景观图片,说明城乡景观的差异。 |

| 教学环节 | 教师活动 | 学生活动 | 教学评价 | 设计意图 |
|---|---|---|---|---|
| 活学活用 | 　　教师表述：我们已经学习了本节课的主要内容。下面，通过一道题检验大家的学习效果。云南有"十八怪"，请结合当地地理环境，分析云南的"怪"之多的原因。<br>　　教师展示材料：<br>　　云南第一怪，鸡蛋用草串着买。云南第二怪，粑粑饼子叫饵块。云南第三怪，三只蚊子炒盘菜。云南第四怪，石头长到云天外。云南第五怪，摘下草帽当锅盖。云南第六怪，四季衣服同穿戴。云南第七怪，种田能手多老太。云南第八怪，竹筒能做水烟袋。云南第九怪，袖珍小马有能耐。云南第十怪，蚂蚱能做下酒菜。云南十一怪，四季都出好瓜菜。云南十二怪，好烟见抽不见卖。云南十三怪，茅草畅销海内外。云南十四怪，火车没有汽车快。云南十五怪，娃娃出门男人带。云南十六怪，山洞能跟仙境赛。云南十七怪，过桥米线人人爱。云南十八怪，鲜花四季开不败。 | 　　学生阅读材料，独立思考。<br>　　学生回答：<br>　　云南地形复杂，自然环境多样；云南多民族聚居，民族风情绚丽多姿。 | 　　学生能从地形和文化两方面正确解释云南"怪"多的原因。 | 　　借《云南十八怪》的民谣，提出"为什么云南的怪这么多"的问题，引导学生将地理知识与生活实际相结合，并检验学生的学习效果。从地理的角度分析生活现象，培养学生的地理实践力。 |

续表

| 教学环节 | 教师活动 | 学生活动 | 教学评价 | 设计意图 |
|---|---|---|---|---|
| 课堂总结 | 教师表述:同学们,这节课我们了解了地域文化和城乡景观的内涵,并分析了地理环境对地域文化的影响。城乡在自身的形成和发展过程中,深深地打上了地域文化的烙印。城乡景观如何体现地域文化呢? 下节课我们再探讨这个问题,让我们期待下节课的到来。 | 学生听讲。 | | 总结本节内容,同时设置疑问,给学生留下意犹未尽之感。为下一节课做铺垫。 |

**作业设计**

实践型作业:

活动名称:探究世界特色民居的形成原因。

活动目标:通过查阅资料,了解一种世界特色民居,总结其特点,并分析其成因。

活动实施:1.查阅资料。

2.制作幻灯片,内容包括但不限于某特色民居特点及其形成原因等。

3.以小组的形式进行汇报展示。

**板书设计**

地理环境 —影响→ 地域文化 ┌ 物质 ┐ —影响→ 城乡景观 ┌ 自然景观
                           └ 非物质 ┘                └ 人文景观

## 第2课时 地域文化在城乡景观上的体现

| 教学环节 | 教师活动 | 学生活动 | 教学评价 | 设计意图 |
|---|---|---|---|---|
| 新课引入 | 　　教师播放长沙城市宣传片。<br>　　教师表述：一方水土养一方人，一方水土孕育一方文化，一方文化影响一方经济，造就一方社会。世界各地的城乡建设不仅受到当地自然地理环境的制约，而且还打上了地域文化的深刻烙印。地域文化对城乡建设的影响非常广泛，集中体现在民居特色、城市格局和建筑风格等方面。 | 　　学生观看视频，认真听讲。 | | 　　以城市宣传片的形式引入新课，引发学生的兴趣，为后续内容作铺垫。 |
| 任务一：在民居特色上的体现 | 　　教师表述：以我们所在的地区——长沙为例，长沙地区的传统民居体现了当地的地域文化。请阅读材料，回答以下问题：<br>　　1.结合当地地理环境，分析长沙地区传统民居的特点及成因。<br>　　2.湘中地区并不盛产杉木，为什么选用杉木建房？<br>　　3.湘中地区民居的基本格局，反映了什么地域文化？<br>　　教师展示材料：<br>　　材料一：长沙地区传统民居常用两种结构形式。其一是木架构结构体系。因松木易生白蚁，木构架结构房屋均使用杉木（湘江上游江华及江永一带盛产杉木）。 | 　　学生阅读材料，并小组讨论。<br>　　学生回答：<br>　　1. 长沙属于丘陵地区，石材、土壤等建筑材料比较充足，造价低廉，因此该地区的传统民居多用青砖墙、土坯墙承重搁檩；长沙夏季炎热，冬季寒冷，青砖墙、土坯墙的比热容大，防寒隔热效果好；青砖墙体色调偏浅，在夏 | 　　学生能充分挖掘材料中隐含的信息，总结长沙民居的特点并从资源、气候等方面说明其成因，充分解释湘中选用杉木建房的原因，并从民居格局分析其反映的地域文化。语言表述完整，逻辑清晰。 | 　　以长沙地区传统民居为例，探究地域文化在民居特色上的体现，有利于加强学生对特色民居等周边地理事物的观察，提高学生的区域认知和综合思维能力。 |

续表

| 教学环节 | 教师活动 | 学生活动 | 教学评价 | 设计意图 |
|---|---|---|---|---|
| 任务一：在民居特色上的体现 | 木构架体系多用于城镇，农村中不甚流行。其二为墙承重形式，其工期长于木架构。多采用青砖墙、土坯墙承重搁檩。青砖墙体色调偏浅，热容大、蓄热能力好。屋檐多出挑深远，屋面材料多数为小青瓦。<br><br>　　材料二：湘中地区深受中原文化的影响，其上下有等、内外有别、长幼有序，以中为尊、东为贵、西次之、后为卑的礼仪等级制度，反映到民居中则表现为平面中轴对称、以堂屋作为中心，两侧厢房与杂屋有序排布、天井和院落组合设置的基本格局。 | 季时还能反射过强的太阳辐射，有利于降低室内温度；湘中雨水较多，民居屋檐出挑较大利于保护土墙。<br><br>　　2.松木易生白蚁；杉木运输方便，可通过湘江运输；木架构结构工期短。<br><br>　　3.湘中地区民居的基本格局，反映了上下尊卑、长幼有序的文化观念。 | | |
| 任务二：在城市格局上的体现 | 　　教师表述：除了传统民居，长沙的城市布局也充分展现了当地的地域文化。不论在古代还是现代，长沙的城市布局都显得与众不同。请大家阅读材料，回答以下问题：<br>　　1.为什么长沙古城不是方正居中模式？<br>　　2.长沙"山、水、洲、城"的城市格局体现了什么思想？<br>　　教师展示材料：<br>　　"山、水、洲、城"的城市格局是长沙与众不同之处。 | 　　学上阅读材料，并小组讨论。<br>　　学生回答：<br>　　1.长沙依托水运码头和商业发展起来，主要沿湘江呈带状分布。<br>　　2."山、水、洲、城"的城市格局体现了"天人合一"的思想。 | 　　以长沙城的布局为例，探究地域文化在城市布局上的体现。选用学生生活所在地，作为学习案例，增强亲近感，激发学生的学习热情。 | 　　探究城市布局对地域文化的反映，提高学生的区域认知能力与地理实践力。 |

| 教学环节 | 教师活动 | 学生活动 | 教学评价 | 设计意图 |
|---|---|---|---|---|
| 任务二：在城市格局上的体现 | 从古至今,岳麓山和湘江是影响长沙空间布局的最主要因素,特别是湘江的影响,由于湘江独特的地理位置,导致长沙"东强西弱"城市格局的形成。长沙最初的选址就是靠近湘江,长沙依附于河流发展,湘江为长沙提供了丰富的水资源和肥沃的土地,促进了长沙的发展和早期建设。古长沙的发展"得舟楫之便",长沙古城成为交通节点码头和商业城镇而存在,以致打破了封建社会时期城市发展的一般规律——方正居中模式,呈南北带状分布。 | | | |
| 任务三：在建筑风格上的体现 | 教师表述:地域文化对人类的生产、生活产生了重要的影响。建筑物作为物质文化景观,最能体现一定的地域文化特色。请大家对比欧美城市景观图片,并阅读教材,完成下列表格。<br><br>表格见下方 | 学生能准确完整较快地完成表格填写。 | | 通过观察图片、阅读教材相应内容,总结建筑风格反映的地域文化。以表格的方式进行总结,有利于深化学生认知。 |

| 城市建筑 | | 表现 | 原因 |
|---|---|---|---|
| 城市布局 | 欧洲城市 | | |
| | 美国城市 | | |
| 建筑风格 | 中国 | | |
| | 西方 | | |

续表

| 教学环节 | 教师活动 | 学生活动 | 教学评价 | 设计意图 |
|---|---|---|---|---|
| 任务三：在建筑风格上的体现 | 教师展示欧美城市布局图片、东西方宫殿图片以及表格。<br><br>学生独立完成表格，并展示。<br><br>| | | |

表内表格：

| 城市建筑 | | 表现 | 原因 |
|---|---|---|---|
| 城市布局 | 欧洲城市 | 市中心多为教堂、市政厅、城市广场，高层建筑一般在城市外围 | 历史悠久，市中心多著名建筑，不愿让现代建筑夺去历史风采 |
| | 美国城市 | 市中心多为摩天大楼，外围建筑高度逐渐下降 | 发展历史短，缺少体现悠久历史的传统建筑 |
| 建筑风格 | 中国 | 斗拱飞檐、雕梁画栋 | 审美理念和文化传统的多样性 |
| | 西方 | 柱廊、尖塔、喷泉、雕塑等特点明显 | |

| 教学环节 | 教师活动 | 学生活动 | 教学评价 | 设计意图 |
|---|---|---|---|---|
| 活学活用 | 教师表述：通过本节课的学习，我们了解到气候、地形等地理环境因素会影响当地民居的结构、用材等方面。下面，以北京四合院为例，检验大家的学习效果。请大家阅读材料，回答以下问题：<br>1.北京的四合院是如何体现"合"字内涵的？ | 学生能结合材料，说明四合院对"合"字的反映、四合院建筑格局体现的地域文化，正确分析四合院建 | 以北京四合院为例，结合当地地理环境特征，探讨其建筑布局的特点及成因，并分 |

续表

| 教学<br>环节 | 教师活动 | 学生活动 | 教学评价 | 设计意图 |
|---|---|---|---|---|
| 任务<br>三：<br>在建<br>筑风<br>格上<br>的体<br>现 | 　　2.四合院的建筑格局体现了中国人的什么性格特征？<br>　　3.试从北京气候的角度入手,分析四合院的建筑格局及形成原因。<br>　　教师展示材料：<br>　　四合院是华北地区的传统住宅。其基本特点是以南北中轴线对称布置房屋和院落,大门一般开在东南角,门内建有影壁,外人看不到院内的活动。正房位于中轴线上,多为坐北朝南,侧面为耳房及左右厢房。正房是长辈的起居室,厢房则供晚辈起居用。<br>　　这种庄重的布局,体现了华北人民正统、严谨的传统性格。北京属暖温带、半湿润季风气候,冬寒少雪,春旱多风沙,因此,住宅设计注重保温防寒避风沙,外围砌砖墙,整个院落被房屋与墙垣包围,硬山式屋顶,墙壁和屋顶都比较厚实。<br><br><br><br>　　学生阅读材料,并独立思考。<br>　　学生回答：<br>　　1.四合院由东、西、南、北四面房子围合起来,形成内院式住宅。<br>　　2.体现了中国人性格的内向性和保守性,也体现了正统、严谨、尊卑有序的特点。<br>　　3.北京属温带季风气候,冬季寒冷干燥,春旱多风沙；坐北朝南,向阳使冬季采光多；四面围合,可保温防寒避风沙。 | 　　筑格局特点及其成因,表述完整且逻辑清晰。 | 　　析其体现的中国人的性格特征,以小见大,检验学生的学习效果,将地理课堂知识与生活实际相结合,有利于促进知识迁移,提高学生的区域认知能力。 |

续表

| 教学环节 | 教师活动 | 学生活动 | 教学评价 | 设计意图 |
|---|---|---|---|---|
| 课堂总结 | 通过本节学习,我们学习到了:不同地域的自然环境、人文环境差异显著,便形成了不同的地域文化。不同的地域文化会对城乡景观产生深刻影响,城乡建筑、布局等往往反映出地域文化对城乡的影响。在城市化过程中,应保留当地的特色文化,在城市建设中展示个性,避免千城一面。 | 学生听讲。 | | 总结课堂内容,巩固新知。对未来城市建设提出希冀,引发学生思考。 |

**作业设计**

实践型作业:

与传统城市建设相比,现代城市建筑的地区差异逐渐缩小,几乎千城一面。请你为协调现代化和弘扬地域文化之间的关系出谋划策。

**板书设计**

地理环境 —影响→ 地域文化 ┏物质┓ —影响→ / ←反映— 城乡景观 ┏民居特色┃城市布局┃建筑风格
（非物质）

## 【教师说课】

### 一、说教材

首先,教材以澳大利亚库伯佩迪的地下民居引入,探究地下民居的特点,让学生感知到地域文化受地理环境的影响,了解到地域文化可通过景观的形式呈现,使得学生对地域文化形成较直观的认识。接着,教材介绍了地域文化的内涵和表现形式,并辅以徽州文化的阅读材料,加深学生对地域文化的认知。再以哈尼族创造的由河流—森林—梯田—河流构成的美丽村落为例,介绍城乡景观的内涵。

最后,教材分别从民居特色、城市布局以及建筑风格等方面着重介绍了建筑对地域文化的体现。在民居特色部分,配置了多幅地域特色十分显著的民居景观图,有利于提升学生的区域认知能力。在阅读部分,辅以四合院的介绍,加强学生对民居体现地域文化的理解;在城市布局部分,呈现了中国古代城市布局图和欧美国家城市布局图,并辅以文字介绍,有利于通过对比,让学生意识到不同地域文化造就城市布局差异;在建筑风格部分,以上海石库门为例说明了当地域文化发生改变,或受其他地域文化的渗透影响,建筑风格也会发生改变。

## 二、说学情

首先,学生通过网络媒体等途径,对"地域文化"有一定的了解。且学生对地域文化现象的学习有较浓厚的兴趣。在前面的学习中,学生对区域、城市和乡村及城乡空间结构已有了初步认识,已掌握一定的地理学习方法,总体上具备一定的地理分析能力。

考虑到因生活环境、生活经历的不同,学生对不同城乡景观的认识和体会不同,存在一定学习差异。"地域文化"一词较为抽象,学生对其概念理解有一定难度。另外,高一学生还缺乏综合分析问题、解决实际问题的能力。

## 三、说教法学法

主题探究法:围绕长沙民居和城市布局,设计系列问题——"结合当地地理环境,分析长沙地区传统民居的特点及成因""湘中地区并不盛产杉木,为什么选用杉木建房""湘中地区民居的基本格局,反映了什么地域文化""为什么长沙古城不是方正居中模式""长沙'山、水、洲、城'的城市格局体现了什么思想"。有利于实现问题聚焦,提高学生的区域认知能力,增强综合思维。

情境教学法:设置湖南人喜欢吃辣的具体情境,学生通过小组谈论,针对该情境,从地理环境的角度,探究湖南人喜欢吃辣的原因,以及湖南省内湘西地区、湘江流域以及洞庭湖地区形成不同辣味偏好的原因,认识到地理环境对地域文化的影响,提高学生的区域认知和地理实践力。

## 四、说创新点

本节为实现质量更优的教学、提高学生的学习兴趣,开发了湖南饮食文化与地理环境的关系、长沙民居特色反映地域文化以及长沙城市布局反映地域文化等乡土教学用材,选用贴合生活实际的案例,运用学生熟悉的材料,有利于增强教学内容的亲切感,从而促进学生地理实践力的增强。

在教学方法上,采用情境教学的方法,整堂课的大背景几乎都框在湖南省内。

运用生活中熟悉的情境,更能激发学生的学习欲。在课程开展过程中,通过一系列的问题链,将课堂编织在一起,从而使得课堂结构紧凑。以问题的形式开展活动,启发学生将地理知识与生活实际结合起来,从地理的角度看待周边事物。

## 【教学反思】

在教学安排上,本节课程分为 2 个课时进行教学。

第一课时,主要包括地域文化的内涵和表现形式、地理环境对地域文化的影响以及城乡景观的内涵三个内容。在教学设计上,由学生举例说明长沙文化的体现,并根据给出的体现长沙地域文化的天心阁建筑、望城剪纸以及浏阳花鼓等例子,归纳地域文化的表现形式可分为物质文化和非物质文化两大类。接着,探究湖南饮食文化中爱吃辣,且不同地区辣味不同的原因,进而认识到地理环境对地域文化的影响。然后,通过对比城乡景观图片,说明其景观差异,分析城乡景观差异产生的原因,进一步明晰城乡景观的内涵。

第二课时,主要包括地域文化在民居特色上的体现、地域文化在城市布局上的体现以及地域文化在建筑风格上的体现三个内容。在教学设计上,开发乡土资源,从长沙特色民居、长沙城市布局看长沙地域文化,通过东西建筑风格对比,认识不同地域文化造就不同建筑风格。

本节课程设置的活动有难有易,有利于让不同层次的学生充分参与课堂,从而提高课堂的参与度。本堂课开发了乡土资源,活动大多以湖南地区省域尺度、长沙地区市域尺度为背景展开,所选材料贴近学生生活,能增强学生对地理课堂的亲切感,有利于点燃学生的学习热情。本堂课布置的实践型作业符合"双减"政策,并体现了地理学习的趣味性,有利于实现地理知识的生活化迁移,提高学生的地理实践能力。

本节课也存在一些不足。教材中展示了多幅世界各地具有强烈地域特色的民居景观图片,能让学生充分认识到不同地域文化在民居特色上的体现。但由于课堂时间的限制,在本节教学设计中,未能对不同地区的民居特色一一介绍,而将其作为一个课后作业,由学生自主地去了解世界各地的特色民居。对于本教学设计中难度较大的活动题,为避免因难度过大而浇灭学生的学习热情,教师需多关注层次较低的学生,需要细致地听取学生的回答,仔细地观察学生的讨论,及时地给予恰当的反馈,灵活地对学生的思维方向做引导,以降低题目的难度,帮助学生建立逻辑清晰的地理思维过程,得出正确的答案,并总结分析方法。

## 【专家点评】

本节课紧紧围绕"地域文化"和"城乡景观"这两个主题,主要以学生所在的省份——湖南省为大背景,创设了湖南人爱吃辣和长沙民居特色与地域文化、长沙城市布局与地域文化三大情境,探究了地理环境对地域文化的影响以及地域文化在城乡景观中的体现。将地理知识与生活实际相结合,贴合学生的生活,显得课堂十分亲切,有利于激发学生的学习热情,增强学生对自己家乡的热爱,增进学生对自己家乡的了解。

本节课的亮点为:乡土资源的开发,既充分结合了教材内容,又使得探究活动亲切有趣,有利于启发学生用地理视角看待周边事物,构建地理思维;活动难度梯度明显,有自主思考、合作探究,形式多样,充分体现课堂以学生为主体,有利于提高学生的课堂参与度。

（邹邵林　湖南省教育科学研究院）

# 第三节　城镇化进程及其影响

徐冬阳

## 【内容简述】

"城镇化进程及其影响"是湘教版高中地理教材必修第二册第二章的内容。本节教学内容主要分为三个部分：城镇化概况、城镇化的地域差异和城镇化对地理环境的影响。《普通高中地理课程标准(2017 年版 2020 年修订)》中对于这部分内容的要求是"运用资料，说明不同地区城镇化的过程和特点，以及城镇化的利弊"。本节内容要求学生理解城镇化的含义，能在具体案例中说明该地城镇化的过程和特点，分析城镇化过程出现的问题并提出解决措施。教学重点是城镇化对地理环境的影响；教学难点是城镇化问题的解决措施。

本节课以长沙梅溪湖国际新城为例，通过对长沙城镇化过程的表现和梅溪湖国际新城建设过程的分析，理解城镇化的含义和具体表现形式，理解城镇化对人们生产生活和区域社会发展的巨大作用；通过活动"请结合自己的日常生活，谈一谈长沙城镇化过程中所引发的问题"，理解城镇化过程中问题的产生，突破重点；通过合作探究梅溪湖国际新城选址梅溪湖的原因，提升学生的综合分析能力和合作互助的能力；利用梅溪湖国际新城的设计建设理念和实践，探讨城镇化问题的解决途径，突破难点，并增强学生的逻辑思维、综合思维、环境意识，提升学生的人地协调观、现代发展观。

## 【教学目标】

| 课程标准 | 核心素养目标 |
|---|---|
| 运用资料，说明不同地区城镇化的过程和特点以及城镇化的利弊。 | (1)通过对长沙城镇化过程的表现和梅溪湖国际新城建设过程的分析，理解城镇化的含义及该地城镇化的发展特点。(区域认知)<br>(2)通过活动"请结合自己的日常生活，谈一谈长沙城镇化过程中所引发的问题"，分析城镇化对地理环境的影响。(地理实践力、综合思维)<br>(3)通过利用梅溪湖国际新城的设计建设理念和实践，探讨城镇化问题的解决途径。(人地协调观、综合思维) |

## 【评价目标】

| 水平一 | 水平二 |
|---|---|
| 能够通过一些现象,说明城镇化的发展特点及城镇化对地理环境的影响。 | 对于给定的案例,能够通过分析数据和图表信息说明城镇化发展的特点及与其经济发展之间的关系,分析城镇化对地理环境的影响。 |
| 能够在日常生活中,观察、发现、思考城市中新市民的地域来源、城市的发展与变化、感受城镇化过程。 | 与同学合作,开展研学活动,调查长沙县的人口、用地和产业的发展变化,对发展中存在的问题,提出解决措施。 |

## 【教学重难点】

教学重点:城镇化对地理环境的影响(利弊)。

教学难点:城镇化问题的解决措施。

## 【教学流程】

| 教学环节 | 教师活动 | 学生活动 | 教学评价 | 设计意图 |
|---|---|---|---|---|
| 新课引入 | 视频《长沙印象》导入新课。思考:观看视频,说一说你理解的城镇化是什么? | 学生通过观看视频,思考教师的提问。 | 教师以《长沙印象》小视频导入,以问题为导向,激发学生的求知欲。 | 通过视频,让学生更直观地理解城镇化的含义。 |
| 任务一:城镇化对地理环境的影响 | 材料:长沙,湖南省省会,中国长江中游地区重要的中心城市;综合交通枢纽、国家物流枢纽;历史文化名城,中国国际形象最佳城市,世界"媒体艺术之都"中国"工程机械之都""装备制造之都"。随着长沙二、三产业的蓬勃发展,越来越多的人来长沙安家落户,长沙2019年末全市常住人口总数839.45万人,比上年增长2.9%。城镇化率为79.56%,比上年提高0.44个百分点。中华人民共和国成立以来长沙城区面积扩大了60多倍,城镇化快速发展。 | | 从介绍长沙入手,了解长沙的城镇化过程,并让学生观察自己的生活,分析长沙城镇化过程中产生的问题。问题紧密联系生活,激发学生的学习兴趣。 | 通过让学生观察自己的日常生活,了解城镇化过程对地理环境的影响。提升学生的观察能力和综合思维。 |

续表

| 教学环节 | 教师活动 | 学生活动 | 教学评价 | 设计意图 |
|---|---|---|---|---|
| 任务一：城镇化对地理环境的影响 | 思考：长沙建成区人口的不断聚集，城市用地规模的不断扩大，给城市配套服务造成很大的压力，影响人们的生产、生活。请结合自己的日常生活，谈一谈长沙城镇化过程中所引发的问题。 | | | |
| 任务二：城镇化问题产生的原因 | 材料一：展示城镇化问题图片。<br><br>人口密集　　交通拥堵<br><br>污染加重　　居住条件差<br><br>材料二：城市内涝<br><br><br>降水100%　蒸发40%　地面径流10%　地下径流50%　城市建设前<br>降水100%　蒸发25%　地面径流43%　地下径流32%　城市建设后<br><br>思考：城镇化过程为什么会引发一些地理环境问题？ | 学生通过观察和分析自身生活情景，分析城镇化问题产生的原因，整个过程颠覆"教师讲、学生听"的传统课堂，让"学生讲、教师听"，充分发挥学生的主观能动性，让学生在课堂上占主导地位。 | 城镇化问题及产生的原因是与该校学生生活紧密相连的知识，让学生通过观察自身生活，发现问题并分析原因，可以培养学生的观察能力、分析能力和综合思维。 |

| 教学环节 | 教师活动 | 学生活动 | 教学评价 | 设计意图 |
|---|---|---|---|---|
| 任务三：郊区城镇化与逆城镇化 | 思考：对比下列两幅图片，谈一谈你对郊区城市化和逆城市化的理解。<br><br>湖南<br>农村 近郊 中心城区<br>郊区城市化<br><br>发达国家<br>农村 近郊 中心城区<br>逆城市化现象 | 学生通过观察图片，理解郊区城市化和逆城市化的过程，提高学生的读图分析能力和理解能力。 | 让学生理解郊区城镇化和逆城市化过程，提高学生的读图能力和综合思维。 |
| 任务四：以"梅溪湖国际新城"为例，分析城镇化过程特征及城镇化问题的解决措施 | 活动一：根据梅溪湖的地理位置和原始地表状况，说明国际新城选址该地的原因。<br><br>（见下表）<br><br>活动二：展示梅溪湖国际新城建成前后对比图片。分析梅溪湖在区域人口、产业活动、景观、交通等方面发生了怎样的变化？<br><br>活动三：作为星城未来的主人，谈一谈你心目中的梅溪湖国际新城是什么样子的？ | 学生通过分析"梅溪湖国际新城"的选址、建设前后的变化及设想自己心目中的国际新城三个活动，让学生理解了城镇化过程及特征及如何更好地推进当地的城镇化。"一境到底"、情境真实，贴近学生生活、课堂活动丰富多样、问题设计合理，层层递进，能很好地引发学生深入思考。 | 通过以真实的生活情境为案例进行分析，激发学生的学习兴趣，提升学生的综合思维和地理实践力。通过让学生自己绘制心目中的国际新城，培养学生的创新能力，树立人地协调观，最终全面提升学生的地理核心素养。 |

活动一表格：

| | | 特点 | 优势 |
|---|---|---|---|
| | 地理位置 | 与主城区距离适中 | 与中心城区联动效应明显 |
| | | 靠近国家风景名胜区岳麓山 | 环境优美 |
| | | 东临西二环，西靠绕城高速 | 对外交通便捷 |
| | | 靠近大学城 | 便于产学研，研发能力强 |
| | 地表状况 | 地势低洼，水域多 | 利于蓄水成湖 |
| | | 原为农业用地 | 地价低，拆建费用低 |
| | | 后备土地资源丰富 | 发展空间大 |

续表

| 教学环节 | 教师活动 | 学生活动 | 教学评价 | 设计意图 |
|---|---|---|---|---|
| 课堂总结 | 　　同学们，今天我们从生活中的地理知识入手，以我们生活所在地"星城长沙"城镇化的发生、发展为切入点，结合梅溪湖国际新城的"昨天、今天与明天"来阐述城镇化过程及其对地理环境的影响等相关内容，更多地关注了城镇发展的一些宏观理念。通过本堂课的学习，我们明白了社会经济的发展会推动城镇化进程，而城镇化又会通过改变当地的自然地理要素和人口、产业的空间分布来促进社会经济发展，甚至产生一些城市环境问题，在面对问题时，要求我们通过新型城镇化来解决它，保护它。当然，关于城镇化问题的解决不同的学者提出了不同的方案，你们也有不同的观点。国务院印发的《关于支持北京城市副中心高质量发展的意见》一文中指出：到2025年，城市副中心"绿色城市、森林城市、海绵城市、智慧城市、人文城市、宜居城市"功能基本形成。我们教材上提供了智慧城市、生态城市的案例，同时我给了大家发放了一个"孪生城市"的拓展资料，同学们如果感兴趣，课后去看看，多了解一些，可以更深入地探讨城镇化，也许将来你可以为长沙、北京等我国城市的城镇化建设贡献你的一份力量！ | 　　学生在教师的引导下总结课堂所学内容。 | 　　根据课堂内容设置课后实践作业，给学生留下意犹未尽之感，吸引学生课后探索。 | 　　总结升华，体现人地关系，从地理角度落实立德树人的任务。 |

续表

| 教学环节 | 教师活动 | 学生活动 | 教学评价 | 设计意图 |
|---|---|---|---|---|
| 作业设计 | | | | |
| 实践型作业：开展研学活动，与同学合作，调查长沙县的城镇化发展过程（如人口、用地和产业的发展变化），分析城镇化发展过程对地理环境的不利影响，并提出解决措施。 | | | | |
| 板书设计 | | | | |

## 【教师说课】

### 一、说教材

本节内容是湘教版高中地理必修第二册第二章第三节"城镇化进程及影响"，主要包含三个部分的内容即"城镇化概况""城镇化的地域差异"和"城镇化对地理环境的影响"。本节教材内容围绕城镇化这个主题展开。城镇化是地理事物发展的一个过程，它的主要动力机制是经济发展。由世界经济发展的时空差异，引导出世界城镇化的时空差异，着重介绍了发达国家和发展中国家城镇化特征、中国的城镇化特点。最后，分析了城镇化给地理环境带来的利与弊。为了更好地落实课程标准的要求，教材在教学内容处理上运用了较多的图片资料，重点分析城镇化的动力机制、特点，探究城镇化的影响因素、不同经济发展水平的地域的城镇化差异，说明城镇化对地理环境的影响，意在培养学生的综合思维、人地协调观和区域认知等核心素养。

### 二、说学情

高中学生的理解能力已基本上可以从感性认知上升到理性认知，但由于生活阅历较少，对一些问题的理解较片面。所以，如何有目的地启发和引导学生对问题作出全面的认识,鼓励学生积极参与社会实践就显得十分重要。这一阶段的学生对身边的一些地理现象有浓厚的好奇心,而城镇化就发生在我们身边,前面章节又刚刚学习了城市的一系列特征,学生已具备一定的知识基础,把课堂与生活联系起来,学习生活中的地理,让学生利用自身的知识和体验深入分析城镇化的特征、问题及解决措施,符合本阶段学生的学情。

## 三、说教法学法

为使教学贴近学生实际情况,更好地实现教学目标,本节课所运用的教法学法主要是观察法、案例分析法、自主学习法和合作探究法。在城镇化问题的知识讲述中,因为学生生活在城市中,每天都能感受到城镇化带来的系列问题,让学生观察身边出现的城镇化问题,总结概括,并分析原因,既培养学生的观察能力,又提升了学生的地理实践力和综合思维。教师根据教学内容,以"梅溪湖国际新城"为案例,设计了分析选址条件、对比国际新城建设前后的变化、畅想自己理想中的国际新城三个活动,学生通过参与课堂活动,理解城镇化的含义、特征及城镇化问题的解决措施。理论知识充分联系生活实际,提升了学生的区域认知、综合思维,树立了人地协调观。

## 四、说创新点

本节内容在教学过程中以学生熟知的梅溪湖国际新城为情境链,激发学生的学习兴趣;又通过层层递进的问题链引发学生深入思考。通过设置"请结合自己的日常生活,谈一谈长沙城镇化过程中所引发的问题"活动,让学生观察身边出现的城镇化问题,并在课堂上一起分析原因,既培养学生的观察能力,又提升了学生的地理实践力和综合思维。通过以"梅溪湖国际新城"为案例,设计了分析选址条件、对比国际新城建设前后的变化、畅想自己理想中的国际新城三个活动,学生通过参与活动,加强区域认知、提升综合思维、树立人地协调观。整个教学过程由学生主导,颠覆"教师讲,学生听"的传统课堂,充分发挥学生的主观能动性,提升学生的地理核心素养。

## 【教学反思】

本节课以学生熟悉的生活情景为情景链,通过层层深入的问题链引导学生一步步地理解城镇化的含义及特征,并通过活动深入探讨城镇化对地理环境的影响及解决措施,课堂活动丰富。在与学生互动探究城镇化相关知识过程中,引入梅溪湖国际新城的例子,激发了学生的学习兴趣,重难点突出,教学效果较好。

但是,本节课仍然存在不少缺陷。本节内容主要是学生自主讨论和合作探究,要求学生全面参与。但在教学过程中,理想与现实有距离,极少部分学生积极性不高,不参与课堂讨论,也不发表自己的观点,可能是基础较差,说不上话,有点被动。所以以后在教学过程中应继续让学生坚持图文结合的原则认真学习知识,熟练掌握"地"的知识;注意地理环境中各要素的联系,重视对"理"的理解;关注身边的地理知识和现象,学会用地理知识解释地理现象,掌握知识迁移的关键能力;在合作探究过程中,可设置学生互评环节,要启发、鼓励学生大胆参与,积极思考并动手落实,争取做到每一个学生都有参与,真正向课堂要思维深度和学科素养。

## 【专家点评】

本节内容在教学过程中以学生熟知的梅溪湖国际新城为情境链,整堂课所选素材源自生活,教学服务生活,让学生有话说,有所感,材料来自教材外,答案却在教材内,真正培养了学生区域综合思维的能力,激发了学生的地理学习兴趣;又通过层层递进的问题链引发学生深入思考,真正体现了"知识结构化,结构问题化,问题情境化,情境生活化"的教学理念;教学过程流畅,思路清晰,逻辑缜密,行如流水;同时教师对教材内容处理得当,顶层设计层次分明,知识容量适度,重难点突出,课堂教学设计符合学生学习、生活的实际;教师心中有课标,眼中有学生,课堂上自始至终由学生主导,主要是"让学生讲,大家听,教师适度引导与指导",学生参与度非常高。这堂课的选材有新意,设计有线索,教学有情境,问题有梯度,这是一堂符合"三新"政策下的优质课,是一堂融合核心素养落到实处的优质课。

（朱翔　湖南师范大学）

# 第三章　产业区位选择

## 本章概述

（向超）

## 1. 内容解读

本章内容是从人地关系角度，对产业与自然及人文要素之间的空间联系进行探讨。产业区位选择是经济地理学的重要内容，包括宏观层面的经济布局和微观层面的区位选择。通过本章的学习，要求学生会运用区位论原理，结合产业及区域特征，对产业区位因素进行分析，择优选择农业、工业、服务业布局的区位，达成区域产业和经济健康发展的目标。

因此，根据"课程标准"要求，本章教材呈现了三大产业区位选择及产业布局的内容：农业区位因素与农业布局、工业区位因素与工业布局、服务业的区位选择。从整体上看，本章的内容属于人文地理中的经济地理，是人文地理学的核心内容之一。

本章按照课节先后顺序依次进行教学，每节由产业区位因素到产业布局，由原理到应用，注意知识点的衔接，教学过程注意对学生学科能力和学科素养的培养。

第1节"农业区位因素与农业布局"。教材首先以"英国某超市农产品的来源地"为探究活动，引发学生深入思考和探究影响农业生产布局的区位因素，感悟农业生产的区域差异性，并由此设计探究活动来引导学生学习"农业区位因素"。在"农业区位因素"的相关学习内容的呈现上，教材采用了理论与案例相结合的方式，分别阐述了农业生产的自然条件、科学技术因素、社会经济因素等三大方面的具体内容。为了让学生能结合实例加以说明农业的区位因素，教材设置了3个"阅读材料"和2个"活动"。接着，教材阐述了农业布局的概念和原则，详细地展现了世界农业地域类型的分布。通过"阅读"和"活动"，引导学生归纳不同农业地域类型的特点，并能运用前面所学的"区位因素"分析世界农业布局的合理性，渗透着区域认知、综合思维和人地协调观等核心素养的培育要求。教材以中国"互联网＋"现代农业为活动题材，引导学生关注社会发展，并能运用所学知识和原理分析现实问题，较好地体现了地理学习的实用价值；同时，活动还要求学生调查家乡的农业生产活动,撰写调查报告,为家乡农业的可持续发展献计献策,其目的是提升学生的地理实践力。

第2节"工业区位因素与工业布局"。教材首先以"美墨边境两侧的城镇分布"和"墨西哥《边界地区工业化议程》"为探究案例,让学生感受美墨边境两侧人文景观的差异,并产生对"墨西哥在边境上布局出口加工业"的探究欲望。由此,教材详细介绍了"工业区位因素":自然条件、自然资源、社会经济、科学技术、环境质量、信息化水平、产业集聚等。教材对"工业区位因素"的呈现,突出了变化性和时代性特点,特别强调环境质量、信息化水平、产业集聚等成为现代工业区位选择的新因素。对于"工业布局",教材从"工业布局"的概念入手,从宏观和微观两个角度加以阐述。但教材内容以宏观工业布局为重点,呈现了"世界主要工业区分布""美国本土主要工业区分布""跨国飞机制造公司全球布局"等实例,引导学生通过"阅读"和"活动"等方式,了解世界工业布局的特点和发展方向,分析具体工业区的主要区位因素,深化对工业区位因素和工业布局知识的理解和应用。

第3节"服务业的区位选择"。虽然服务业离学生较近,但因其分类比较复杂、部门繁多,对于高中学生而言具有一定的难度。因此,教材对于"服务业"的学习内容的处理尽力贴近学生体验和现代社会实际,有侧重地选择了现代服务业中较重要和普遍分布的两个行业——金融服务业和商业服务业。首先,教材以"网购"为导入性活动,从学生的身边入手,让学生了解现代服务业的发展,并激发学生的求知欲。接着,教材比较简洁地阐述了"服务业"的概念、分类和特征,并通过设置"活动"的方式,让学生能简单地区分生产性服务业、生活性服务业、公共服务业的具体行业。本节教材的重心放在生产性服务业(以金融业为例)和生活性服务业(以商业服务业为例)上,理论联系实际,以较多的篇幅介绍了这两类服务业的区位因素和布局状况。因这部分内容理论性较强,如中心地理论,教师在教学处理上,应以教材提供的具体事例为案例,如"世界主要金融中心分布""北京主要商业中心和商业圈分布",通过"活动"方式,引导学生了解现代服务业的区位选择。

## 2. 价值理念

通过本章的学习,激发学生探究人类活动区位条件的兴趣和欲望,树立因地制宜、因时制宜、因事制宜的科学观念;让学生辩证地认识地理环境与人类活动之间的关系,形成正确的人地观,从而树立世界是普遍联系的观点和辩证唯物主义思想。

## 3. 必备知识

结合实例,说明农业、工业和服务业的区位因素。

## 4. 关键能力

学会搜集地理资料和阅读、分析地理图表，从资料、图表中获取信息和知识。通过案例学习，了解产业活动区位的概念和原理，掌握分析产业活动区位选择问题的思路和方法。通过社会调查和动手绘制图表并加以分析评价，加深对区位知识的认知和理解，初步学会运用所学原理和方法分析身边的产业活动现象，实现知识迁移和能力提升。

## 5. 学科素养

（1）在简单、熟悉的情境中，能够辨识农业、工业和服务业等产业活动的地理特点，简单分析产业与其他人文地理要素两两之间的相互作用，及其与自然环境的相互影响。对于给定的简单地理事象，能够简单分析农业、工业和服务业等产业活动与其他人文地理事象之间，以及它们与自然要素之间的关系，解释产业区位的时空变化过程，辨识产业活动时空变化过程中对资源、环境的影响以及实现可持续发展的途径。（人地协调观、综合思维）

（2）根据提示，能够简单辨析日常生活区域内某产业的部分区位因素和特点。能够自主辨识给定区域内的区位因素，解释不同地方的人们对产业活动进行区位选择的依据。（区域认知）

（3）借助他人的帮助，能够运用地理信息技术和其他地理工具，收集和呈现农业、工业、服务业等产业活动的地理信息，开展社会调查；能够在地理实践中理解和接受不同的想法，表现出合作的意识、求真的态度与应用知识的能力。能够对农业、工业和服务业等产业设计活动和实施社会调查，作出简要的解释；能够在地理实践中表现出独立思考的意识、求真求实的科学态度以及灵活运用知识的能力。（地理实践力）

## 6. 课时规划建议

| 节名 | 课时安排 | 课时内容 | |
|---|---|---|---|
| 第一节　农业区位因素与农业布局 | 2 | 第一课时 | 内容一　农业区位因素 |
| | | 第二课时 | 内容二　农业布局 |
| 第二节　工业区位因素与工业布局 | 2 | 第一课时 | 内容一　工业区位因素 |
| | | 第二课时 | 内容二　工业布局 |

续表

| 节名 | 课时安排 | | 课时内容 |
|---|---|---|---|
| 第三节　服务业的区位选择 | 2 | 第一课时 | 内容一　服务业概述<br>内容二　生产性服务业——以金融服务业为例 |
| | | 第二课时 | 内容三　生活性服务业——以商务服务业为例 |

## 7. 知识导图

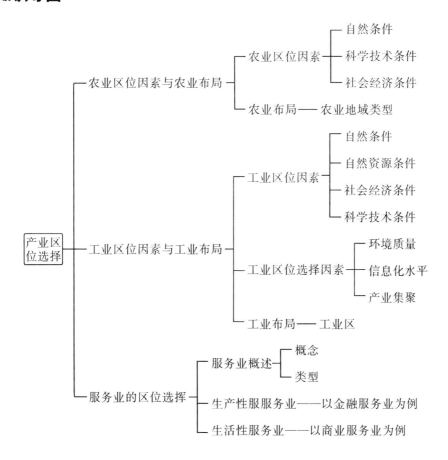

# 第一节　农业区位因素与农业布局

（宋泽艳）

## 【内容简述】

本节主要内容是两大方面:农业的区位因素和农业布局。首先是农业区位条件的具体内容,自然条件主要体现在气候、土壤、水源、地形等方面,农业科学技术因素主要包括技术装备、生产技术、信息化等,农业社会经济因素主要包括市场、交通运输、劳动力和政策等。重点关注农业生产要素的区位条件评价,以及人类对农业区位条件的改造。其次是农业布局,关注农业生产要按照自然规律和经济规律办事,因地制宜,扬长避短,宜农则农,宜林则林,宜牧则牧,宜渔则渔。

## 【教学目标】

| 课程标准 | 核心素养目标 |
| --- | --- |
| 结合实例说明农业的区位因素。 | (1)能够分析不同区域内农业的区位因素和特点。(区域认知)<br>(2)能够分析农业区位因素的自然、社会经济因素以及理解科学技术在区位中的作用。(综合思维)<br>(3)观察、调研生活中的农业生产活动,运用所学知识进行解释和评价。(地理实践力)<br>(4)理解农业与自然环境的关系,能够分析农业与社会经济以及科学技术之间的相互关系。(人地协调观) |

## 【评价目标】

| 水平一 | 水平二 |
| --- | --- |
| 能够在生产生活中辨识农业生产的特点,简单分析农业生产活动与地理要素之间的联系。 | 通过对某地某种农作物的生产情况的分析,说明该地农业生产的有利条件和限制因素。 |
| 能够辨识区域内某种农业的部分区位因素和生产特点,并且能够判断农业生产布局是否合理。 | 通过对区域农业生产类型、形成条件、原因的分析,说明区域农业问题,形成因地制宜进行区域开发的观念。 |

续表

| 水平一 | 水平二 |
|---|---|
| 掌握主要农业地域类型的特点，分析其形成的自然条件和社会经济条件；明确世界上主要发达农业区的发展经验对我国的借鉴意义。 | 通过对世界主要农业地域类型的分析，探讨正确认识地理环境对农业生产活动的影响，以及农业生产活动影响环境的方式、强度和后果。 |

## 【教学重难点】

教学重点：农业区位因素与农业布局。

教学难点：1.自然与社会经济条件对农业区位的影响；

2.农业地域类型的形成。

## 【教学流程】

### 第1课时　农业区位因素与农业布局

| 教学环节 | 教师活动 | 学生活动 | 教学评价 | 设计意图 |
|---|---|---|---|---|
| 新课引入 | 视频播放：水稻的种植过程。<br>提问：从产业活动角度看，水稻种植业属于第几产业？什么是农业？ | 学生边观看视频边思考问题。 | 老师以学生熟悉的水稻作为导入，引出农业的概念，从而激发学生的学习兴趣，唤醒学生的求知欲，驱动学习动机。 | 视频情境创设，提出问题。通过唤醒学生对农业的感性认识，引导学生加深对农业概念的理性认识。 |
| 任务一：农业区位因素分析 | 给出东北地区近些年主要粮食作物播种面积曲线变化图；东北地区气候资料图；东北地区地形与土壤资料。<br>问题1：东北粮食种植结构发生怎样变化？<br>问题2：东北地区发展水稻种植业的有利区位条件有哪些？<br>问题3：总结农业发展的区位因素。 | 学生结合材料回答问题。通过东北地区水稻种植业发展的区位因素，总结农业发展的区位因素。 | 农业区位因素是本节内容的一个重点，也是高考常考点，通过对东北地区农业的区位分析，以点带面，总结出农业发展的区位因素。学生完成评价目标水平一。 | 以东北地区为例，培养学生的区位认知能力。 |

续表

| 教学环节 | 教师活动 | 学生活动 | 教学评价 | 设计意图 |
|---|---|---|---|---|
| 任务二：农业区位因素改造 | 问题1：东北地区进行水稻种植有哪些不利的区位条件？那我们如何改造农业发展过程中的不利区位条件呢？<br><br>探究一：播放视频：《东北水稻寒地直播技术》。<br><br>问题2：东北水稻种植的寒地直播技术通过什么方式改变了东北水稻种植业的什么不利区位条件呢？<br><br>探究二：黑龙江省三江平原地区年平均降水量为600 mm，气温低，蒸发量小，地势低平，排水不畅，多沼泽湿地。近年来，打井种稻取得成功，水稻种植面积稳步扩大。该地区水稻种植坚持以井灌为主，而江河引水灌溉只是作为应急措施。<br>问题3：三江平原水稻灌区坚持使用井水灌溉的原因？ | 学生通过独立思考，分析出人类的哪些活动可以改变农业发展过程中的不利区位因素。 | 以学生为主体，教师引导与总结，学生自己得出答案，从而优化教学效果。学生通过独立思考，完成评价目标水平二。 | 通过东北水稻寒地直播技术和打井种稻的分析，使学生理解农业区位因素是可以改造的，培养学生的综合思维能力和人地协调观。 |
| 任务三：农业布局分析 | 读教材，理解农业布局的定义和农业布局的原则。<br><br>合作探究：读教材图：世界水稻主要产区分布；水稻的生长习性和生产过程特点资料；亚洲气候、地形和人口分布图。<br><br>问题1：结合亚洲的地形、气候和人口分布图，分析亚洲水稻种植业的形成条件。 | 学生分组合作探究，回答问题。 | 通过区域特征的分析，判断农业的布局特点，训练学生的综合思维，提高学生解题能力。学生通过分组合作探究，完成评价目标水平一和水平二。 | 选取一个农业地域类型，结合材料分析农业布局的条件和特点，培养学生区域认知能力和综合思维能力。 |

续表

| 教学环节 | 教师活动 | 学生活动 | 教学评价 | 设计意图 |
|---|---|---|---|---|
| 任务三：农业布局分析 | 问题2:结合所学知识,讨论亚洲水稻种植业的不利条件及解决措施。<br>问题3:归纳亚洲水稻种植业的主要特点。 | | | |
| 活学活用 | 新西兰水果及其加工产品以品质高而享誉全球,从水果种植、收获到包装进入市场,始终贯彻绿色、健康、高科技的理念,目前我国是新西兰水果的主要消费国。新西兰的果园主要分布在北岛的北部和中东部地区,以种植猕猴桃、苹果和葡萄等水果为主。(图略)。<br>(1)分析新西兰北岛水果种植区主要分布在北部和中东部的自然原因。(4分)<br>(2)简述新西兰发展水果种植业有利的社会经济条件。(6分)<br>(3)分析我国是新西兰水果主要消费国的原因。(6分) | 学生结合本节课所学内容,回答问题。 | 学以致用,将前面所学知识运用于解决实际问题中来。 | 检查学生上课效果,培养学生知识迁移能力,并且通过国外的一个农业案例,培养学生的区域认知能力。 |
| 课堂总结 | 通过本节课的学习,我们知道农业的三大区位因素是自然条件、农业科学技术因素和农业社会经济因素。在从事农业生产活动时,一定要因地制宜、因时制宜,充分合理地利用自然条件,同时要加大农业科学技术投入,并根据社会经济因素的变化随时调整农业生产,谋求最好的社会经济效益,以达到农业发展和保护生态环境相统一,走农业可持续发展之路。 | | | |

续表

| 教学环节 | 教师活动 | 学生活动 | 教学评价 | 设计意图 |
|---|---|---|---|---|
| 作业设计 | | | | |

实践型作业：

活动名称：农业地域类型的探究。

活动目标：了解世界主要农业地域类型的分布和特点。

活动过程：1.查阅搜集你感兴趣的农业地域类型的资料；

2.小组合作探讨农业地域类型的生产布局特点及其形成原因；

3.在班级进行交流探究成果；

**板书设计**

## 【教师说课】

### 一、说教材

　　本节是湘教版高中地理必修第二册第三章"产业区位选择"第一节"农业区位因素和农业布局"的内容。是在学习过人口、城市之后关于产业活动的第一部分内容，之后是学习工业的区位选择，这一节具有承上启下的作用。本节内容从与自然环境的联系最为密切的农业生产活动入手，包括两大部分内容：农业区位因素和农业布局。农业区位因素是学习农业的基础，是本节内容自始至终贯穿的一条主线。从教材内容看，呈现了各农业区位因素对农业生产布局的影响，也列举了大量的实例。由此可以看出教材的设计意图主要是让学生形成正确分析农业区位因素的方法，对于用什么样的实例或案例来分析没有什么限制。这给了教师很大的自主选择权和挑战，教材只是教学的素材。

### 二、说学情

　　本节课的授课对象是高一年级下学期的学生，学生在初中学习的区域地理及中国农业的相关知识为本节课的学习打下了基础。但我们绝大多数的学生长期生活在城市中,大部分学生对农业的基本知识几乎没有了解,加上本节课理论性较强,故我们选择导入的案例是学生相对熟悉一点的水稻种植业,在学习的过程中激发学生的学习积极性和热情,培养学生相应的地理思维能力。

## 三、说教法学法

本节课主要立足于学生活动和案例分析,采用案例教学法、讲授法和多媒体教学手段的有机结合。学生以独立思考和分组探究的方法为主,着重培养学生的自学能力,指导学生的学习方法。

## 四、说创新点

本节课主要教学目标是让学生了解农业与自然环境的关系。因此本节课加入了一些视频和各地农业生产案例,让学生直观感受农业生产中的一些环节,充分体现了地理教学的特点。

本节教学设计主要是以学生自主学习、合作学习、探究学习为主,将课堂主体归还给学生,教师在教学中充分发挥了主导作用,而作为主体地位的学生,通过多种形式的训练,有利于增强学生对语言的运用能力,又调动了学生的积极性。

## 【教学反思】

本节学习的重点是分析农业区位因素和农业布局。通过对农业区位的分析,使学生学会运用地理思维看待农业问题,明确自然、交通、技术、社会、政策等因素是影响农业生产的重要条件。在开展农业时,要因地制宜、因时制宜,才能充分合理地利用土地。通过本节的学习,为后面内容的学习奠定了基础。通过本堂课课后反思发现有优点也有缺点,现总结如下:

## 一、本节课可取之处

1.本节的教学设计较好地体现了学生为学习主体、教师为引导者的教学模式,重视学生自主学习、合作探究能力的培养。能结合本校学生的学情对教材内容进行取舍编排,体现了应该用教材而不是教教材。

2.案例教学和小组合作探究模式结合运用。根据知识体系和学生的接受能力,灵活地运用案例教学和合作探究模式进行教学。这样设计给予学生充分的时间进行自主学习和讨论探究。由于本节内容多、概括性强、涉及面广,教学时要注意对教学资源的开发,可适当补充一些学生熟悉的典型案例。通过案例分析,引导学生正确理解影响农业区位的因素及其发展变化,以及农业的布局,从而深刻领会农业生产因地制宜、因时制宜原则的重要性。

3. 在教学中，充分调动学生的积极性，组织学生讨论，归纳总结，善于自主探究问题，从而最终形成良好的地理思维，用于解决其他的地理问题。

4. 本节课教学思路清晰，知识点处理到位，学生能够很好地掌握该内容。

## 二、本节课存在的问题

由于时间和容量问题，本节课的农业布局主要以水稻种植业为例，且是学生相对熟悉的，但对于学生更加不熟悉的其他的农业布局，特别是国外一些主要的农业地域生产类型没有一一涉及，因此需要在课后布置相关的试题进行学习和巩固。

## 三、如何改进

教师在讲授这一节课内容的时候，可以灵活选取上课案例，可以中外案例相结合，让学生不仅了解身边的农业生产方式，也能灵活运用所学知识解释没有遇到过的农业生产情境。

总之，在教学中，教师要充分调动起学生的积极性，组织学生讨论，归纳总结，善于自主探究问题，从而最终形成良好的地理思维，用于解决其他的地理问题。

## 【专家点评】

1. 在教学过程中注重知识的形成过程，不是简单地给出结论，而是通过学生讨论分析总结得出。本节课以东北地区的水稻种植业为农业区位因素分析的案例，又以亚洲水稻种植业为例，分析农业的布局，同时以"新西兰水果及其加工产品"作为课堂检测，学生对知识的掌握和运用达到了比较好的效果。

2. 根据教学内容的差异恰当地选择不同的教学方法，教学过程注重学生的参与和探究，体现了新课程的理念。教师在上课过程中将"三导四学"教学方法融会贯通，做到了课前引导，课中指导，课后督导，也体现了让学生学习中有自主学习，合作学习，探究学习和体验学习。

3. 在课堂教学中，师生角色定位比较准确。既尊重了学生的主体地位，又发挥教师的主导作用，积极营造民主和谐的课堂氛围。

（易立文　湖南师范大学）

# 第二节 工业区位因素与工业布局

（杨婷）

## 【内容简述】

"工业区位因素与工业布局"是湘教版高中地理教材必修第二册的内容。本节教学内容主要分为两个部分：影响工业区位的主要因素及其发展变化；世界工业布局的特点和发展方向。《普通高中地理课程标准(2017 年版 2020 年修订)》中对于这部分内容的要求是"结合实例，说明工业的区位因素"。这一节的重点内容是影响工业区位的主要因素分析和工业布局。本节的教学难点是工业区位因素的发展变化；工业布局的特点和发展方向。本节内容是"产业区位选择"的第二节。前面学生已经通过第一节的"农业区位因素与农业布局"的学习，对产业活动的区位分析已经有了基本的方法，但对工业如何合理布局没有形成完整的认识。

本节课主要通过情境式的自主建构、小组合作、探究学习等方法进行教学。通过景观图和文字材料，理解影响工业区位的主要因素，锻炼学生的综合思维；运用探究材料分析，理解工业区位因素的时空变化，学会从环境、经济和社会角度合理布局工业活动，树立人地协调观；通过图片和文字材料，从宏观角度描述世界工业布局的特点提高学生的区域认知水平；借用活动材料，对具体区域工业活动的主要区位因素进行分析和应用，提高地理实践力。

## 【教学目标】

| 课程标准 | 核心素养目标 |
| --- | --- |
| 结合实例，说明工业的区位因素。 | （1）结合景观图和文字材料，理解影响工业区位的主要因素。（综合思维）<br>（2）运用探究材料分析，理解工业区位因素的时空变化，学会从环境、经济和社会角度合理布局工业活动。（人地协调观）<br>（3）通过图片和文字材料，从宏观角度描述世界工业布局的特点。（区域认知）<br>（4）借用活动材料，对具体区域工业活动的主要区位因素进行分析和应用。（地理实践力） |

## 【评价目标】

| 水平一 | 水平二 |
|---|---|
| 在日常情境中,能够描述工业活动的特点,能简单分析工业活动与某一地理要素的相互作用和影响。 | 能够简单分析工业活动与多个要素之间的关系,并能分析工业区位的时空变化,能结合国家发展战略辨识工业活动对地理环境的影响,能说出相对应的人地关系问题。 |
| 能根据一定提示在日常生活区域内辨析某工业的区位因素并能判断布局是否合理。 | 能自主辨识某区域内某工业的区位因素并能分析评价该工业的布局是否合理。 |
| 能和他人合作开展关于工业方面的社会调查。有合作意识,实事求是的态度和知识运用的能力。 | 与他人合作,能对工业活动进行设计和社会调查收集信息,对某工业布局作出简要的解释。能在实践活动中表现出独立思考的意识,求真务实的科学态度以及灵活运用知识的能力。 |

## 【教学重难点】

教学重点:1.影响工业区位的主要因素;

    2.工业布局。

教学难点:1.工业区位因素的发展变化;

    2.工业布局。

## 【教学流程】

| 教学环节 | 教师活动 | 学生活动 | 教学评价 | 设计意图 |
|---|---|---|---|---|
| 引入新课(情境1) | 教师提问:如果要建立一个汽车厂要考虑哪些因素? | 学生回答:地理位置、资金、技术…… | 及时关注学生的认知情况和思路,并适时进行引导和补充。 | 引出工业区位概念及工业区位因素的相关知识。 |

| 教学环节 | 教师活动 | 学生活动 | 教学评价 | 设计意图 |
|---|---|---|---|---|
| 自主反馈 | 检查学生的课前自主学习情况。 | 说出工业区位的概念及工业的主要区位因素有哪些？ | 关注全班学生参与度以及个别学生完成的准确度。 | 考查学生课前完成自主学习的情况。 |
| 合作探究（情境2） | 教师提问：是否要满足所有的区位条件才能开工厂？工厂选址你来参与，按小组分发工厂企划书（啤酒厂、服装厂、精密仪器厂、制糖厂、炼铝厂）并在黑板上画选址地图。 | 小组根据不同工厂的特性在地图上选出最佳位置，并分组上台展示说明考虑主要的因素是什么？ | 依据学习评价量表，对学生进行过程性评价。 | 通过讨论得出不同工厂的选址需要考虑的主要因素不同；提高学生合作学习的能力。 |
| 小结 | 根据学生的回答引出五大指向型工业，并强调这是根据经济效益最大化的原则得出。 | 学生可根据五大指向型工业提出自己的疑惑。并由学生或者老师回答。 | 由老师或者学生对回答进行评价。 | 总结所学习的知识，并让学生相互学习。 |
| 探究学习（情境3） | 教师提问：水泥厂的主要污染是？单从环境角度考虑如何布局？分别从单一盛行风、季风区、多风区三种情境下进行选择。 | 根据教师提供的情境分别作出选择。 | 依据学习评价量表，对学生进行过程性评价。 | 根据水泥厂的选址要求引出工业布局的第二个原则环境效益最优化。树立人地协调观。学会读风玫瑰图。 |
| 自主学习 | 教师在PPT展示关于社会效益最佳化的例子的文字材料，回答学生提出的疑问。 | 学生自主阅读材料并提出疑问。 | 由老师对学生提出的问题进行评价。 | 通过自主学习社会效益最佳化的知识，快速地找到自己的疑惑盲点，达到高效学习的效果。 |

续表

| 教学环节 | 教师活动 | 学生活动 | 教学评价 | 设计意图 |
|---|---|---|---|---|
| 合作探究（情境4） | 教师展示活动内容"上海大众来了"。<br>任务一：分析上海大众为什么在长沙星沙经济开发区建厂。<br>任务二：请选取以下角色（政府官员、当地村民、同行竞争者、房地产开发商、消费者）谈谈你对上海大众进驻长沙干杉镇的看法。 | 学生经过讨论小组派代表回答任务一的内容；小组同学需要用符合该角色的语言和语气来完成任务二，并且可以随时对不同观点进行反驳。 | 依据学习评价量表，对学生进行过程性评价。 | 在本活动中充分展示学生学习知识和对知识理解的能力，并且通过争辩可以看出学生对知识的灵活运用能力，提高学生的综合思维能力。 |
| 课堂总结 | 教师总结本堂课思路：工业区位因素（概念性知识）→工业区位选择（方法性知识）→评价工业区合理性（价值性知识） | 学生跟随老师思路进行知识梳理。 | | 进一步深化知识思路并展开思考，提高学生的归纳概括能力。 |

作业设计

实践型作业：

活动名称：长沙城的工厂。

活动目标：通过对身边工厂的调查充分理解工业区位因素在工业选址中的作用，通过实地调查培养学生的地理实践力。

活动准备：小组分工合作，选取长沙城或周边的某一个工厂，查阅搜集资料，做一个实地调查的小任务。

板书设计

一、工业区位因素

1.工业区位的概念

2.工业的主要区位因素

二、工业布局的基本原则

1.经济效益最大化

2.环境效益最优化

3.社会效益最佳化

## 【教师说课】

### 一、说教材

本节内容是湘教版高中地理必修第二册第三章第二节"工业区位因素与工业布局"，是产业区位选择当中的第二产业部分，本节教学内容主要分为两个部分：影响工业区位的主要因素及其发展变化；世界工业布局的特点和发展方向。教材在内容安排上，本节使用"美墨边境两侧的城镇分布"和"墨西哥《边境地区工业化议程》"为探究案例；教材在阅读材料中使用了"传统工业的区位指向"这个素材；活动材料选取了"法国钢铁工业布局的变化图"和"美国本土主要工业区分布示意图"，使学生更好地理解工业布局和工业区位因素的变化，提高学生的综合思维去认知的能力。课本还使用了"风向频率与工业区居民区的布局示意图"，旨在让学生更好地理解工业布局与环境污染的关系，树立人地协调观。

### 二、说学情

高中生生活在中学校园当中，对工业相关知识了解不够深入，该年龄阶段的学生虽然对地理学的基础知识有基本的了解，但生活经验不足，社会阅历欠缺，生活当中很少能够直接与该章节的知识产生亲身体验的联系，因此学生对于工业相关的知识只停留在书本上。尽管高中阶段的学生已经具备一定的自学能力和观察和推理能力，并且充满好奇心和求知欲，学习的动机较强，但该节内容所描述的事实和问题比较抽象，具象化的事物较少。因此，需要教师提供大量的生活实例和感性材料来帮助学生对工业区位因素和布局产生具体化的思考，通过师生对话，生生对话来对活动材料予以探究引发思考。

### 三、说教法学法

本节课的教学运用了自主学习、自主探究、合作探究法，并且贯穿整个课堂。学生课前进行自我构建，通过课前预习，对本节课的知识框架有了初步的了解。课堂上学生通过阅读材料，合作讨论提取出关键信息，归纳和总结得出结论，并进行展示，在此基础上再次进行讨论研究，得出最佳结果。在有明确任务的自觉状态下主动学习，自主构建比被动接受有更好的吸收效果。学生采用小组合作学习和探究式学习，是在学习过程中主动思考并发现问题和解决问题，更能起到培养学生能力的目的。

### 四、说创新亮点

本节为湘教版必修第二册人文地理的内容，为产业活动中的工业区位因素。

针对抽象的工业部分内容,本节教学设计主要是以学生自主学习、合作学习、探究学习为主,老师起到引导作用,学生通过老师设计自主构建、合作学习、探究学习等环节,充分地学习了本节知识并且学会了灵活运用,并且还能举一反三,学以致用。布置的实践型作业,有利于促进学生通过实践更好地理解知识本身,培养学生的地理实践力。

## 【教学反思】

本节内容是湘教版高中地理必修第二册第三章第二节"工业区位因素与工业布局",是产业区位选择当中的第二产业部分,本节教学内容主要分为两个部分:影响工业区位的主要因素及其发展变化;世界工业布局的特点和发展方向。

在教学设计中,教材中的"美墨边境两侧的城镇分布"和"墨西哥《边境地区工业化议程》"的探究案例和活动材料"法国钢铁工业布局的变化图"等,都没有直接设计在课堂活动内,而是选取了一部分运用到课堂中,比如"风向频率与工业区居民区的布局示意图",旨在让学生更好地理解工业布局与环境污染的关系,树立人地协调观。教材中的活动材料是否运用得过少值得思考,可否在合适的环节也把教材中的活动材料结合实际需求进行探究和应用。

在课堂环节中,设计的"我来选址"的环节形式新颖,思考性强,学生讨论氛围浓厚,但是也存在一些问题,工厂选址设计的底图区域图并不是实际存在的区域,是为了把五大指向型工业具有代表性的工厂都能在一个区域内呈现,也缺乏比例尺的信息,可以在活动时跟学生说明一下,让学生在地理思维上有更好的尺度概念和区域认知的意识。在最后一个环节角色扮演中可以将学生的答案简洁地同步更新在副板书中,这样可以让学生随时小结,思考下一个思路的时候更有针对性。

在教学过程中,师生对话、生生对话中产生了一系列的新问题,对于教师来说需要有很好的掌控能力来应对,这就需要在课堂预设中加大备课的力度,不仅要备教学的内容,还需要预估到教学中可能出现的新问题和困难。

在实践作业中,布置的实践作业目的性很强,可以提高同学们的地理实践力。但在实施的过程当中需要教师进行一定的督促和要求,避免出现实践作业形式化。要真正落实到位,可在下一堂课的内容当中,将实践作业的成果设计到教学中去,适当的进行总结和评比。

总体来说,本堂课的设计经过了很长时间的磨合,也得到了很多组内老师们的指导和批评,虽然还存在不足的地方,但依然不影响本堂课的整体提升。希望有更多的同仁指正批评,将本堂课做得更好。

## 【专家点评】

本节课有三个亮点:第一,首尾呼应,通过构建一条主线也就是"如何为一个汽车厂选址"引发学习情境,并且以"长沙大众汽车厂的选址"这个问题收尾,使用的材料就是身边的实例;第二,通过一系列的真实情境引导学生通过探究讨论来认识相关的工业区位的知识,通俗易懂又快速地将基础知识融会贯通;第三,通过合作探究,师生对话和生生对话,将不同的意见在课堂呈现,生成性的问题引发学生思考,培养了学生的辩证思维。整节课设计巧妙,课堂节奏紧凑,学生活动适当,老师引导有方,"考虑环境因素下如何选址一个有污染的工厂"问题的讨论为学生树立了人地协调观;在"长沙大众汽车厂的选址"讨论中运用角色扮演活动体现了综合思维的培养;布置的实践作业很有地理味道,为学生地理实践力的培养提供了一个很好的途径。

(刘玉岳 长沙市教育科学研究院)

# 第四章　区域发展战略

## 本章概述

（杨婷）

## 1. 内容解读

每个人都生活在一定的区域当中。在经济社会发展方面，区域开发是其重要的部分。本章包括三个方面的内容：交通运输与区域发展；我国区域发展战略；海洋权益与我国海洋发展战略。本章教材当中选取了很多经典案例，这些案例跟国家经济社会发展、国家区域发展重大战略与生产生活等内容密切相关。通过这些案例，让学生学会区域分析基本方法，了解我国在区域发展规划上的重大意义，培养学生的爱国情怀和大局意识。

第1节"交通运输与区域发展"。对应的新课程标准内容为"2.6 结合实例，说明运输方式和交通布局与区域发展的关系"。教材第一部分以"郑州交通网络分布图"作为探究活动的材料，旨在通过分析给定区域的案例，帮助学生了解交通运输对区域发展的作用。在介绍了交通运输的基本概念及作用后，对不同历史时期的交通运输方式和布局进行分析。交通运输的发展，不仅扩大了区域的辐射范围和区域之间的联系，区域的发展也会促进交通运输的建设。第二部分，教材以扬州的兴衰为分析材料，又以陇海—兰新经济带为例，更进一步地阐释了交通运输与区域发展的相互作用。

第2节"我国区域发展战略"。对应的新课程标准内容为"2.7 以国家某项重大发展战略为例，运用不同类型的专题地图说明其地理背景"。首先，教材使用"渝新欧"国际铁路联运大通道的材料，分析给我国重庆及西南地区带来的影响，让学生了解区域发展战略制定的必要性。接着介绍了我国四大区域的区域特征，特别是近40年来改革开放后区域发展的差异，从宏观上掌握我国区域发展的战略。通过对长江经济带的分析，明确要将修复长江生态环境摆在突出位置，坚持绿色发展的道路。京津冀协同发展战略的例子说明制定区域发展战略时，要因地制宜，因时制宜，才能取得更好的效果。

第3节"海洋权益与我国海洋发展战略"。对应的新课标内容为"2.8 结合实例,说明国家海洋权益,海洋发展战略及其重要意义"和"2.9 运用资料,说明南海诸岛是中国领土的组成部分,钓鱼岛及其附属岛屿是中国固有领土,中国对其拥有无可争议的主权"。本节介绍了各类海域的空间范围,以及海洋权益的内容和为什么要维护海洋权益。为了培养学生海洋权益主权意识,使用了钓鱼岛及其附属岛屿的相关探究材料。让学生了解我国海洋强国战略布局,激发学生的爱国情怀。

## 2. 价值理念

通过本章的学习让学生了解新时期国家的重大发展战略及其对区域发展的影响以及所取得的重大成就,建立民族认同感和自豪感。理解区域发展战略制定要因地制宜、扬长避短的原则,辩证地看待区域发展与自然环境之间的关系。

## 3. 必备知识

(1)结合实例,说明运输方式和交通布局与区域发展的关系。

(2)以国家某项重大发展战略为例,运用不同类型的专题地图,说明其地理背景。

(3)结合实例,说明国家海洋权益、海洋发展战略及其重要意义。

(4)运用资料,说明南海诸岛是中国领土的组成部分,钓鱼岛及其附属岛屿是中国固有领土,中国对其拥有无可争辩的主权。

## 4. 关键能力

学会图表判读,从图表中获取地理信息。结合区域特点,运用综合分析法,分析区域特征,理解区域发展战略。能够开展社会调查和专题探究,加深对区域发展的理解。

## 5. 学科素养

通过本章的学习,能够辨识区域交通的特点,简单分析其与自然环境的相互影响 。(人地协调观、综 合思维)能够收集交通、区域发展战略等相关信息,开展社会调查;能够在地理实践中理解和接受不同的想法,表现出合作的意识、求真的态度与应用知识的能力。(地理实践力)能够简单运用区域特征,解释交通等的时空变化过程,能够结合国家发展战略,简单分析其地理背景。(综合思维)

## 6. 课时规划建议

| 节名 | 课时安排 | 课时内容 | |
|---|---|---|---|
| 第一节　交通运输与区域发展 | 2 | 第一课时 | 内容一　交通运输方式和布局 |
| | | 第二课时 | 内容二　交通运输对区域发展的影响 |
| 第二节　我国区域发展战略 | 2 | 第一课时 | 内容一　我国宏观发展格局<br>内容二　长江经济带发展战略 |
| | | 第二课时 | 内容三　京津冀协同发展战略 |
| 第三节　海洋权益与我国海洋发展战略 | 2 | 第一课时 | 内容一　海洋权益与我国海洋发展战略 |
| | | 第二课时 | 内容二　我国新时期海洋发展战略<br>内容三　建设海洋强国的战略布局 |

## 8. 知识导图

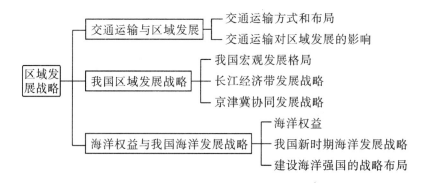

# 第一节　交通运输与区域发展

（肖雨琳）

## 【内容简述】

"交通运输与区域发展"是湘教版高中地理教材必修第二册的内容。本节教学内容主要分为两个部分：交通运输方式和布局、交通运输对区域发展的影响。《普通高中地理课程标准（2017 年版 2020 年修订）》中对于这部分内容的要求是"结合实例，说明运输方式和交通布局与区域发展的关系"。这一节的重难点是交通运输的方式与布局对区域发展的影响。教材将"交通对区域发展的影响"这个内容拆为两点：对城市发展的影响和对区域经济发展的影响。

本节课主要通过讲授法、案例法、合作探究学习法，突出重点，突破难点。开发了乡土地理案例，探讨了株洲的交通发展对城市发展的影响，用长株潭区域的发展作为案例，探讨交通运输对区域经济的影响，引入学生身边城市的案例，并通过小组合作的方式探讨交通运输的发展对城市发展的影响，提升学生的地理学科核心素养。

## 【教学目标】

| 课程标准 | 核心素养目标 |
| --- | --- |
| 结合实例，说明运输方式和交通布局与区域发展的关系。 | （1）认识主要交通方式及其特点，能根据生产生活特点，选择合适的交通运输方式。（综合思维）<br>（2）通过运用交通专题图，了解某区域交通方式和布局特点以及不同时期的交通运输发展布局与城市发展之间的关系。（区域认知、综合思维）<br>（3）通过实地调查和网络资料搜集，了解某区域周边交通线布局，并作出评价，并提出改进方案。（地理实践力）<br>（4）通过学习，知道交通的建设和规划要与区域的发展相适应才能协调发展。（人地协调观） |

## 【评价目标】

| 水平一 | 水平二 |
|---|---|
| 在日常生活的区域中,能够辨识交通运输方式,了解该区域的主要运输方式。能够简单分析某区域交通运输的变化对生产生活的影响。 | 能够通过所给的图文资料,分析某区域的交通运输方式和时空变化,及对区域发展的影响。 |
| 能简单认识熟悉区域中交通运输方式与时空发展特点与人类活动和地理环境之间的关系。 | 能够通过所给的图文资料,分析区域中交通运输方式与时空发展特点与人类活动和地理环境直接的关系。 |
| 能通过简单的查询资料,观察和调查所在区域交通线路的布局情况,设计改进方案。 | 小组分工合作,查阅并收集相关资料,利用各种地理信息技术手段和其他工具,对某区域交通的时空发展变化进行调查,并针对其中的问题提供改进方案。 |

## 【教学重难点】

教学重点:1. 交通运输方式与布局,及其发展变化特点;

2. 交通运输对城市发展的影响;

3. 交通运输对区域经济发展的影响。

教学难点:1. 交通运输对城市发展的影响;

2. 交通运输对区域经济发展的影响。

## 【教学流程】

| 教学环节 | 教师活动 | 学生活动 | 教学评价 | 设计意图 |
|---|---|---|---|---|
| 新课引入 | 师:课前给同学们布置了小任务:古诗中体现的交通方式,相信大家都有了发现,有没有同学愿意分享一下成果? | 学生展示:<br>朝辞白帝彩云间,千里江陵一日还。《早发白帝城》白居易) | 教师通过课前小任务的方式,让学生从诗句中找到古人常见的交通运输方式,增添了课堂文化色彩,使地理课堂趣味盎然。 | 创设情境,提出问题。通过诗句和引发学生思考。 |

续表

| 教学环节 | 教师活动 | 学生活动 | 教学评价 | 设计意图 |
|---|---|---|---|---|
| 新课引入 | 同学们找得太好了，这都是我们学过的诗，这些诗句体现出来哪些交通运输方式呢？<br>这是古人常见的交通运输方式，那我们现在还有有哪些交通运输方式呢？ | 山路回转不见君，雪上空留马行处。（《白雪歌送武判官归京》岑参）<br>客路青山下，行舟绿水前。（《次北固山下》王湾）<br>姑苏城外寒山寺，夜半钟声到客船。（《枫桥夜泊》张继）<br>孤帆远影碧空尽，唯见长江天际流。（《黄鹤楼送孟浩然之广陵》李白）<br>李白乘舟将欲行，忽闻岸上踏歌声……（《赠汪伦》李白）<br>学生回答：河运和车马。（陆运）<br>学生回答：航空运输、铁路、管道运输、海运。 | 激发学生的学习兴趣，唤醒学生的求知欲，驱动学习动机。 | |
| 自主探究：交通的运输方式 | 师：同学们回答得很全面，现代运输方式主要有公路、铁路、水运、航空和管道运输这几种方式。请同学们阅读教材，思考以下问题：<br>1.这几种交通运输方式各有什么优缺点？ | 学生阅读教材"交通方式和布局"，并思考老师提出的问题。 | 自主探究以学生为主体，引导学生自己总结得出答案，有利于强化教学效果，效果较好。 | 通过学生自主探究的方式培养学生提取信息、归纳总结的能力。掌握交通运输方式的优缺点，并能加以应用。 |

| 教学环节 | 教师活动 | 学生活动 | 教学评价 | 设计意图 |
|---|---|---|---|---|
| 自主探究：交通的运输方式 | 2.为以下几种货物找到合适的运输方式，并说明理由。<br><br>（物品 / 出发地 / 接收地 / 发货时间 / 收货时间）<br>一箱急救药品 / 北京 / 上海 / 4月2日9点 / 4月2日13点<br>100吨铁矿石 / 攀枝花 / 上海 / 4月2日 / 5月前<br>100吨煤 / 焦作 / 柳州 / 4月2日 / 4月7日<br>一百双运动鞋 / 长沙 / 株洲 / 4月2日8点 / 4月2日12点 | 1.<br><br>（交通方式 / 优点 / 缺点）<br>铁路 / 运量大、速度快、运费较低、连续性好 / 短距离运输费用高<br>公路 / 灵活、对自然条件适应性强 / 运量小、耗能高、运费较高<br>水运 / 运量大、建设成本少、运费低 / 速度慢、灵活性和连续性差、受自然条件影响大<br>航空 / 速度快、运输效率高 / 运量小、运费高<br>管道 / 损耗小、安全性高、连续性好 / 灵活性差<br><br>2.<br><br>（物品 / 运输方式 / 理由）<br>一箱急救药品 / 航空 / 距离长且急用<br>100吨铁矿石 / 水运 / 运量大、收货时间长、两个城市都在长江航道附近<br>100吨煤 / 铁路 / 运量大，有铁路连接<br>一百双运动鞋 / 公路 / 运量小，方便 | | |

续表

| 教学环节 | 教师活动 | 学生活动 | 教学评价 | 设计意图 |
|---|---|---|---|---|
| 合作探究：交通运输的布局 | 刚才我们思考讨论了交通的分类、优缺点，那我国交通运输的布局有什么特点呢？<br>1.请看教材活动题1，阅读材料，试从交通运输线的长度、密度等方面，分析我国东西部交通运输方式和布局差异的原因。<br>2.请以小组合作的方式讨论，哪些因素会影响交通的布局。 | 1.差异：我国东部地区交通线路长，密度大，交通类型多样，呈网络状分布；西部地区交通线路短，密度小。<br>原因：我国东部地区经济发达，人口多，对交通运输的需求量大；东部地区以平原、丘陵为主，地形相对平坦，修建交通的难度较低。而西部地区经济发展水平较低，人口少，地形以高山、高原、盆地为主，地形复杂，地势起伏较大，再加上部分地区受高寒冻土影响，修建难度大，成本高。<br>2.影响交通布局的因素：<br>自然因素：气候、地形、河流、冻土、地质状况等。<br>社会经济因素：经济发展水平、城市分布、人口分布、矿产资源、历史文化因素等。 | 通过活动探讨中国东西部交通运输方式和布局差异，并通过小组合作的方式讨论总结影响交通布局的因素，充分调动学生的主观能动性，培养学生的综合思维。 | 掌握影响交通布局的因素这个知识点并能加以应用。 |
| 合作探究：交通运输与城市发展 | 师：城镇之间的人流与物流要依靠交通运输，交通运输对城市的形成和发展也有着重要的影响。我们湖南有一座"火车拉来的城市"，这就是株洲。 | | 引入学生身边城市的案例，并通过小组合作的方式探讨交通运输的发展对城市发展的影响，培养学生的区域认知和综合思维。 | 掌握交通运输对城市发展的影响。 |

续表

| 教学环节 | 教师活动 | 学生活动 | 教学评价 | 设计意图 |
|---|---|---|---|---|
| 合作探究：交通运输与城市发展 | 材料一：株洲城市略图<br><br><br><br>材料二：株洲,在未修建铁路时,还只是湖南湘潭县的一片默默无闻的乡村。随着1903年株萍、粤汉铁路的开通,人群开始聚集,商贾开始云集,行业开始繁多。<br>　　1908年,设株洲厅。1934年,设株洲镇。1936年,粤汉铁路总机厂建在株洲。同年,株洲兵工厂也在此开工建设。于是,株洲有了现代工业的萌芽,城镇也逐步沿粤汉线、湘黔线、浙赣线分布开来。1953年,国家实施第一个五年计划,株洲被列为全国重点建设的8个工业城市之一。<br>　　据《株洲交通志》记载,到1990年,株洲有54条、长145公里、连接32家大中型企业的铁路专用线。株洲成为名副其实的江南工业重镇, | | | |

续表

| 教学环节 | 教师活动 | 学生活动 | 教学评价 | 设计意图 |
|---|---|---|---|---|
| 合作探究：交通运输与城市发展 | 先后有100多项全国第一的工业产品诞生在这里，获得了"中国电力机车的摇篮""硬质合金的骄子""有色金属冶炼基地"等多项美誉。2018年，入选国家新一批创新型城市建设的17个城市名单和"改革开放40年来经济发展最成功的40个城市"。可以说，以轨道交通、航空航天、电力汽车、风电装备等为代表的新兴产业正牵引着株洲这座"动力之都"奔驰在全国乃至世界的前列。<br>　　以小组为单位讨论，根据所给资料回答下列问题：<br>　　1.说明株洲城市的空间布局有什么特点。<br>　　2.分析交通运输的发展对株洲城市发展的影响。 | 　　学生小组派代表回答：<br>　　1.主要沿河与铁路分布。<br>　　2.株洲位于湘江沿岸，便利的水运促进了其形成和发展；铁路的建设连接了株洲与全国各地，带来了煤矿和周边地区的各种矿产资源，开启了工业化进程，并使其规模迅速扩大；优化了株洲的产业结构。 | | |
| 合作探究：交通运输与区域经济发展 | 　　师：交通运输不仅对城市的发展有影响，还对区域经济的发展有着重要的意义。<br>　　材料一："长株潭"是长沙、株洲和湘潭的合称。长株潭城市群是湖南省经济发展的增长极，该区域以全省1/7的国土面积、22%的人口，创造了40%以上的经济总量和财政收入。 | 　　学生回答：<br>　　1.主要沿湘江布局、拓展；沿铁路线布局；呈"品"字形分布。<br>　　2.提高长株潭交通的通达性，促进长株潭人才、信息、技术等资源的流通；推动沿线站点配套设施建设和相关服务产业的发展；方便居民出行；有利于通勤，缓解中心城区人口集中所带来的住房紧张、环境污染等问题。 | 　　学生通过观察身边的现象，以长株潭为案例进行探讨，了解交通对区域经济发展的影响，效果较好。 | 　　用身边的案例，引导学生从生活出发，来思考城际铁路的建设和优化对长株潭地区发展的意义，培养学生的地理实践力。 |

续表

| 教学环节 | 教师活动 | 学生活动 | 教学评价 | 设计意图 |
|---|---|---|---|---|
| 合作探究：交通运输与区域经济发展 | （指导学生打开地图册，找到长株潭地区）<br>材料二：长株潭内建有一条城际铁路，设计速度200千米/小时。近年来，长株潭城际铁路大幅提高开行密度，平均发车间隔约为10—20分钟，基本达到"公交化"的水平。<br>阅读材料，思考以下问题：<br>1.归纳长株潭城市建成区空间布局的特征。<br>2.说明城际铁路的建设和优化对长株潭地区发展的积极意义。 | | | |
| 课堂总结 | 同学们，这节课我们了解了交通运输的方式、优缺点和影响交通布局的因素，通过株洲和长株潭这两个身边的案例分别探讨了交通运输对城市发展和对区域经济发展的影响。你还知道哪些交通与城市或区域发展的故事呢？期待你在实践作业中的反馈。 | 学生思考老师所留下的问题。 | 归纳本节内容，巩固新知。同时设置任务，给学生留下意犹未尽之感，学生积极开展课后探索，效果较好。 | 鼓励学生基于所学知识展开思考与调查，培养学生的综合思维、区域认知和地理实践力。 |

续表

| 教学环节 | 教师活动 | 学生活动 | 教学评价 | 设计意图 |
|---|---|---|---|---|
| 作业设计 | | | | |

实践型作业:

活动名称:调查某个城市的交通发展史并探讨交通发展对当地城市发展的影响。

活动目标:通过图书馆查阅地方志或者网络查阅资料,培养搜集资料的方法,进一步理解交通带来的影响。

活动准备:1.查阅搜集该城市交通发展资料;

2.查阅搜集该城市经济发展资料以及交通发展与经济发展的时间节点;

3.以调查报告的形式呈现调研成果。

**板书设计**

## 【教师说课】

### 一、说教材

　　本节内容是湘教版高中地理必修第二册第四章"区域发展战略"第一节"交通运输与区域发展",这一节的内容是本章的第一部分内容,也是推进下一节区域发展战略的一个重要铺垫。本节教学内容主要包括交通运输方式和布局、交通运输对区域发展的影响这两个部分。教材在内容安排上,用了大量的案例来展开内容:引入武汉交通变迁对区域发展的影响,给学生一个现实生活的贴切案例,为接下来的理论知识学习打下基础;用"交通运输方式变革引起的时空压缩示意图"清晰地展示了几百年来交通方式的改变,用我国300万人口以上城市和主要交通线路分布图来探讨影响交通布局的因素;接着,通过"我国南方内河航线和主要内河港口城市分布"图来形象地说明城市的形成和发展,以及与交通运输之间密切的联系;用京杭大运河交通功能的变化对扬州的兴衰的影响为例,分析交通运输的变化对城镇发展的影响;以"陇海—兰新经济带"的发展来探讨交通运输对区域经济发展的影响。这些案例的应用,让学生更好地联系生活,理解交通方式的选择、影响交通布局的因素,以及交通对城市和区域发展的影响,有利于学生区域认知、综合思维和地理实践力的培养。

## 二、说学情

首先,在知识结构上,学生对交通有一定的了解,比如交通运输方式的分类和各自的优缺点,但在交通运输方式的选择方面知识有些不成体系,且不知道影响交通运输布局的因素有哪些;知道交通运输对城市的发展有利,但对于交通对区域发展有哪些影响不清晰。

在认知水平方面,高一的学生对一些地理现象的认识停留在表面现象的认知,分析归纳能力较弱,但这时的学生属于逻辑思维和创新思维迅速发展的关键时期,具备了一定的自主学习和探究能力,在教师的引导下,具备独立完成资料搜集和自主合作探究学习的任务。

## 三、说教法学法

本节课的教学主要以案例探究为主,所运用到的教法学法主要是自主学习法和合作探究法,充分发挥学生的主体性。在本课的教学中,教师注重引导和点拨,鼓励学生充分参与课堂,积极动脑、动口。教师还通过教材和相关资料的补充,引导学生通过对图文信息的提取和分析,挖掘有用的信息,构建知识框架,提高课堂效率。本课立足于学生,以教师的引导为辅,着眼于学生思维能力、分析、解决问题的能力的培养。

## 四、说创新点

本节课开发了乡土地理案例,探讨了株洲的交通发展对城市发展的影响,用长株潭区域的发展作为案例,探讨交通运输对区域经济的影响。通过引入学生身边城市的案例,并以小组合作的方式探讨交通运输的发展对城市发展的影响,培养了学生的区域认知和综合思维。

布置了实践型作业,调查某个城市的交通发展史并探讨交通发展与当地城市发展的影响,培养学生搜集资料和做研究的能力,培养地理实践力。

## 【教学反思】

本节课以课前小任务的方式,让学生从熟知的古诗词中找到古人常见的交通运输方式,导入学生的生活,符合学生的最近发展区,实现了"润物细无声"的效果。本节课的内容围绕四个探究活动展开,层层递进,由浅入深,符合学生的认知习惯。从教学内容上看，将教学环节分为引入新课、讲授新课以及巩固小结三个环节，其中重点在于通过案例探究，了解某区域交通运输发展变化的原因，分析该区域交通运输发展布局与区域发展之间的关系。其次，在教学手段的应用上，本节课加入了"火车拉来的城市——株洲"以及长株潭城际铁路这些学生身边的地理知识，设计大量活动与问题探究，选取株洲作为突破教学重难点的案例，形式新颖，又具有典型性。以时间发展为主轴，以交通运输与株洲的关系为线索，通过阅读资料与课本材料，培养学生主动学习和自主学习的态度。通过小组合作的方式探讨交通运输的发展对城市发展的影响，培养了学生的区域认知和综合思维。课后布置实践作业，调查某个城市的交通发展史并探讨交通发展与当地城市发展的影响，培养学生搜集资料和做研究的能力，课堂得到了延伸，课程各个环节相互关联且逻辑清晰。

但是，本节课仍然存在不少地方有待改进。一方面，由于本节课的教学内容较为简单，学生在初中学习地理的过程中也奠定了相关的知识基础，课程内容的设计除课本知识的讲授外，还注重学生的拔高培养，提升培养学生提取信息、归纳总结的能力。对于基础较为薄弱以及缺少生活经验的学生可能存在学习吃力的情况。因此，关于课程内容的安排和设计，仍值得思考与探讨。另一方面，以合作探究的方式将课堂主体归还给学生的过程中，也要突出教师的主导地位，需要教师具备很强的课堂把控能力，需要对学生加以引导和启发，而这对新教师来说，提出了更高的要求和挑战。同时，课堂过程中，可能存在学生交流和探索的积极性不高的情况，在具体的教学过程中，教师需要预估教学中可能存在的困难以及学生可能会存在的学习困难，在完成教学任务、实现教学目标的前提下，实现教学形式的多样化，保持学生学习的积极性，鼓励学生积极参与到探究活动中来。

## 【专家点评】

从教学设计来看，本节课紧扣教材内容和课标要求，围绕交通运输方式和布局、交通运输对城市发展和区域经济影响这两个方面，创设学习情境，通过讲授法、自主探究法、合作探究法，让学生掌握重点，突破难点，对学生的学情分析也十分到位。首先，创设文学情境，通过诗词中出现交通的方式作为切入点，既新颖，又体现了学科融合，让学生一下子打开了话匣子，活跃了课堂气氛的同时，完美引入交通运输方式的发展这一知识点；接着，用教材上的案例，让学生通过自主探究的方式，自主推导出影响交通布局的因素，提升了学生归纳总结的能力；最后，挖掘了学生身边的城市作为案例，探究交通运输发展对城市和区域经济的影响，为学生的感知提供了更宽阔的思维领域，更能够创设情境，增强学生的情感体验，将学习知识、发展能力和情感有机地结合起来。

从教学效果上来看，老师教态自然，举止从容，语言精练，富有感染力和亲和力，师生对话融洽；学生从引入的诗词情境开始，就积极投入，思维活跃，气氛热烈，积极提问，老师面对学生的生成性问题也及时回应。课堂 40 分钟，节奏紧凑，当堂问题当堂解决，既完成了知识目标，又培养了学生的地理核心素养，虽然在时间的把握上还可以更进一步，但瑕不掩瑜，不失为一堂好课。

（唐泰清　湖南省长沙市第一中学）

# 第三节　海洋权益与我国海洋发展战略

（陈媛　向超）

## 【内容简述】

本节教材主要学习海洋权益、建设海洋强国的战略两部分。教材具体设置为：从为什么要关注国家海洋权益入手，简单介绍了各类海域的空间范围和维护海洋权益的手段和方法；探讨了南海诸岛问题、钓鱼岛及其附属岛屿对维护我国海洋权益的重要性，明确了建设海洋强国的重要意义；最后介绍了我国建设海洋强国的战略布局，让学生看到我国捍卫主权领土完整的决心和信心，激发学生的爱国情怀，增强学生的海洋意识。

## 【教学目标】

| 课程标准 | 核心素养目标 |
| --- | --- |
| 结合实例，说明国家海洋权益、海洋发展战略及其重要意义。 | （1）结合近年来发生的海洋争端事件，说明维护国家领土主权和海洋权益的重要性。（区域认知、综合思维）<br>（2）根据《国际海洋法公约》，解释并在图中识别内水、领海、毗连区、专属经济区、大陆架、公海和国际海底区域等。（地理实践力）<br>（3）运用资料，说明钓鱼岛及其附属岛屿是中国固有领土，中国对其拥有无可争辩的主权。（人地协调观） |

## 【评价目标】

| 水平一 | 水平二 |
| --- | --- |
| 能够根据《国际海洋法公约》识别内水、领海、毗连区、专属经济区、大陆架、公海和国际海底区域等。 | 能够根据《国际海洋法公约》识别内水、领海、毗连区、专属经济区、大陆架、公海和国际海底区域，以及区域对应的海洋权益。 |
| 参与小组讨论，并简单分析钓鱼岛对我国的意义。 | 参与小组讨论，充分论述钓鱼岛所属权。 |

## 【教学重难点】

教学重点:1.运用资料分析钓鱼岛及其附属岛屿是我国固有领土的依据;

2.结合实例说明我国海洋发展战略。

教学难点:树立"中国一点都不能少"的观念,认识到维护海洋权益对我国海洋发展战略的重要性。

## 【教学流程】

| 教学环节 | 教师活动 | 学生活动 | 教学评价 | 设计意图 |
|---|---|---|---|---|
| 新课引入 | 播放视频:2010年在钓鱼岛海域附近,中日两国发生摩擦。<br>（展示新闻）引出话题:为什么有钓鱼岛之争?国家海洋权益是什么?有哪些? | 观看新闻,引发思考。 | 及时关注学生观看视频过程中的表情。 | 从真实事件出发,通过官方发布的视频与新闻资料,感受"钓鱼岛之争"的紧迫性,激发学生对于国家海洋权益的思考。 |
| 自主学习 | 阅读课本P102,完成以下任务:<br>1.什么是海洋权益?<br>2.说出领海、毗连区、专属经济区、大陆架、公海等相关区域的含义以及空间范围。<br><br>3.阅读学习资料,将海洋区域与海洋权益连线。 | 阅读课本及资料,进行填空以及连线任务。 | 关注全班学生参与度以及个别学生完成题目的准确度。 | 通过阅读课文以及补充的文本资料,了解海洋权益以及相关海洋区域的划分、权益。 |

续表

| 教学环节 | 教师活动 | 学生活动 | 教学评价 | 设计意图 |
|---|---|---|---|---|
| 讲解 | 重点概念辨析：大陆架（自然的大陆架和法律上的大陆架）。 | 认真听讲并理解。 | 充分理解，为下一环节的应用做好准备。 | "大陆架"为重点概念，是"钓鱼岛之争"之关键。 |
| 合作探究 | 材料一：钓鱼岛及其附属岛屿位于我国台湾岛的东北侧，是台湾的附属岛屿，主要包括钓鱼岛、黄尾屿、赤尾屿等。总面积约为5.69万平方千米。<br>　　材料二：古代先民在经营海洋和从事海上渔业的实践中，最早发现钓鱼岛并予以命名。目前所见最早记载钓鱼岛、赤尾屿等地名的史籍，是成书于1403年（明永乐元年）的《顺风相送》。<br>　　1.目前我国古代最早记载钓鱼岛的史料距今已经有多少年？<br>　　2.中国古代先民最早发现钓鱼岛并予以命名，这说明了什么？<br>　　3.据材料画出合法的中日大陆架分界线，并说明理由。<br>　　4.请驳斥日方争岛理由。<br>　　5.日方为什么要争夺钓鱼岛及其附属岛屿？ | 独立思考、积极参与讨论，并将主要观点及时记录。做好笔记。 | 保证每一位同学都有参与、都能参与，因此设置3组，5个问题。<br>　　1.能够根据材料一、材料二准确说出年份以及意义。<br>　　2.能够充分运用第一部分所学知识以及《联合国海洋法公约》，准确画出分界线并说明理由。<br>　　3.能够说出钓鱼岛背后深层次的意义。 | 设置情境，设置问题链。充分调动学生运用所学的海洋权益知识，充分论证钓鱼岛的所属权。探究钓鱼岛之争背后的国家权益，通过自主合作探究，帮助学生树立保证国家领土完整的重要意义。 |

续表

| 教学环节 | 教师活动 | 学生活动 | 教学评价 | 设计意图 |
|---|---|---|---|---|
| | 小结：维护我国海洋的领土完整和主权统一，发展我国海军力量，维护国家海洋安全，为国民经济的发展提供和平的发展环境和有利于维护和平的国际环境。中国一点都不能少。 | | | |
| 探究 | 探究：少年中国说<br>请同学们结合我国近海海洋资源示意图（图略），从海洋意识、权益、科技、生态等角度说明我国应如何建设海洋强国。 | 学生阅读以上材料，进行探究，发表自己的观点。 | 能够根据我国近海海洋资源示意图，准确说出资源类型；能够表达出"海洋意识""海洋的可持续开发"等关键核心信息。 | 材料呈现的角度比较多元，分别从我国的海洋资源分布与类型、美国的海洋开发意识、日本的海洋资源开发过程中出现的环境角度，试图启发学生思考，为我国建设海洋强国提出合理化建议。有利于学生区域认知能力、综合分析能力提升，树立海洋权益与海洋可持续发展的情感态度价值观。 |
| 课堂总结 |  | | | |

| 作业设计 |
|---|
| 实践型作业<br>活动名称:发表主题为"维护我国海洋权益"的演讲。<br>活动目标:充分了解海洋资源以及中国现阶段对海洋开发利用的方式。<br>活动准备:1.百度进行文献调查;<br>2.准备记录本并对资料进行整理;<br>3.小组交流并展示。 |

| 板书设计 |
|---|
| 4.2 国家海洋权益与海洋发展<br>一、国家海洋权益　　　　　　二. 海洋资源开发与利用<br>1.概念　　　　　　　　　　　1.海洋资源<br>2.空间范围与权益　　　　　　2.资源利用 |

## 【教师说课】

## 一、说教材

本课为新教材湘教版必修第二册第四章第三节内容,对应的课标要求是:"结合实例,说明国家海洋权益、海洋发展战略及其重要意义。"教材列举了台湾海峡、钓鱼岛及其附属岛屿、山东半岛蓝色经济区、南海区域这四个极其重要的区域案例,设置不同梯度的问题引发思考,旨在培养学生的海洋意识,激发学生的家国情怀。

## 二、说学情

1.学生的海洋意识以及海洋知识相当欠缺。《国民海洋意识发展指数研究报告(2016)》显示,我国国民海洋意识发展指数偏低,海洋意识总体偏弱,普通居民海洋知识欠缺,某些重要概念模糊,整体水平有待提高。

2.自然地理和人文地理的知识已经全部学完,地理思维框架初步完成,具备了分析具体地理问题的思维以及能力。

## 三、说教法学法

为了保证学生对于地理学习的兴趣与期待,本节课的课堂教学以基础知识传授、自主探究为主，继续秉承"学生活中有用的地理"为主旨，尽最大可能让每位学生有话说、能说话。从熟悉情境到陌生情境，帮助学生建立生活与地理学科的关联，引导学生发现生活中的地理，提高学科实用性，从而真正激发学生对于地理学科的兴趣。逐步强化区域认知、综合思维、地理实践力、人地协调观。

## 四、说创新点

1.教学活动安排紧凑、详略得当。本节课总共安排了三个活动：第一个活动是连线匹配"海洋区域及其对应的海洋权益"，内容简单；第二个活动是"合作探究"，设置了3组5个问题，层层深入，内容较难，需要充分讨论，属本节课重点突破的环节；第三个活动是"少年中国说"，是本节课情感态度价值观的教育环节，属于难点突破环节。

2.主线明确，思路清晰。主要围绕"钓鱼岛及其附属岛屿"的所属权、海洋资源与意义展开教学活动，主体明确，帮助学生搭建完整的地理思维框架，锻炼综合思维。

## 【教学反思】

1.教学设计主体突出。一堂课，教师应是主导、学生应是主体。也就是说在课堂中应该充分让学生表达观点与见解，教师对其表述进行及时总结与引导，最终在师生的共同努力下，完成内容的实施、素养的落地等目标。本节课设置了合作探究，围绕"钓鱼岛及其附属岛屿"这一情境，分别从所属权、海洋资源、领土意义角度，引导学生反复探索、思考，充分调用所学论证自己的观点，最终上升到家国情怀，得出"中国领土一点都不能少"的观点。在实际实施过程中，前面3个问题保证每个同学都有话可说，后面2个问题保证学有余力的同学有提升空间。围绕同一主题，设置不同层次的问题，保障了学生的参与度，从学生的表现可以看出这个设计效果很合理。

2.补充资料不够充分。"少年中国说"的讨论环节，请同学们结合材料，从海洋意识、权益、科技、生态等角度说明我国应如何建设海洋强国。由于文字材料扩充不足，使得大部分学生无法完全根据材料信息进行讨论与延伸，再加上本身海洋意识和海洋知识储备不够充足，使得学生想说却无话可说。加之课时的限制，此部分没有很好地开展。海洋作为国家重要的战略资源，在国际竞争中的战略地位也明显上升。海洋强国一般是指拥有健康的海洋生态系统、可持续发展的海洋资源环境，发达的海洋经济、强大的海洋事务综合管理调控能力、强大的海洋军事实力的沿海国家或群岛国家。我国是一个海洋大国，但目前还不是一个海洋强国,所以,这节课的"少年中国说",最好是根据中国海洋具体的发展讨论具体的看法。

3.板图技能亟待提高。地理的第一语言就是地图,绘制地图、解读地图是地理教师的关键能力。作为一名地理教师,就应该熟练掌握板图、板画,把脑子里的地理意思更加准确地表达出来。因此,一堂合格的地理课,不仅要传授地理知识,还要承担起德育、美育等责任。对于地理教师而言,能够掌握整齐漂亮的板书、准确的板图是传达美育的重要能力。对于学习地理的学生而言,更是掌握核心素养的必备技能。教师除了教授学生掌握高考地理考试技能,更需要传授学生地理思维。

## 【专家点评】

本节课的教学难点是如何体现地理课的"味道",不要将其上成了政治课。教师在教学设计上下了很大功夫,基本上实现了既体现地理视角又培养了核心价值观。第一,课堂上较好体现了地理视角和思维,举三个例子:其一,强调了地理上大陆架与政治上大陆架的区别;其二,讲清钓鱼岛是中国领土的地理依据;其三,强调海洋资源的重要价值及保护意义。第二,容易的内容采用自主学习和当堂检验的方式落实,难点突破使用主题情境探究的方式,加强学生对海洋主权问题的理解,提高课堂教学的效率;第三,课标要求落实较好,注重海洋意识、海洋权益和爱国精神的教育,教师上课充满激情,富含感染力。第四,学生讨论问题比较充分,充分体现了学生的主体性。教师还要注意加强对教学生成的把握,与学生开展较高质量的对话,将讨论引向深处。

（姚泽阳　湖南师范大学）

# 第五章　人地关系与可持续发展

## 本章概述

（杨婷）

## 1. 内容解读

随着人口的增长和社会生产力的发展,人类社会发展过程当中对生态环境的利用以及对自然资源的开发,引发了诸多的人地矛盾问题。环境的严重破坏,资源的消耗殆尽已经危及我们的后代。反观历史,需要追溯人地关系思想的演变,探寻一条可持续发展的途径。本章主要内容为:人类面临的主要环境问题;协调人地关系实现可持续发展。本章涉及的课程标准为"2.10 运用资料,归纳人类面临的主要环境问题,解释协调人际关系和可持续发展的主要途径及其缘由。"

第 1 节"人类面临的主要环境问题"。教材以"寂静的春天"引发学生思考人类与环境的关系。通过环境问题的概念和分类等基础知识的学习,提高学生对环境污染、生态破坏、资源短缺三大类环境问题的判断能力,提高学生的归纳总结能力。教材的 5 个活动加深了学生对具体问题具体分析的能力,了解空间分布的差异,并对环境问题产生的原因进行充分的分析。

第 2 节"协调人地关系,实现可持续发展"。教材以"秦岭地区大熊猫栖息地范围的变化"为探究材料,让学生感受到生态环境被人类破坏以后应如何进行恢复和保护。教材从"天时不如地利,地利不如人和"的古代思想,到现代的"和谐论",阐释了人地关系思想的历史演变。教材设置了 5 个阅读材料和 8 个活动,可以让学生通过阅读和讨论充分理解可持续发展的观点。其中"转变传统发展模式,走可持续发展模式"的内容尤为重要。本章内容在知识层面上,没有太大的难度。主要目的是为了让学生了解人类面临的环境问题和可持续发展路径的重要性。

## 2. 价值理念

通过本章的学习,让学生了解人类面临的主要环境问题及其对人类社会生产生活的不利影响,激发保护环境的紧迫感和使命感。理解区域人口、资源环境、经济发展之间的关系和实现可持续发展的主要途径,加强对人地协调观的理解。

## 3. 必备知识

(1)环境问题的概念、类型与产生的原因;主要环境问题;主要的全球性环境问题。

(2)可持续发展的概念、内涵与三个基本原则。

(3)我国走可持续发展道路的必然性、循环经济。

## 4. 关键能力

(1)运用材料,归纳人类面临的主要环境问题。

(2)运用材料,说明协调人地关系和可持续发展的主要途径。

## 5. 学科素养

通过分析人地关系,理解环境问题的概念并思考环境问题产生的原因;通过自主阅读和案例分析,了解人地关系思想的演化过程,理解人地协调观念产生的历史过程。阐释不同社会阶段人地关系的特征(综合思维);通过阅读材料或社会调查,了解人类面临的主要环境问题。通过案例分析,理解可持续发展的概念和内涵,并能对人类的生产生活活动是否符合可持续发展理念进行辨识和分析(地理实践力);通过材料和案例分析,了解环境问题的地域差异,理解区域人口、资源、发展之间的关系和实现可持续发展的主要途径,加强对人地协调观的理解,提升区域认知、综合思维能力(区域认知、人地协调观)。

## 6. 课时规划建议

| 节名 | 课时安排 | 课时内容 |
|---|---|---|
| 第一节　人类面临的主要环境问题 | 1 | 内容一　环境问题的概念与类型<br>内容二　主要环境问题 |
| 第二节　协调人际关系,实现可持续发展 | 1 | 内容一　人地关系思想的演变<br>内容二　走可持续发展之路 |

## 7. 知识导图

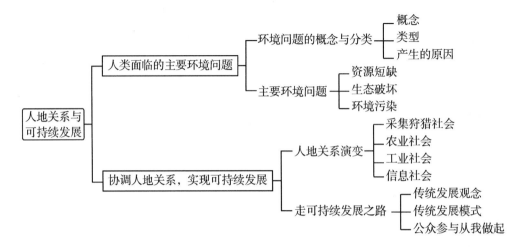

# 第一节　人类面临的主要环境问题

（赵璐琳）

## 【内容简述】

　　"人类面临的主要环境问题"是湘教版高中地理教材必修第二册的内容。本节教学内容主要分为两个部分：环境问题的概念与类型、主要环境问题。《普通高中地理课程标准（2017 年版 2020 年修订）》对于这部分内容的要求是"运用资料，归纳人类面临的主要环境问题"。本节精选案例，帮助学生通过对具体问题的分析，了解环境问题的类型和其空间分布的差异，理解环境问题产生的缘由，感受环境问题对人类的危害。为第二节"协调人地关系，实现可持续发展"的学习打下基础。旨在帮助学生树立绿色发展、共同发展人地协调发展的观念。这一节的重点内容是环境问题的类型及其产生原因、主要环境问题的表现和危害。本节的教学重点是对环境问题概念的正确理解，难点是对案例中具体环境问题的起因及相关表现的分析总结、梳理归纳。

　　本节课主要通过合作探究学习法、案例分析法、思维导图法突出重点，突破难点。

## 【教学目标】

| 课程标准 | 核心素养目标 |
|---|---|
| 运用资料，归纳人类面临的主要环境问题。 | （1）根据案例和图文资料，结合地理规律，理解环境问题产生的原因。（综合思维、地理实践力）<br>（2）运用思维导图，对环境问题的类型进行分类。（综合思维）<br>（3）通过对资源短缺、生态破坏和环境污染案例的具体分析，探究它们产生的原因、现象、影响和分布。（区域认知、人地协调观、综合思维） |

## 【评价目标】

| 水平一 | 水平二 |
|---|---|
| 在简单熟悉的地理情境中，说出人类活动影响地理环境的主要方式和具体的人地关系问题，并说明人地协调发展和走可持续发展之路的重要性。 | 能够在给定的地理事象中，辨识人类活动影响地理环境的主要方式和具体的人地关系问题，并说明人地协调发展和走可持续发展之路的重要性。 |

续表

| 水平一 | 水平二 |
|---|---|
| 　　根据提示，能够简单辨析日常生活区域内存在的主要环境问题和特点，列举可持续发展的措施。 | 　　能够自主辨识给定区域内存在的主要环境问题和特点，并能针对问题提出可持续发展的主要途径。 |
| 　　利用各种工具，能够开展环境问题方面的社会调查，利用收集的信息说出环境问题的类型。 | 　　进行小组合作，能够对环境问题的相关事项，实施较深入的社会调查，并能利用收集的信息做出简要的解释；能够在地理实践中表现出独立思考的意识、求真求实的科学态度，以及灵活运用知识的能力。 |

## 【教学重难点】

　　教学重点：1. 环境问题的概念；

　　　　　　　2. 环境问题的类型；

　　　　　　　3. 各类型环境问题的表现和原因。

　　教学难点：1. 环境问题的产生；

　　　　　　　2. 环境问题的整体性。

## 【教学流程】

| 教学环节 | 教师活动 | 学生活动 | 教学评价 | 设计意图 |
|---|---|---|---|---|
| 新课引入 | 　　在美国西南部有一条重要的河流——科罗拉多河。它是美国西南部最重要的水源。<br>　　播放视频《美国主要河流科罗拉多河缺水严重》（视频展示了科罗拉多河流域生活的农场主感觉到科罗拉多河河水越来越少，以及各大电视台纷纷报道 2021 年科罗拉多河缺水的消息）。 | 　　学生听课，观看视频并思考。 | | 　　创设情境，提出问题。通过科罗拉多河流域水资源量的变化引发学生思考。 |

续表

| 教学环节 | 教师活动 | 学生活动 | 教学评价 | 设计意图 |
|---|---|---|---|---|
| 任务一：科罗拉多河流域缺水问题的分析 | 1. 展现材料，引导讨论：<br>材料一：（科罗拉多河的水系特点）；<br>材料二：（胡佛水坝的基本情况介绍）；<br>材料三：（科罗拉多河水权的分配协议以及当时科罗拉多河的历史水量、亚利桑那人口增长情况、科罗拉多河流域气候变迁及径流量变化情况）。<br>2. 引导总结：<br>经过同学们的讨论，我们能确定影响科罗拉多河流域缺水的原因是由自然环境和人类活动两大方面的因素决定的。 | 学生听课、观看视频并思考。<br>学生阅读材料，合作探究，逐步明确影响科罗拉多河流域缺水的原因有两方面：<br>1. 自然环境自身变化。<br>2. 人类社会的影响不断增加，如人口不断增加，对水资源的不合理利用、水资源的污染等。 | 关注学生的讨论参与度；<br>评价时注意学生思维的完整性和过程性； | 通过材料引导讨论，引入环境问题有两个主要影响因素。通过学生自主探究的方式培养学生提取信息、归纳总结的能力。 |
| 任务二：环境问题的概念 | 环境问题由来已久，人类活动与自然环境之间是怎样的一个关系呢？我们通过下列问题来讨论。<br>（1）人类从自然环境中获得什么？<br>（2）随着人口的增多，生产生活规模的扩大，这样的获取行为会对自然环境造成什么样的影响？对人类社会产生怎样的影响？<br>（3）人类社会向自然环境排放些什么？少量或大量的排放会有什么影响？ | 阅读、思考、讨论：<br>（1）人类从自然环境中获取物质和能量。<br>（2）资源和能量的需求越来越大，影响资源的再生，会产生资源枯竭问题。<br>（3）人类会向自然环境排放废弃物。少量的排放不会影响自然环境质量。人类向环境排放废弃物的数量超过环境自身的净化能力，就会导致环境质量下降，产生环境污染、生态失调等问题。 | 通过自然环境和人类活动关系图的绘制，评价学生的认知正确性。 | 通过渐进式的问题，引导学生深入理解环境问题的概念。通过学生自主探究的方式培养学生归纳总结的能力。 |

| 教学环节 | 教师活动 | 学生活动 | 教学评价 | 设计意图 |
|---|---|---|---|---|
| 任务二：环境问题的概念 | （4）画出自然环境和人类活动的关系图。<br>引导学生总结：<br>经过上面的讨论与分析，结合同学对书本的阅读，请说出环境问题的概念。 | （4）<br><br>环境问题：一般指由自然界或人类活动作用于人们周围的环境，引起环境质量下降或生态失调，以及这种变化反过来对人类的生产生活产生不利影响的现象。 | | |
| 任务三：环境问题的类型 | 环境问题是多种多样的，可以根据不同标准划分为不同类型。教师展示不同的环境问题图片请学生分类。<br>1.一般根据环境问题的表现把它分为三类。<br><br>（表格）<br><br>【活动探究】<br>教师指导学生阅读教材并深入思考其他的分类方式。<br>（1）引导学生完成活动题第1题（教材图5-2）并课件展示。<br>请说明你连线的理由。 | | 根据活动，要求笔记和连线，评价学生的参与度和完成程度。<br>根据发言，评价学生的综合表达：①表达的意愿。②思考的全面。③逻辑与因果。④专业用语。 | 通过活动引导学生思考环境问题的分类标准，拓展学生的多角度思维。 |

任务三表格内容：

| 分类 | 具体内容 |
|---|---|
| 环境污染 | 大气污染、水体污染、生物污染、酸雨、全球变暖、臭氧层破坏等 |
| 生态破坏 | 水土流失、森林砍伐、土地荒漠化、生物多样性减少等 |
| 资源短缺 | 森林、草原、矿产等资源的减少和破坏 |

| 教学环节 | 教师活动 | 学生活动 | 教学评价 | 设计意图 |
|---|---|---|---|---|
| 任务三：环境问题的类型 | （2）（大气、水、土壤、光、声音、生态属于环境要素；工业、农业、第三产业属于生产类型；全球、局部、区域是对地理空间大小的描述。）<br>（3）不同历史时期的环境问题不同，不同区域所面临的环境问题也有所不同。读教材图5－3，完成相关任务。<br>①发达国家和发展中国家的环境问题各有什么特点？根据思维导图举例进行说明。 | | | |

| 国家类型 | 环境问题特点 | 举例 |
|---|---|---|
| 发展中国家 | 较为严重：以生态破坏为主 | 部分物种灭绝、森林退化、荒漠化 |
| 发达国家 | 相对较轻：以环境污染为主 | 臭氧层破坏、全球气候变化、酸雨等 |

②议一议，发达国家和发展中国家环境问题产生的原因分别是什么？

| 国家类型 | 环境问题 | 形成原因 |
|---|---|---|
| 发展中国家 | 以生态破坏为主 | ①人口增长过快，环境承受着发展和人口的双重压力；②没有足够的能力进行环境保护；③发达国家将污染严重的工业转移到发展中国家 |
| 发达国家 | 以环境污染为主 | 经济发展的过程中大量使用化学物质、化石燃料 |

③还有哪些环境问题可以放入教材图5－3中？还应增加哪些箭头？说出你标注的理由。

（在海洋污染下方可以加入其他的污染类型。因为他们的污染物来源与海洋污染相似，所以添加的箭头都来源于经济活动。在森林退化和荒漠化之间加入水土流失，并添加森林退化指向水土流失的箭头，水土流失指向荒漠化的箭头。）

续表

| 教学环节 | 教师活动 | 学生活动 | 教学评价 | 设计意图 |
|---|---|---|---|---|
| 课堂总结 | 　　同学们,这节课我们从环境问题的角度深入地探究人类社会与自然环境的整体关系,自然环境提供了人类所需的物质和能量,而人类的生产生活消费活动会释放出废弃物。一旦超过了自然界能够净化的速度和总量,就会使得自然环境质量下降,并反馈于人类社会产生了各种各样的环境问题。全球的环境问题多种多样,影响范围大小不一,分布也各有规律,我们从不同的角度探讨了环境问题的分类。最主要的分类方式是按环境问题的性质,分为环境污染、资源短缺和生态破坏。这三类环境问题有哪些具体的表现? 我们在下节课将会展开学习和讨论。 | | | 　　养成理论联系实际的习惯,引导学生观察身边的现象,培养学生的地理实践力。 |

**作业设计**

实践型作业:

活动名称:家乡环境问题调查。

活动目标:通过设计环境问题调查问卷,查找相关资料,了解家乡关注社会。

活动准备:

1.通过网络查找家乡的相关资料,设计环境调查问卷。

2.可以选择家人、同学、老师等人群作为调查对象发放问卷。

3.回收问卷,对问卷结果进行分析评估,写出报告。

**板书设计**

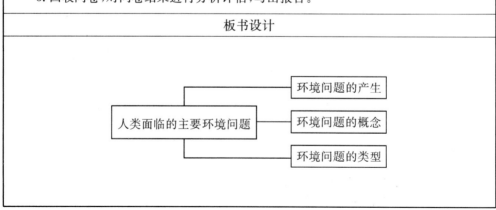

# 第 2 课时　主要环境问题

| 教学环节 | 教师活动 | 学生活动 | 教学评价 | 设计意图 |
|---|---|---|---|---|
| 新课引入 | 　　在上一节课我们学习了环境问题的概念、成因与分类。知道了环境问题涉及我们生活的方方面面。环境问题分为资源短缺、生态破坏和环境污染三类。我们这节课就通过先自学后分组讨论的方式来认识世界的主要环境问题。 | | | |
| 任务一：问题导学、自主阅读 | 　　【问题导学】教师展示下列问题,引导学生阅读书本,并找到相关知识。<br>　　1.什么是资源短缺?<br>　　2.为什么会产生生态破坏?<br>　　3.什么是环境污染? 有哪些类型? | | 评价寻找信息的速度和表达的准确性。 | 通过问题引导,快速阅读书本相关知识,形成基础知识框架。 |
| 任务二：资源短缺 | 　　教师展示问题,用小组讨论的方法与学生共同认识资源短缺的原因。<br>　　问题1:(1)人类对土地资源的破坏有以下几种表现形式:对矿产资源的开采;不当的灌溉;建筑用地等。<br>　　(2)对森林资源的破坏有以下集中表现形式:毁林开荒、乱砍滥伐等。<br>　　问题2:人口增长与自然资源的关系表现为以下几点:①人口增长导致居住空间减小;②人口增长致使人均资源减少;③人口增长加剧环境污染。<br>　　【教师点拨】资源短缺的原因:<br>　　①资源的有限性;<br>　　②人口过多过快地增长,经济规模扩大;<br>　　③人类对资源的不合理利用;<br>　　④经济发展及人们生活水平的提高,对资源的需求量增加;<br>　　⑤资源与环境保护力度不够,法律法规制度不完善。 | | 评价学生思考的角度。 | 以课本的案例为载体,培养学生综合分析的能力。 |

续表

| 教学环节 | 教师活动 | 学生活动 | 教学评价 | 设计意图 |
|---|---|---|---|---|
| 任务三：生态破坏 | 生物是地球生命大家庭的一员,生物多样性是人类可持续发展的前提保证。<br>　　教师课件展示:图表"全球部分物种数目",以及图表"哺乳动物和鸟类濒危或受威胁的原因构成表"。<br>　　请学生阅读教材"生物多样性"和"渡渡鸟的灭绝"两段材料,根据材料及表格,完成下列要求:<br>【阅读】阅读教材材料:渡渡鸟的灭绝。<br>【自主学习】完成教材活动题。<br>　　画出哺乳动物和鸟类濒危或受威胁原因的对比柱状图。纵轴表示各种原因所占的百分比,横轴表示各种原因。<br> | | 评价学生思考的角度。 | 以课本的案例为载体,培养学生综合分析的能力。 |
| 任务四：环境污染 | 　　人类生存环境质量下降的主要原因就是环境污染,环境污染影响人类生活的方方面面。我们主要从大气污染、水污染、土壤污染、海洋污染四个方面来进行学习。<br>【基础知识自主学习】<br>　　教师展示引导性问题,指导学生阅读书本相关内容,填写基础知识,完成基础知识填空。<br>　　1.常见的大气污染物有哪些? 大气污染物有哪些危害?<br>　　2.什么是水污染?水污染物有哪些来源?水污染物有哪些危害?<br>　　3.什么是土壤污染?其污染物有哪些?<br>　　4.什么是海洋污染?海洋污染有哪些特点? | | 关注不同小组的任务分工和进度,督促参与、引导思考。 | 通过基础知识自主学习,初步了解四种环境污染的特点。<br>　　简单讨论后下发参考答案,帮助学生绘制思维导图。 |

续表

| 教学环节 | 教师活动 | 学生活动 | 教学评价 | 设计意图 |
|---|---|---|---|---|
| 任务四：环境污染 | 【活动一】<br>　　大气的污染不仅有区域性特征还具有全球性特征。我们以 $PM_{2.5}$ 对大气质量的影响为例来探讨大气污染的表现。<br>　　$PM_{2.5}$ 是地球大气成分中含量很少的组成部分,却对空气质量和能见度等有重要的影响。$PM_{2.5}$ 粒径小,含有大量的有毒、有害物质,且在大气中的停留时间长、输送距离远,对人体健康和大气环境质量影响很大。<br>　　(1)结合身边实例,说一说 $PM_{2.5}$ 的主要来源及其危害。<br>　　(2)在教材图 5-8 中找出 $PM_{2.5}$ 平均值较高的地区,讨论其主要成因。<br>　　(3)针对 $PM_{2.5}$ 的来源和危害,分小组讨论,制订一份防治 $PM_{2.5}$ 的有效措施,并进行广泛宣传。<br>【合作讨论】<br>【思考回答】<br>【提示】(1)主要有自然源和人为源两种。自然源包括土壤扬尘(含有氧化物矿物和其他成分)、海盐(颗粒物的第二大来源,其组成与海水的成分类似)、植物花粉、孢子、细菌等;人为源包括各种燃料燃烧源,如发电、冶金、石油、化学、纺织印染等各种工业过程以及供热、烹调过程中燃煤燃气或汽车燃油排放的烟尘。<br>　　危害:直接进入支气管,干扰肺部的气体交换,引发哮喘、支气管炎和心血管病等疾病,对人体健康的伤害大。<br>　　(2)全球 $PM_{2.5}$ 最高的地区在北非和中国的华北、华东、华中地区。<br>　　北非:高温气候干旱,沙漠广布,导致地下化石燃料自燃、地下排气和多沙尘天气;地处副热带高气压带,多下沉气流,污染物难以扩散。 | | | |

| 教学环节 | 教师活动 | 学生活动 | 教学评价 | 设计意图 |
|---|---|---|---|---|
| 任务四：环境污染 | 中国的华北、华东、华中地区：工业发达，排放粉尘多；经济发达，汽车拥有量大，汽车尾气排放量大。<br><br>（3）借鉴发达国家大气环境污染治理的经验和技术；严格立法与执法，提高大气质量标准；提高汽车尾气排放标准；积极发展煤炭的气化、液化技术；推广利用新能源，优化能源结构；提高植被覆盖率等。<br><br>【活动二】土壤污染及其危害<br>（1）说出土壤污染物质的主要来源。<br>（2）土壤具有容纳污染物质的能力和自我净化的能力，为什么还会被污染？<br>（3）描述土壤污染的主要过程，说一说土壤污染可能产生的危害有哪些。<br><br><br><br>思考，讨论，进行回答。<br>【提示】（1）固体废弃物、大气污染物、污水灌溉、农药、化肥、重金属等。<br>（2）污染物超过土壤的自净能力。<br>（3）过程：由于人口急剧增长，工业迅猛发展，固体废弃物随意堆放和倾倒，过量施用农药、化肥，污水灌溉，导致有害物质不断向土壤中渗透，加上大气中的污染物及飘尘也不断随雨水降落到土壤中，进而造成了土壤污染。<br><br>危害：当土壤中的有害物质过多，超过土壤的自净能力时，就会引起土壤的组成、结构和功能发生变化，微生物活动受到抑制，有害物质或其分解产物在土壤中逐渐积累，通过植物、水间接被人体吸收，危害人体健康。 | | | |

| 教学环节 | 教师活动 | 学生活动 | 教学评价 | 设计意图 |
|---|---|---|---|---|
| 任务四：环境污染 | 【活动三】海洋污染<br>（1）你认为，威胁海洋资源可持续利用的因素主要有哪些？<br>（2）石油及其制品进入海洋，会对海洋环境、生物、水产品造成严重的破坏。想一想，我们可以采取哪些措施来控制海洋石油污染？<br>思考，讨论，进行回答。<br>【提示】<br>（1）过度捕捞、海洋污染。<br>（2）降低废水中的含油浓度；禁止船舶非法向海中排油；防止油船、海上输油管道和石油平台的溢油事故；消除或减轻已发生的油污染影响；加强海洋油污染的常规监测和应急监视监测；利用物理、化学等方法清除海面和海岸油污染。 | | | |
| 任务五：绘制思维导图 | 根据刚才 $PM_{2.5}$ 造成的大气污染、土壤污染、海洋污染等案例，分小组绘制相关的思维导图。5分钟后请小组代表上台展示讲解。<br><br>学生分组合作绘制，教师巡回指导。<br><br>【展示完毕后总结】对于多种因素共同作用的同一地理事物现象，我们要强调自然地理环境的整体性，人类与自然地理环境的整体性。我们在学习及复习的时候，要将重点放到对知识的梳理和归纳上来，合理运用思维导图，提高学习效率，深化地理思维。 | | 通过思维导图评价任务完成的速度和质量。鼓励学生课后进一步完善思维。 | 回顾相关知识，培养学生的综合思维能力。 |
| 课堂总结 | 通过本节的学习，我们了解了世界的主要环境问题，并进行了典型案例的探究。从中我们最大的体会是环境问题的形成是复杂而长期的，它的危害也会是复杂而长期存在的。它的解决也需要我们牢牢地树立环保意识，坚持从我做起，长期地、持续地去践行环保行为。 | | | 进一步要求学生完成调查问卷，关注家乡发展，热爱祖国、热 |

续表

| 教学环节 | 教师活动 | 学生活动 | 教学评价 | 设计意图 |
|---|---|---|---|---|
| 课堂总结 | 　　保护环境任重而道远,期待你我的共同参与。宇宙中,地球是我们唯一的家园。希望每个人都从我做起,保护环境,把完好的地球留给明天!<br>　　环境保护不在远方而在我们身边,希望同学们用科学的方法继续完善自己的调查问卷长期持续地去做环保的宣传,为保护地球家园,多做一份贡献! | | | 爱生活、促进学生科学态度和社会责任感的形成与发展。 |

**作业设计**

实践型作业:

活动名称:家乡大气污染/土壤污染/海洋污染报告调查。

活动目标:通过对家乡环境污染情况的调查,找出该种环境问题出现的具体原因,宣传保护环境的重要性,为家乡环境保护提出一些适当有效的建议。

活动准备:

1.针对调查主题,设计环境调查问卷。

2.口头采访。

3.通过网络和图书馆查阅资料。

4.整理材料,对收集的信息进行分析,绘制出调查问题的思维导图,附上可行的环保建议。

**板书设计**

人类面临的主要环境问题

一、环境问题的概念与类型

二、主要环境问题

1.资源短缺

2.生态破坏

3.环境污染

## 【教师说课】

## 一、说教材

　　本节为湘教版高中地理必修第二册第五章"人地关系与可持续发展"第一节"人类面临的主要环境问题"。教材首先以"寂静的春天"引出环境问题,引发学生对人地关系的思考。由此提出"环境问题的概念和分类"等相关知识,要求学生在概念的内涵和外延上进行清晰准确的掌握;同时通过发展中国家与发达国家环境问题的活动体设计,能认识到环境问题的分布存在着明显的区域差异性。由于环境问题存在复杂性多样性,教材只选择了对人类生产生活影响明显的重点案例。这些案例对专业知识的要求不高,符合必修阶段知识层次能力的要求。资源短缺方面,侧重于对矿产资源、土地资源、水资源、森林资源等的了解;生态破坏方面,侧重于对生物多样性锐减的分析;环境污染方面,较详细地介绍了大气污染、水污染、土壤污染、海洋污染的状况。教材运用详实的数据资料和生动的实例加以说明,有机结合了阅读材料和活动,既能激发学生的学习兴趣,又能提升学生综合思维、地理实践力等核心素养。本节内容相对比较简单,相关内容在前面各章节的学习中已有一定的涉及,关键是抓好"归纳"这一环节。教材设置了 5 个活动,其目的是让学生通过对具体问题的分析了解环境问题的类型和其空间分布的差异,理解环境问题产生的缘由。

## 二、说学情

首先,从地理知识方面来看,本节内容比较简单,学生在初中和高中学习过程中都已经有一定的接触。因此本节课重点在知识的归纳和梳理上。

第二,从学习能力来看。经过一年高中地理的学习,学生已经具备一定的地理学科自学能力和分析能力。由于环境问题的产生是多个因素长期综合作用的结果,因此本节课要重点引导学生的综合思维、区域认知素养的培养。

## 三、说教法学法

本节课的教:教师在整个教学过程中,教学重在知识点总结及学习方法的指导,突出学习成果的展示和分享。由案例入手,通过层层递进的提问,引导学生思考。主要以案例探究为抓手,以问题为导向,所运用到的教学方法主要是自主学习法和合作探究法,在各个环节中都充分体现学生的主体性。

本节课的学:学生通过自主阅读材料、提取出关键信息、自我归纳和总结,相互协作,不断完善和补充,最后形成对主要环境问题成因和表现的思维导图成果;在"重新发现"和"重新组合"知识的过程中学习,学会自主学习和合作探究。

## 四、说创新点

本节为高中地理必修第二册最后一章第一节学习,到这里学生的地理学习即将告一段落。按照课程标准的设计,地理必修课程将在这一章升华到人地关系的高度。

　　所以本节课的设计紧紧围绕着人地关系，通过案例引入思考，人从地理环境中获得什么？人又对地理环境产生怎样的影响？地理环境又如何再次反作用于人类？同时紧紧地抓住地理环境的整体性。多次运用思维导图，提升了学生综合思维这个核心素养。

　　针对人地关系具体表现的复杂程度，选用了科罗拉多河流域缺水的案例进行了同一空间不同时间的对比，具体而感性地认识到了水资源的匮乏不是单一因素作用的结果，从而引申出人类社会与自然环境这两大"主角"。通过层层递进的问题引导，由具象到抽象、由简单到综合地认识了人类社会与自然环境的相互作用过程，并形成了思维导图。让学生从纷繁复杂的地理表象中，整理出认识自然环境问题的有效思维方式，条理分明，豁然开朗。

　　本节第二部分"主要环境问题"的案例分析，对教学内容进行有效合理的取舍，简化资源短缺和生态破坏的讲解，重点突出环境污染部分的分析。在环境污染部分，针对教材给出的三个重要案例，以小组分工的方式，去掉了学生和老师的重复劳动，提高了课堂效率，并且在课后作业设计中，指导学生去选择课堂没有选择过的案例进行思维导图的制作，有效地衔接了课堂内外。

　　课后布置了实践型作业，设计调查问卷，调查家乡的环境问题。同时也布置了复习型作业思维导图的绘制。既有利于促进学生将理论知识应用于实践，培养学生的地理实践力，又可以训练学生的综合思维，掌握学习方法。

## 【教学反思】

　　本节课是高中地理必修内容的结束章节。根据教材内容，在初高中的学习中都有接触，因此本节课的课型虽然是新授课，却带有复习归纳的性质，所以重点要考虑知识点比较多的情况下，如何去提高课堂效率。

　　本节课安排两个课时，第一课时的教学内容为"环境问题的概念和类型"，第二课时的教学内容为"主要的环境问题"。从教学内容上看。第1课时是对抽象概念的理解，第2课时是概念的具象外延。在第1课时中，为了达到从地理具象中抽象出人地关系两方面主体的目的，课堂设计了科罗拉多河流域缺水的案例作为导入，给予了3个材料分别涉及5个方面的内容。材料提供了讨论科罗拉多河流域缺水现象的思考角度。经过讨论之后，明确了环境问题受两个主体的共同变化的影响：一是自然环境的变化，二是人类活动的变化。自然地过渡到人类社会与自然环境关系图的思考绘制。通过 3 个提问——"人类从自然环境中获得什么？人类向自然环境排放什么？随着人口的增加这种获取和排放量的增加会引起什么变化？"来探讨环境问题产生的原因并要求学生以思维导图的方式呈现，达到了从具象到抽象的目的。再根据书本上的活动题去进行环境问题分类的学习，最后总结得出环境问题的分类标准是多样的；不同时期、不同区域、不同要素的环境问题有自己的特点。培养学生综合思考的能力。第 2 课时教材内容就资源短缺、生态破坏和环境污染选取了大量的案例。如果依次讲下去一堂课的时间是不够的，并且也达不到教学目的。因此教材处理必须要兼顾全面，突出重点，提高效率，增长能力。教师首先进行了三类环境问题概念的疑问引导式阅读，获得了基本的知识骨架，根据课本编排的详略、知识点的综合程度，简单分析了资源短缺与生态破坏的案例，将重点放在了环境污染案例的学习上。这样就为学生的思维探究活动留下了足够的时间。在环境污染内容中，教材涉及了大气污染、水污染、土壤污染、海洋污染 4 个方面；2 个阅读："英国工业化时期的主要环境问题""日本镉污染引发的骨痛病事件"；3 个活动："$PM_{2.5}$ 对空气污染""海洋污染"和"土壤污染及其危害"，内容非常多。教师采取了提问引导式阅读，解决 4 个污染的概念问题。略掉两个阅读的分析，以 3 个活动案例作为重点，采取小组活动的方式分配任务，思维导图来呈现学生的学习结果。这样的处理，优化了课堂内容，体现了学生的深入思考，激发出课堂的活力，达到了课标的能力和素养要求。

本节课探究活动多，设计的问题也多，并且部分问题具有一定难度。教师应该要注意课堂时间把握，在规定的时间内完成活动。根据课堂的实际情况适当增减、调整，有些简单的问题可以减少讨论的时间。思维导图的绘制以及小组展示所需时间比较多，可以提前设计好学案。此外在探究分析的时候，应该突出学生的主体地位，老师在课堂教学中还应多留给学生提出问题的机会，充分思考问题的时间，引导学生不受学科间框架的约束，完全可以超越课本，延伸到课本之外。另外，本课对学生的评价方式比较单一，涉及面较狭窄，可以在小组活动中设计一些称号，例如：最佳绘图手、环保明星、环保代言人等，增加过程性的评价，增加学生的互评与自评，从而达到激发学生全面发展的作用，培养学生的学习自信、激发学生的学习兴趣。

## 【专家点评】

本课例教学设计由具象案例进入抽象的概念，利用案例的分析提升学生思维能力。教师讲授轻松自然，知识点衔接过渡自然，课堂活动有特色有效率，课后作业有创新有复习有拓展。教师通过创设地理学习情境，设计注重综合思维、区域认知等核心素养培养的教学方式，全面激发学生学习的积极性和求知欲望。课堂教学重要的是培养学生如何学习，如何求知，如何思考并解决问题的能力。教师作为课堂教学的组织者、主导者，应巧妙设置一些探究性的问题，引导学生思考探究，真正体现"教师为主导，学生为主体"的教学理念。

（向超　湖南师范大学附属中学）